W9-DHH-207

English-Spanish
Real Estate
Dictionary

Diccionario de
Bienes Raíces
Español-Inglés

Nora Olmos
Instructor
Houston Community College
& San Jacinto Community College

Charles J. Jacobus
Instructor
Houston Community College

THOMSON
*

SOUTH-WESTERN

Australia · Canada · Mexico · Singapore · Spain · United Kingdom · United States

THOMSON

SOUTH-WESTERN

English-Spanish Real Estate Dictionary
Nora Olmos and Charles J. Jacobus

Vice President/Editorial Director: Jack W. Calhoun

Executive Publisher: Dave Shaut

Sr. Acquisitions Editor: Scott Person

Developmental Editor: Sara Froelicher

Production Editor: Colleen A. Farmer

Marketing Manager: Mark Linton

Manufacturing Coordinator: Charlene Taylor

Cover Designer: Rik Moore

Printer: P.A. Hutchinson

Cover Image: © PhotoDisc, Inc.

Printer: Globus Printing, Minster, Ohio

COPYRIGHT © 2005 by
South-Western, part of the Thomson Corporation. South-Western, Thomson, and the Thomson logo
are trademarks used herein under license.

Printed in the United States of America
    3 4 5 07 06 05

ISBN: 0-324-22274-2

For more information
contact South-Western,
5191 Natorp Boulevard,
Mason, Ohio, 45040.
Or you can visit our Internet site at: http://www.swlearning.com

Contents

Dedication
This book is dedicated to my precious children Roberto Vicente Olmos & Juan Carlos Olmos for their never-ending support, to Gabriela Harris, Architect, for her constant assistance, dedication, enthusiasm, and advice, and to Cesario Perez, Houston Community College Real Estate Instructor, for giving me the idea to produce this book.

Dedicación
Dedico este libro a mis preciosos hijos Roberto Vicente Olmos y Juan Carlos Olmos por su apoyo infalible, a Gabriela Harris, Arquitecta, por su asistencia, dedicación, entusiasmo y consejo y a Cesario Perez, Maestro de Bienes Raíces en Houston Community College, por darme la idea de producir este libro.

Introduction

Our goal in creating this book was to help cultures in understanding each other's language and ways of doing business. While created in the United States, we took measures to ensure that this was not just a guide for Spanish-speaking individuals, but a two-way roadmap for those whose primary language is either Spanish or English.

As you read and use these terms, keep in mind that the process of real estate transactions and loan processing are very different in Spanish-speaking countries from that of the United States of America. Although some of the terminology from English to Spanish is equivalent, some terms do not exist in the Spanish language. Not only are the processes and terminology not equivalent, but some of the positions are not equitable such as "notary" and "notario." These terms are totally different positions in Spanish-speaking countries as opposed to the United States. For the meaning of notary and notario, please refer to the term and definition in this dictionary. Hopefully, this dictionary will help point out those instances and make them less confusing.

Our intentions are to serve real estate as well as other related occupations in utilizing interchangeable terms and processes in a way that will benefit all parties involved. Our goal is to make communication more effective and to add to the commercial success of such businesses. With this text, we hope to educate as well as improve communication and the handling of transactions in real estate, mortgage lending, appraising, land development, urban planning, financing, consulting, investing and other related businesses in both languages.

Introducción

Nuestra meta al crear este libro fue ayudar ambas culturas a entender mutuamente el lenguaje y forma de hacer negocios. Como fue elaborado en los Estados Unidos, tomamos medidas para asegurarnos que ésta es no solo una guía para personas de habla hispana, sino una vía de doble sentido para aquellos que tengan como lengua primaria tanto Inglés como Español.

Al leer y utilizar estos términos, tengan en cuenta que el proceso de compraventa de bienes raíces y financiamiento es muy diferente en los países de habla hispana de la práctica en Los Estados Unidos de América. Aunque algunos términos del Inglés al Español son equivalentes, algunos de estos no existen en la lengua española. No solamente el proceso y terminología no son equivalentes, también algunas de las posiciones no son equitativas tal como "notary" y "notario." Estos términos indican atribuciones totalmente diferentes en los países Iberoamericanos en oposición a los Estados Unidos. Para la definición de notary y notario, por favor consulte el término y la definición en este diccionario. Esperamos que este diccionario ayude a aclarar estas instancias y las haga menos confusas.

Nuestra intención es la de servir a nuestra comunidad en los trámites de bienes raíces y a las otras profesiones relacionadas en éste, en la utilización intercambiable de términos y procesos de manera que se beneficien todos los partidos involucrados. Nuestro objetivo es lograr una comunicación más efectiva e incrementar el éxito comercial de todos los negocios relacionados. Con este texto, esperamos educar y mejorar la comunicación y el manejo de transacciones en negocios de bienes raíces, préstamos hipotecarios, avalúos, desarrollo de terrenos, levantamientos topográficos, planificación urbana, financiamiento, servicios de consultoría, inversiones y otros negocios relacionados en ambas lenguas.

A

"A" paper – a loan rating given based on excellent credit; usually with a FICO score of 620 or higher.
"A" paper – clasificación de crédito excelente, usualmente crédito de 620 o más alto de acuerdo a los sistemas de crédito.

abandonment – the voluntary surrender or relinquishing of possession of real property without vesting this interest in another person, homestead.
abandono – renunciar la posesión de propiedad sin ceder el interés de la propiedad a otra persona.

abatement – property tax exemptions used and property tax reductions granted to attract industry.
rebaja de impuestos – exención y reducción de impuestos sobre propiedad para atraer industria.

absolute deed – a deed used in lieu of a mortgage, also called a deed absolute.
escritura factible – escritura utilizada como hipoteca. También se conoce como absoluta escritura.

abstract – a summary of all recorded documents affecting title to a given parcel of land.
compendio – sumario de todos los documentos registrados afectando el título de una parcela de terreno.

abstract of judgment – a document filed for record pursuant to a judgment by a court of competent jurisdiction that creates a general lien on all the judgment debtor's real estate in that county.
compendio de juicio – documento archivado referente al juicio efectuado por la corte de jurisdicción creando un gravamen general sobre todos los bienes raíces del deudor en ese condado.

abstract of title – a complete historical summary of all recorded documents affecting the title of a property.
compendio del título – el sumario historial completo de todos los documentos registrados que afectan el título.

abstractor (conveyancer) – an expert in title search and abstract preparation.
abstractor – el experto en la investigación y en la preparación de compendios.

abut – to be adjacent; touch or border.
colindar – estar adyacente; tocar.

Accelerated Cost Recovery System (ACRS) – a rapid depreciation write-off method.
Sistema Acelerado de Recuperación de Costo (ACRS) – método de depreciación rápida.

accelerated depreciation – any method of depreciation that achieves a faster rate of depreciation than straight-line.
depreciación acelerada – cualquier método de depreciación que se realiza más rápido que el método de depreciación lineal.

acceleration clause – See *alienation clause.*
provisión para vencimiento anticipado – permite que el prestamista cobre el saldo de la cuenta inmediatamente. También vea *cláusula de enajenación.*

acceptance – the act of a person to whom a thing is offered or tendered by another, whereby he receives the thing with the intention of retaining it, such intention being evidenced by a sufficient act.
aceptación – el hecho de la persona a quien se le ofrece algo, ésta la recibe con intención de retenerla, evidenciada por un hecho.

access right – the right to use.
derecho de acceso – el derecho de utilizar.

accession – the addition to land by man or nature.
accesión – adición a la tierra por el hombre o la naturaleza.

accord – agreement or consent.
acuerdo – convenio o consentimiento.

accounts payable – a liability to a creditor for purchases of goods or services.
cuentas por pagar – pasivo del acreedor por compras de bienes o servicios.

accounts receivable – a claim against a debtor for the sale of goods or services. **cuentas por cobrar** – reclamo contra el deudor por la venta de bienes o servicios.

Accredited Resident Manager (ARM) – professional designation for property managers.
Administrador Residente Acreditado – designación profesional para administradores de propiedad.

accretion – the process of land buildup by waterborne rock, sand, and soil.
acrecencia – proceso por el cual hay crecimiento de tierra debido a la acumulación de piedra, arena y tierra transportada por agua.

accrued interest – accumulated or earned interest over a period of time.
interés acumulado – interés acumulado o ganado sobre un período de tiempo.

acknowledgment – a formal declaration before authorized officials by a person that he or she, in fact, did sign the document.
reconocimiento – declaración formal firmada por el declarante confirmando que él firmó ese documento.

acquisition – to come into possession or ownership.
adquisición – posesión o propiedad.

acre – a unit of land measurement that contains 4,840 square yards or 43,560 square feet.
acre – unidad que se usa para medir terrenos.

ACRS – See *Accelerated Cost Recovery System.*
ACRS – Vea *Sistema Acelerado de Recuperación de Costo.*

Act of God – an inevitable act by the forces of nature.
Voluntad de Dios – hecho inevitable debido a fuerzas de naturaleza superior.

action to quiet title – action for land ownership.
acción para fijar validez de título – acción para validar pertenencia de terreno.

active investor – an investor who actively participates in the property invested in.
inversionista activo – inversionista que activamente participa en propiedad de inversión.

actual age – See *effective age.*
edad actual – Vea *edad efectiva.*

actual cash value – the new price less accumulated depreciation.
valor efectivo actual – el nuevo precio menos depreciación acumulada.

actual eviction – the landlord serves notice on the tenant to comply with the lease contract or vacate.
desalojamiento actual – aviso de desalojo que se entrega al inquilino para que éste cumpla con el contrato o desocupe la propiedad.

actual notice – knowledge one has gained based on what has been actually seen, heard, read, or observed.
notificación efectiva – conocimiento adquirido por lo que uno ha visto, escuchado, y observado.

ad valorem tax – tax levied according to the value of one's property; the more valuable the property, the higher the tax, and vice versa.
impuestos al valor – impuestos cargados de acuerdo al valor de bienes raíces.

ad valorem tax lien – a lien for real property taxes.
gravamen sobre impuestos por avalúo – gravamen por impuestos de propiedad raíz.

ADA – See *Americans with Disabilities Act.*
ADA – Vea *Ley Sobre Estadounidenses Incapacitados.*

adaptation – the manner in which certain items of personalty are conformed to or made especially for a parcel of real estate.
adaptación – la manera por la cual ciertos bienes personales se han adaptado o se han hecho especialmente para una parcela de bien raíz.

addendums – See *rider.*
adendum – Vea *anexo.*

addition – See *modification.*
adición – Vea *modificación.*

additional property clause – provision in a mortgage instrument providing for the mortgage to serve as additional security for any additional property to be acquired that will be attached to the real estate.
cláusula de propiedad adicional – provisión en la hipoteca para que ésta sirva como garantía adicional y sea adquirida y anexada al bien raíz.

adjacent – See *abut.*
adyacente – Vea *colindar.*

adjustable rate mortgage (ARM) – a mortgage loan on which the interest rate rises and falls with changes in prevailing rates.
hipoteca con tasa ajustable – hipoteca en la que la tasa de interés es fluctuante por los cambios de las tasas de interés prevalecientes.

adjusted basis – the original basis plus the cost of capital improvements less any allowance for depreciation.
base ajustada – la base original más el costo de mejoras capitales menos depreciación permisible.

adjusted market price – the value of a comparable property after adjustments have been made for differences between it and the subject property.
precio ajustado de mercado – el valor de una propiedad comparable después que se han efectuado ajustes debido a diferencias entre ambas propiedades.

adjusted sales price – the sales price of a property less commissions, fix-up, and closing costs.
precio de venta ajustado – el precio de venta de una propiedad, menos honorarios, reparaciones, y costos del cierre.

adjustment period – the amount of time that elapses between adjustments of an adjustable mortgage loan.
período de ajuste – la cantidad de tiempo que transcurre entre ajustes de un préstamo hipotecario que fue establecido con tasa ajustable.

adjustments – changes.
ajustes – cambios.

administrator – a person appointed by a court to carry out the instructions found in a will (male).
administrador – (masculino) persona asignada por la corte para ejecutar un testamento.

administratrix – a person appointed by a court to carry out the instructions found in a will (feminine).
administradora – (femenina) persona asignada por la corte para ejecutar un testamento.

advance cost listing – a listing wherein the seller is charged for the out-of-pocket costs of marketing the property.
contrato para vender con costo avanzado – contrato de venta donde el corredor le cobra al propietario por adelantado gastos publicitarios en los que tuvo que incurrir para vender la propiedad.

advance fee listing – a listing wherein the broker charges an hourly fee and for the out-of-pocket expenses.
contrato para vender con cuota avanzada – contrato de venta donde el corredor le cobra al propietario por hora y por gastos efectuados.

adverse possession – acquisition of real property through prolonged and unauthorized occupation of another's land.
prescripción adquisitiva – adquisición de propiedad a través de una posesión prolongada no autorizada por el propietario.

affidavit – a written or printed declaration or statement of facts made voluntarily, and confirmed by the oath or affirmation of the party making it, taken before an officer having authority to administer such an oath.
declaración jurada – declaración impresa o escrita a mano, o declaración voluntaria de hechos y confirmada por juramento del interesado, tomada ante la autoridad que puede administrarla.

affordable housing loan – an umbrella term coverings many slightly different loans that target first-time home buyers and low- to moderate-income b o r r o w e r s .
préstamo de alojamiento proveído – término que cubre muchos diferentes préstamos para compradores de residencia por primera vez y prestatarios de bajos a moderados ingresos.

agency – a relationship created when one person (the principal) delegates to another person (the agent) the right to act on the principal's behalf.
agencia – la relación creada cuando una persona (la principal) autoriza a otra (el agente) el derecho de actuar por él.

agency by estoppel – relationship that results when a principal fails to maintain due diligence over his agent and the agent exercises powers not granted to him.
agencia implícita – agencia que resulta cuando el principal no mantiene diligencia debida sobre el agente y como resultado éste ejerce poderes no otorgados.

agency by ratification – the establishment of an agency relationship by the principal after the agency objective has been accomplished.
agencia por ratificación – agencia que se establece después de que se ha llevado a cabo.

agency coupled with an interest – an irrevocable agency in which the agent has an
agencia aunada a un interés – agencia que resulta cuando el agente tiene interés en la propiedad que representa.

agency disclosure – a form disclosing to the buyer that the broker represent the seller in all transactions unless the buyer chooses to hire that broker for representation. The disclosure must be made very early in the transaction, usually at the point of first significant contact with the buyer (i. e. , obtaining specific information from the buyer as to his or her financial capacity, as to the property he or she wants to purchase, or other information that may be deemed confidential. Similar forms exist if a situation develops where the buyer decides that he or she wants representation from the broker or if the broker represents the buyer and the buyer requests that the broker submit an offer on one of his or her own listings.
declaración de agencia – forma revelando al comprador que el corredor representa al vendedor en todas las transacciones solo que el comprador decida emplear al corredor como su representante. Esta revelación se tiene que hacer muy temprano en la transacción, usualmente al punto de primer contacto significativo con el comprador (esto es, al obtener información específica del comprador referente a su capacidad financiera, tocante la propiedad que quiere comprar, u otra información que se considere confidencial. Existen formas similares si se desarrolla una situación donde el comprador

decide que él desea representación del corredor o si el corredor representa al comprador y el comprador solicita que el corredor presente una oferta sobre una de sus propiedades de venta (del corredor).

agent – the person empowered to act by and on behalf of the principal. See also *agency; broker.*
agente – la persona autorizada para actuar por el principal; vea también *agencia; corredor.*

agreement of sale – See *installment contract.*
convenio de venta – Vea *contrato a plazo.*

air lot – a designated airspace over a parcel of land.
lote aéreo – el espacio de aire designado sobre una parcela.

air right – the right to occupy and use the airspace above the surface of a parcel of land.
derecho aéreo – el derecho de ocupar y usar el espacio de aire sobre la superficie de una parcela.

air space – commonly referred to as the "unit" in condominium ownership.
espacio aéreo – comúnmente referido como la "unidad" en propiedad de condominio.

AIREA – See *American Institute of Real Estate Appraisers, The.*
AIREA – Vea *Instituto Americano de Valuadores de Bienes Raíces.*

alienation clause – a clause in a note or mortgage that gives the lender the right to call the entire loan balance due if the property is sold or otherwise conveyed.
cláusula de enajenación – cláusula que requiere el pago inmediato del préstamo si se transfiere la propiedad.

alienation of title – a change in ownership of any kind.
enajenación de título – cambio de pertenencia.

allodial system – one in which individuals are given the right to own land.
sistema alodial – sistema en el cual se les da a los individuos el derecho de poseer tierra.

all-risks policy – all perils, except those excluded in writing, are covered.
póliza con cobertura de todo riesgo – todos los riegos, excepto los excluidos por escrito, son cubiertos.

alluvion – the increase of land when waterborne soil is gradually deposited.
aluvión – el incremento gradual por depósito de tierra vegetal transportada por agua.

amendatory language – government-required clauses in FHA and VA contracts.
lenguaje enmendatorio – cláusulas gubernamentales requeridas en los contratos por la Autoridad Federal de Vivienda y por la Administración de Veteranos.

amendment – the method used to change a zoning ordinance.
enmienda – método para cambiar ordenanzas de zonificación.

American Institute of Real Estate Appraisers, The (AIREA) – a professional organization of appraisers. Unified in 1991 with the Society of Real Estate Appraisers (SREA) and renamed The Appraisal Institute, it is considered to provide the most highly respected designations in the industry.
Instituto Americano de Valuadores de Bienes Raíces – organización profesional de valuadores. Unificada en 1991 con la Sociedad de Valuadores de Bienes Raíces (SREA) y renombrada el Instituto de Avalúo. Se considera que provee la designación más respetada de la industria.

Americans with Disabilities Act (ADA) – a federal law giving disabled individuals the right of access to commercial facilities open to the public.
Ley Sobre Estadounidenses Incapacitados (ADA) – la ley federal que les da a los individuos incapacitados el derecho de acceso a las facilidades comerciales abiertas al público.

amortization term – the amount of time it takes to amortize a debt.
término de amortización – cantidad de tiempo para amortizar deuda.

amortize – to liquidate a debt by making periodic payments.
amortizar – liquidar deuda por efectuación de pagos periódicos.

amortized loan – a loan requiring periodic payments that include both interest and partial repayment of principal.
préstamo amortizado – el préstamo que requiere pagos a plazo cuales incluyen interés y pago parcial de la capital.

amount financed – amount of credit provided to the borrower.
cantidad financiada – la cantidad de crédito proveído al prestatario.

amount realized – selling price less selling expenses.
cantidad realizada – el precio de venta menos los costos de la venta.

analysis – the act or process of providing information, recommendations, and/or conclusions on problems.
análisis – proceso de proveer información, recomendaciones, y/o conclusiones a problemas.

annexation – the attachment of personal property to real estate; municipality's right to extend jurisdiction over contiguous property.
anexación – adaptación de bienes personales a propiedad raíz, derecho municipal de extender jurisdicción sobre propiedad contigua.

annual percentage rate (APR) – a uniform measure of the cost of credit that includes interest, discount points, and loan fees.
tasa de porcentaje anual (APR) – medida conforme al costo de crédito incluyendo el interés, puntos de descuento y costos del préstamo.

annuity – a series of periodic payments; for example, money received in a long-term lease.
anualidad – serie de pagos periódicos; por ejemplo, dinero recibido de un arrendamiento de largo término.

anticipation, principle of – what a person will pay for a property depends on the expected benefits from the property in the future.
principio de anticipación – lo que se paga por una propiedad dependiendo de los beneficios de expectación futuros.

antideficiency laws – See *deficiency judgment*
leyes antideficiencia – Vea *fallo de deficiencia*.

antitrust laws – federal and state laws prohibiting monopolies and restraint of trade.
leyes antimonopolistas – leyes federales y estatales que prohiben el monopolio y la restricción de comercio.

apartment – in condominium housing, an enclosed space consisting of one or more rooms occupying all or part of a floor in a building of one or more floors or stories regardless of whether it be designated for a residence or an office, for the operation of any industry, business, or for any type of independent use, provided it has a direct exit to a thoroughfare or to a given space leading to a thoroughfare.
apartamento – referente a condominios, espacio encerrado consistente de uno o más cuartos que ocupa todo o parte de un piso en un edificio de uno o más pisos diseñado para residencia u oficina, para la operación de alguna industria, negocio, o para uso independiente, proveído que tenga salida directa a una vía pública.

apartment locators – firms that specialize in finding rental units for tenants.
empresa localizadora de apartamentos – empresa que especializa en encontrar apartamentos para inquilinos.

apportionment – See *cost approach*; *income approach*; and *market comparison approach*.
repartimiento, distribución – Vea *método de costo, método de rendimiento por ingresos y método comparativo de mercado*.

appraisal – an estimate of value.
avalúo – estimación de valor.

appraisal letter – a valuation report in the form of a business letter.
carta de avalúo – reporte de avalúo en forma de carta de negocio.

Appraisal Review Board – the appeals board for a taxpayer who chooses to protest the appraisal of his or her property.
Junta Revisora de Avalúos – la junta de apelación para los tributarios que deciden protestar la valuación de su propiedad.

appraise – to estimate the value of something.
valuar – producir una estimación de valor.

appraiser – one who is licensed or certified by their respective states based on examination, education, and experience requirement to estimate the value of something. **valuador** – persona licenciada o certificada por el estado basándose sobre examen, educación, y experiencia requerida para valuar.

appreciation – an increase in property value.
apreciación – aumento en el valor de una propiedad.

appropriation process – the enactment of a taxing body's budget and sources of money into law.
proceso de apropiación – promulgación de ley basada en el presupuesto y fuentes monetarias de una sociedad impositiva.

appurtenance – right or privilege or improvement that belongs to and passes with land but is not necessarily a part of the land.
pertenencia – derecho, privilegio o mejora que pertenece al terreno y que se traspasa con el terreno pero que no es necesariamente parte del terreno.

APR – See *annual percentage rate.*
APR – Vea *tasa de porcentaje anual.*

aquifer – below ground-level rock bed over which water flows.
capa freática – agua que corre al nivel freático debajo del lecho de roca.

architecture – the profession of designing buildings, communities, and other artificial constructions.
arquitectura – profesión del diseño de edificios, comunidades, y otra construcción artificial.

ARM – See *Accredited Resident Manager* and *adjustable rate mortgage.*
ARM – Vea *Administrador Residente Acreditado* e *hipoteca con tasa ajustable.*

asbestos – a fibrous material found in rocks and soil.
asbesto – material fibroso encontrado en rocas y en tierra.

as-is – said of property offered for sale in its present condition with no guarantee or warranty of quality provided by the seller.
como está – se dice de una propiedad que se vende en su presente condición sin provisión de garantía de calidad por el propietario.

assemblage – the process of combining two or more parcels into one.
agrupación – el proceso de combinar dos o más parcelas.

assessed value – a value placed on a property for the purpose of taxation.
valor catastral – valor otorgado a una propiedad con el propósito de imponer impuestos.

assessment – See *assessed value*.
tasación – Vea *valor catastral*.

assessment appeal board – local governmental body that hears and rules on property owner complaints of overassessment.
junta de apelación de impuestos – cuerpo local gubernamental que escucha y dictamina sobre quejas de propietarios sobre valuación de sus propiedades.

assessment district – See *improvement district*.
distrito de valuación – Vea *distrito de mejoras*.

assessment roll – a list or book, open for public inspection, that shows assessed values for all lands and buildings in a taxing district.
registro de avalúos – lista o libro, abierto para inspección pública, que permite verificar los avalúos fiscales de todos los terrenos y edificios en una zona fiscal.

assessor – a public official who evaluates property for the purpose of taxation.
asesor – oficial público que valúa propiedades con el propósito de imponer valor.

assessor's map – one that shows assessor parcel numbers for all land parcels in a taxing district.
mapa catastral – demuestra números de parcelas para todas las parcelas de terrenos en distritos de tasación.

assessor's parcel number – a system for assigning numbers to land parcels to aid in property tax assessment and collection.
número de parcela de valuación – sistema para asignar números a parcelas de terreno para asistir en la valuación y recaudación de los impuestos de propiedades.

asset integrated mortgage – a mortgage designed to create a savings from the down payment.
hipoteca integrada con activo – hipoteca diseñada para crear ahorros sobre el enganche.

assets – items of ownership that have value.
bienes – propiedad que tiene valor.

assign – to transfer to another one's rights under a contract.
ceder – traspasarle a otra persona derechos bajo un contrato.

assignee – one to whom a right or property is transferred.
cesionario – uno a quien se le transfiere derecho o propiedad.

assignment – the total transfer of one's rights under a contract to another.
cesión – traspaso bajo contrato de derechos de una persona a otra.

assignment of rents – establishes the lender's right to take possession and collect rents in the event of loan default.
cesión de rentas – establece el derecho del prestamista de tomar posesión y colectar rentas en el evento de incumplimiento del préstamo por parte del prestatario.

assignor – one who assigns a right, title, or interest to another.
cesionista – el que asigna o cede el derecho, título, o interés a otro.

associate broker – a broker that is associated with a designated broker.
corredor asociado – corredor asociado con el corredor principal.

associate licensee – a salesperson that is associated with a broker.
agente asociado – socio de ventas del corredor principal.

association dues – fees paid by a condominium or planned unit development owner to the owner's association for upkeep of the common elements.
cuotas de asociación – cobros pagados por el dueño de un condominio o unidad a la asociación de propietarios para mantenimiento de las áreas comunes.

assumable loan – an existing loan that can be assumed by a creditworthy individual.
préstamo adquisitivo – préstamo existente que puede ser asumido por un individuo con buen crédito.

assume the loan – the buyer obligates himself or herself to repay an existing loan as a condition of the sale.
préstamo adquirido – el comprador se obliga a pagar el préstamo existente como condición de la venta.

assumption – the buyer is obligated to repay an existing loan as a condition of the sale.
adquisición – el comprador está obligado a pagar el préstamo existente como condición de la venta.

at-risk – the amount of money an investor stands to lose.
en riesgo – la posibilidad que un inversionista pierda su dinero en una i n v e r s i ó n .

attachment – the act or process of taking, apprehending, or seizing persons or property by virtue of a writ or other judicial order and bringing same into the custody of the court. This is often done to compel an appearance or furnish security for debts or costs to satisfy a judgment that a plaintiff may obtain. See also *rider*.
embargo – acto o proceso de secuestrar, arrestar, o confiscar, personas o propiedad por virtud de mandato u orden judicial y ponerlos bajo la custodia de la corte. Esto frecuentemente se hace para forzar apariencia o proveer garantía sobre deudas para satisfacer juicio que el demandante pueda obtener. Vea *anexo*.

attorney-in-fact – one who is authorized by another to act in his or her place.
apoderado – una persona que está autorizada por otra para actuar por él.

auction – the sale of real estate through a bidding process.
subasta – la venta de bienes raíces a través del proceso de oferta.

automated underwriting systems – computerized systems for loan approval communication between a loan originator and the investor.
sistemas automáticos de suscripción – sistemas controlados por computadora para comunicación entre el iniciador del préstamo y el inversionista.

automatic form of trusteeship – the trustee is named in the deed of trust, but is not personally notified of the appointment until called upon.
cargo fiduciario automático – el fiduciario se nombra en la escritura de fideicomiso, pero no se le notifica de la asignación de cargos efectuados hasta que se presente la necesidad.

avulsion – sudden loss or gain of land because of water or a shift in a riverbed that has been used as a boundary.
avulsión – erosión de la tierra por la acción del agua.

B

back-end ratio – a loan qualifying ratio based on total living expenses.
porcentaje de gastos totales – porcentaje de los gastos totales de la vida, subsistencia para calificar para un préstamo.

back-up offer – a purchase contract that goes into effect when a pending contract fails.
oferta pendiente – contrato que se pone en efecto cuando el primer contrato pendiente fracasa.

balance sheet – a statement of the financial position of a business on a specified date.
estado de contabilidad – declaración de la posición financiera de negocio para una fecha específica.

balloon loan – a loan in which the final payment is larger than the preceding payments.
préstamo de saldo mayor – cualquier préstamo que tenga el último pago más grande que los anteriores.

balloon payment – the name given to the final payment of a balloon loan.
pago de saldo mayor – pago de un préstamo de saldo mayor.

bank – (1) commercial lending institution; (2) the shore of a river or stream.
banco – prestamistas hipotecarios.

bankruptcy – insolvency, ruin and failure.
bancarrota – insolvencia, ruina y fracaso.

bare title – See *naked title*.
nuda propiedad – Vea *título sin garantía*.

bargain and sale deed – a deed that contains no covenants, but does imply that the grantor owns the property being conveyed.
escritura de compraventa – escritura que no contiene convenios, pero que implica que el donador es el dueño de la propiedad sujeta a traspaso.

bargain broker – a term that refers to real estate brokers who charge less than most competing brokers in their area.
corredor de descuento – término que se refiere a corredores de bienes raíces que cobran menos que la mayoría de los corredores en esa área.

base industry – an industry that produces goods or services for export from the region.
industria base – industria que produce bienes y servicios para exportación de productos regionales.

base line – a set of imaginary lines running east and west in locating and describing land under the rectangular survey method.
línea base de demarcación – línea de geógrafo seleccionada como referencia básica en el sistema de levantamiento rectangular.

base rent – the minimum rent paid in a percentage lease.
renta base – la cantidad mínima de renta que se paga en un contrato de arrendamiento por porcentaje.

basis – used in calculating income taxes. See also *tax basis*.
base – precio pagado por la propiedad que se usa para calcular los impuestos para la declaración fiscal.

bedrock – the hard, solid rock formation at or below the surface of the earth.
lecho de roca – formación de roca sólida a la superficie o subterránea del globo terráqueo.

before-and-after method – an appraisal technique used when a part of the property has been condemned, as under the right of eminent domain.
método de antes y después – técnica de valuación utilizada cuando una parte de la propiedad ha sido condenada; por ejemplo, al utilizar el derecho de dominio eminente.

benchmark – a reference point of known location and elevation.
punto de referencia – punto de referencia de conocida posición y elevación, mojonera.

beneficial interest – a unit of ownership in a real estate investment trust.
interés beneficial – unidad de pertenencia en una compañía de inversiones en bienes raíces.

beneficiary – one for whose benefit a trust is created; the lender in a deed of trust arrangement.
beneficiario – uno por quien se crea el beneficio de fideicomiso.

beneficiary statement – a lienholder's statement as to the unpaid balance on a trust deed note.
declaración de beneficiario – declaración del embargador referente al saldo del pagaré de la escritura fiduciaria.

bequest – personal property received under a will.
legado – propiedad personal recibida bajo testamento.

biannual – occurring twice a year.
semiannual – dos veces al año.

biennial – taking place once every two years.
bienal – cada dos años.

bilateral contract – results when a promise is exchanged for a promise.
contrato bilateral – resulta cuando una promesa se cambia por otra promesa.

bill of sale – a written agreement by which one person transfers his personal property to another.
documento de venta – convenio escrito por el cual se transfiere propiedad personal de una persona a otra.

binder – a short purchase contract used to secure a real estate transaction until a more formal contract can be signed.
contrato preliminar – contrato corto de compra utilizado para garantizar una transacción de bienes raíces hasta que se firme un contrato más formal.

biweekly mortgage loan – a mortgage loan that is paid every two weeks.
préstamo hipotecario bisemanal, quincenal – préstamo hipotecario que se paga cada dos semanas.

blanket mortg a g e – a mortgage that is secured by more than one real property.
hipoteca colectiva – hipoteca garantizada por propiedades múltiples.

blended–rate loan – a refinancing plan that combines the interest rate on an existing mortgage loan with current rates.
préstamo de taza combinada – plan de refinanciamiento que combina la tasa de interés de la hipoteca existente con tasas actuales.

blind pool – an investment pool wherein properties are purchased after investors have already invested their money.
consorcio a ciegas – consorcio de inversiones en el cual las propiedades se compran después que los inversionistas han invertido su dinero.

block – See *recorded plat.*
cuadra – Vea *plano registrado.*

blockbusting – the illegal practice of inducing panic selling in a neighborhood for financial gain.
rompe cuadras – la práctica ilegal de inducir ventas en un vecindario esparciendo rumores para obtener beneficio financiero.

blue-sky law – state law designed to protect persons from buying into dubious investment schemes.
leyes cielo azul – leyes estatales diseñadas para proteger a la gente de comprar dentro de esquemas de dudosa procedencia.

board of adjustment – a board appointed by a local revenue body allowed to make special exceptions to the terms of the zoning ordinance in harmony with the general purpose and intent and in accordance with the general or specific rules therein contained. The board of adjustment also serves as an appellate board for any person aggrieved by a previous zoning decision or decision of any administrative officer of the municipality.

junta de ajustamiento – junta nombrada por un cuerpo local de rentas públicas permitida de efectuar excepciones especiales a los términos de la ordenanza de zonificación en armonía con el propósito e intento general y de acuerdo con las reglas generales y específicas contenidas.

board of directors – the governing body of a corporation.
mesa directiva – cuerpo gobernante de una corporación.

board of equalization – a governmental body that reviews property tax assessment procedures.
junta de equalización – cuerpo gubernamental que revisa procedimientos de tasación de impuestos sobre propiedad para asegurarse que estos sean justos.

boards – lumber less than 2 in. (50.8 mm) thick and 1 in (25.4 mm) or more wide.
madera – madera con anchura de 1 pulgada (25.4 mm) o más y menos de 2 pulgadas (50.8 mm).

boiler plate – the detailed standard wording of a contract.
lenguaje contractual – lenguaje regular detallada de un contrato.

BOMI – See *Building Owners and Managers Institute.*
BOMI – Vea *Instituto de Administradores y Propietarios de Edificios.*

bona fide – authentic or genuine.
auténtico – genuino.

bona fide purchaser – a purchaser who acquires property without notice of any defects in title.
comprador auténtico – comprador que adquiere propiedad sin noticia de defectos en el título.

boot – additional compensation paid in a property exchange.
ganancia, provecho, botín – compensación adicional pagada en cambio de propiedad.

borrower's points – charges in one–percent units of a loan, paid by a borrower to obtain a loan.
puntos del prestatario – cargos en unidades de uno por ciento del préstamo que se paga por el prestatario para conseguir un préstamo.

boundaries – something that indicates bounds or limits.
límites – algo que indica lindes o límites.

boycotting – refusing to do business with another to eliminate competition.
boicot – cuando dos o más personas conspiran para restringir competición.

breach of contract – failure without legal excuse to perform as required by a contract.
incumplimiento del contrato – falta de cumplimiento de contrato sin justificación legal.

bridge loan – the principal loan given to bridge or connect with the construction loan.
préstamo puente – préstamo principal concedido para encadenar el préstamo de construcción.

British Thermal Unit (BTU) – a measure of heat energy required to raise the temperature of one pound of water by one degree Fahrenheit.
Unidad Térmica Inglesa (BTU) – medida de energía calorífica requerida para alzar la temperatura de una libra de agua un grado Fahrenheit.

broad form (HO-2) – an insurance policy that covers a large number of named perils.
forma extensa – póliza de seguros que cubre una grande cantidad de riesgos.

broad market – one wherein many buyers and many sellers are in the market at the same time.
mercado extenso – mercado en el que hay muchos compradores y muchos vendedores al mismo tiempo.

broker – a person or legal entity licensed to act independently in conducting a real estate brokerage business.
corredor – una persona o entidad legal licenciada para actuar independiente-mente en conducir negocios de bienes raíces.

brokerage – an agreement in which a client pays a broker to carry out a real estate transaction.
corretaje – convenio por cual el cliente le paga al corredor por efectuar transacciones de bienes raíces.

BTU – See *British Thermal Unit.*
BTU – Vea *unidad térmica inglesa.*

budget mortgage – features loan payments that include principal, interest, taxes, and insurance (often called PITI).
hipoteca módica – pagos del préstamo que incluyen principal, interés, impuestos, y seguros; frecuentemente se les refiere como pagos PITI.

buffer zone – a strip of land that separates one land use from another.
zona amortiguadora – tira de terreno que separa el uso de terrenos.

building codes – local and state laws that set minimum construction standards.
reglamentos de construcción – leyes locales y estatales que mantienen uniformidad en las normas de construcción.

Building Owners and Managers Institute (BOMI) – professional designation for property managers.
Instituto de Propietarios y Administradores de Edificios (BOMI) – designación profesional para administradores de propiedad.

building permit – permission from the appropriate local government authority to construct or renovate any type of property.
permiso de construcción – autorización legal gubernamental para construir o renovar propiedad.

bullet loan – commonly known as a balloon mortgage with severe prepayment penalties.
bullet loan – comúnmente conocido como préstamo de saldo mayor con multas severas por prepagar el saldo.

bundle of rights theory – the theory that describes the legal rights an owner has over his property.
teoría de bulto de derechos – teoría de los derechos legales que tiene el dueño sobre su propiedad.

business day – a week day during business hours in which business transactions occur.
día hábil – día de la semana durante horas de negocio cuando ocurren transacciones de negocio.

business homestead – a place or property used to exercise the calling of a business that is exempt from execution by force creditor by operation of law.
negocio principal – lugar o propiedad exento de ejecución por fuerza de acreedor por operación de ley.

buy-down – a cash payment to a lender that creates lower monthly mortgage payments for a period of time for the buyer.
pago hipotecario anticipado – pago en efectivo al prestamista para reducir el pago hipotecario mensual del comprador por un período de tiempo.

buyer's broker – a real estate licensee who represents the buyer rather than the seller.
corredor representante del comprador – coneesionario de biens raices representante del comprador en vez del vendedor.

buyer's market – one with few buyers and many sellers.
mercado de comprador – mercado de pocos compradores y muchas propiedades de venta.

buyer's walk-through – a final inspection just prior to settlement.
inspección del comprador – inspección final antes del cierre.

bylaws – rules that govern how an owners' property association will be run.
estatutos – reglas que gobiernan como se administra la asociación de propietarios.

C

cadastral map – a graphic map indicating location, boundaries and property lines.
mapa catastral – mapa gráfico que indica lugar, límites y deslindes de la propiedad.

call – (1) a lender's right to require early repayment of the loan balance; (2) the right to buy at present price and terms for a fixed period of time. See also *alienation clause.*
cobro inmediato del saldo – (1) derecho del prestamista de requerir pago anticipado del saldo del préstamo; (2) el derecho de comprar al precio y términos actuales por un período de tiempo fijo. También vea *cláusula de enajenación.*

call clause (due on sale clause) – a clause in a note or mortgage that gives the lender the right to call the entire loan balance due if the property is sold or otherwise conveyed.
cláusula a la vista (cláusula de vencimiento por venta) – cláusula en un pagaré o hipoteca que le da al prestamista el derecho de exigir el saldo entero del préstamo si la propiedad se vende o si se transfiere.

cancellation rights – right of the buyer or seller to nullify or void; express intent to withdraw from a transaction.
derechos de cancelación – derecho del comprador o del vendedor de anular; intento explícito para retirarse de la transacción.

canons – standards of conduct.
reglas – estándar de conducta.

cap rate – See *capitalization rate.*
tasa de capitalización – Vea *tasa de capitalización.*

capital asset – property that is not stock-in-trade (inventory) used in a trade or business of a kind subject to depreciation, as well as notes in accounts receivable acquired in the course of the trade or business.
bienes de capital – propiedad que no está en forma de inventario que se utiliza en negocio de depreciación, que también se utiliza como notas en cuentas por cobrar adquiridas en el curso del negocio.

capital gain – the gain (profit) on the sale of an appreciated asset.
ganancia de capital – ganancia (utilidad) sobre la venta de bienes que han aumentado en valor.

capital gains tax treatment – a special tax rate allowed by the Internal Revenue Code for profits on the sale of capital assets.
impuesto sobre ganancia de capital – tipo de impuesto especial permitido por el Código de Ingresos Interiores para ganancia sobre la venta de bienes.

capitalization (cap) rate – a rate that expresses profit as a percentage of the invested capital.
tasa de capitalización – tasa que expresa ganancia como porcentaje de capital invertido.

capitalize – to convert future income to current value.
capitalizar – convertir ingresos futuros a valor actual.

carpenter ant – a type of insect that eats wood.
hormiga carpintera – insecto que come madera.

carpenter bee – a type of insect that eats wood.
abeja carpintera – insecto que come madera.

carryback financing – an owner financed second mortgage.
financiamiento por propietario – financiamiento de la segunda hipoteca por el dueño.

case law – individual court decisions.
derecho común – decisiones tribunales individuales.

cash equivalent value – the value of something when converted into cash.
valor equivalente en efectivo – el valor de algo convertido en efectivo.

cash flow – the number of dollars remaining each year after collecting rents and paying operating expenses and mortgage payments.
flujo de efectivo – cantidad de dólares restantes cada año después que el inversionista colecta renta, paga los gastos de operación y hace los pagos de la hipoteca.

cash value – the amount of money a policyholder would receive if the policy were surrendered to an insurance company, or the amount the policyholder could borrow against the policy.
valor en efectivo – cantidad de dinero que alguien que tiene una póliza recibiría si entregara la póliza, ol la cantidad que se puede prestar contra la póliza.

cashier's check – a check drawn by a bank on its own funds and signed by its cashier.
cheque bancario – cheque efectuado por el banco sobre sus depósitos y firmado por el cajero.

cash-on-cash – the cash flow produced by a property divided by the amount of cash necessary to purchase it.
efectivo-sobre-efectivo – flujos de efectivo producido por una propiedad dividido por la cantidad de efectivo necesario para comprarla.

caveat emptor – let the buyer beware.
caveat emptor – al riesgo del comprador.

CC&Rs – See *covenants, conditions, and restrictions.*
CC&Rs – Vea *convenios, condiciones, y restricciones.*

CD – See *certificate of deposit.*
CD – Vea *certificado de depósito.*

cemetery lot – a lot in a cemetery, graveyard, or burial ground.
lote de cementerio – lote de cementerio o panteón.

CERCLA – See Com*prehensive Environmental Response, Compensation, and Liability Act of 1980.*
CERCLA – Vea *Ley Comprensiva a la Respuesta del Medio Ambiente, Compensación y Responsabilidad de 1980.*

certificate of deposit – a saver's commitment to leave money on deposit for a specific period of time.
certificado de depósito – compromiso del ahorrador de dejar los fondos en depósito por un período específico.

certificate of limited partnership – a certificate that must be filed with the Secretary of State that discloses certain facts concerning the limited partnership.
certificado de asociación copropietaria limitada – certificado que se tiene que archivar en la secretaría del estado y que revela ciertos hechos referente a la asociación copropietaria limitada.

certificate of occupancy – a government-issued document that states a structure meets local zoning and building code requirements and is ready for use.
certificado de tenencia – documento circulado por el gobierno que declara que la estructura satisface los requerimientos de los códigos de edificios y de zonificación local y que está en condiciones de uso.

certificate of reasonable value (CRV) – a certificate that reflects the estimated value of the property as determined by the Veteran's Administration staff appraiser.
certificado de valor razonable (CRV) – certificado que refleja el valor e s t i m a d o de la propiedad determinada por el valuador de la Administración de Veteranos.

certificate of reduction – a document prepared by a lender showing the remaining balance on an existing loan.
certificado de reducción – documento preparado por el prestamista demostrando el saldo del préstamo existente.

certificate of sale – a certificate the high bidder receives entitling him to a referee's or sheriff's deed if no redemption is made.
certificado de venta – certificado que recibe el comprador que le otorga la escritura oficial si es que no hay redención.

certificate of title – an opinion by an attorney as to who owns a parcel of land; a Torrens certificate that shows ownership as recognized by a court of law.
certificado de título – opinión de un abogado en cuanto a quien le pertenece una de terreno; un certificado de registro de títulos que demuestra pertenencia reconocida por un tribunal de derecho.

Certified Property Manager (CPM) – professional designation for property manager.
Administrador de Propiedad Certificado (CPM) – designación profesional para administrador de propiedad.

cession deed – a deed that conveys street rights to a county or municipality.
escritura de traspaso – escritura que traspasa derechos de acceso a las calles al condado o al municipio.

cesspool – a pit (sometimes lined with plastic) composed of stones and gravel through which raw sewage collects; it's a health and safety hazard and a code violation.
pozo negro de letrina – un pozo (a veces forrado con plástico) compuesto de piedra y grava que colecta aguas negras; es un riesgo a la salud y violación de código en algunas áreas.

chain – a surveyor's measurement that is 66 feet long.
cadena de agrimensor – medida de agrimensura que 66 pies.

chain of title – the linkage of property ownership that connects the present owner to the original source of title.
cadena de título – encadenamiento de la pertenencia de propiedad que conecta al propietario presente a la procedencia original de título.

characteristics of land – fixity, immobility, indestructibility, modification, nonhomogeneity, scarcity, and situs.
características de la tierra – fija, inmueble, indestructible, modificada, falta de homogeneidad, escasa, situada.

characteristics of value – demand, scarcity, transferability, and utility.
características de valor – demanda , escasez, transferible, y utilidad.

charges – in judicial parliaments, the instructions a judge gives to the jury.
instrucciones judiciales – en parlamentos judiciales, las instrucciones
otorgadas al jurado por el juez.

chattel – an article of personal or moveable property.
bienes muebles – artículos de propiedad personal.

chattel mortgage – a pledge of personal property to secure a note.
hipoteca de bienes muebles – empeñar propiedad personal para asegurar
un pagaré.

check – a 24-by-24 mile area created by guide meridians and correction lines in
the rectangular survey system.
cuadrángulo – área de 24 por 24 millas formada por guías meridianas y líneas
de corrección en el sistema de levantamiento rectangular.

checklist report – a systemized itemization of the various components of a
property that is organized into sections that allow the inspector to check off
inspected property components and comment on any specific problems.
reporte de lista específica – especificación sistematizada de varios componentes de una propiedad organizada en secciones que permiten al inspector de
marcar componentes inspeccionados y comentar sobre problemas específicos.

circuit – path that electricity travels.
circuito – camino recorrido por electricidad.

circuit breakers – trip and switch off the electrical power for a given circuit if
the current increases beyond the capacity of the system.
cortacircuitos – desenganchan y desconectan el poder eléctrico de un circuito
si la corriente incrementa más de la capacidad del sistema.

circuit court of civil appeals – the appellate court having jurisdiction in the
federal court system to which appeals from the district court may be made.
tribunal federal de apelaciones civiles – el tribunal de apelación que tiene
jurisdicción en el sistema de la corte federal donde se pueden efectuar apelaciones de la corte de distrito.

Clayton Antitrust Act – federal statute that specifically prohibits price
discrimination, exclusive dealing arrangements, certain corporate acquisitions
of stock, and interlocking directorates.
Ley Antimonopolio Clayton – ley federal que específicamente prohibe discriminación en precio, arreglos específicos de negocio, ciertas adquisiciones de
acciones corporativas, y directorios encadenados.

cleanout – a pipe fitted with a removable plug to assist in dislodging a pipe obstruction.
boca de limpieza – tubería con tapón removible para asistir en desalojar obstrucciones.

clear title – a clean title without claims, liens or encumbrances.
título seguro – título seguro sin reclamos, gravámenes o cargos.

client – the broker's principal.
cliente – el principal del corredor.

closed-end mortgage – a mortgage that cannot extend additional funds to the borrower.
hipoteca determinada – hipoteca que no puede extender fondos adicionales al prestatario.

closing – See *title closing*.
cierre – el acto de finalizar la transacción de bienes raíces.

closing costs – the costs paid by the buyer and the seller when finalizing a real estate transaction.
costos de cierre – costos pagados por el comprador y el vendedor al finalizar la transacción de bienes raíces.

closing date – the day on which the title closing is completed.
fecha de cierre – día en el cual se transfiere el título.

closing into escrow – a closing where all parties sign their documents and entrust them to the escrow agent.
cierre depositario – un cierre donde los partidos firman sus documentos y los encargan al agente depositario.

closing meeting – a meeting at which the buyer pays for the property, receives a deed to it, and all other matters pertaining to the sale are concluded.
reunión de cierre – una reunión en la cual el comprador paga por la propiedad, recibe la escritura, y se incluye todo lo demás perteneciente a la venta.

closing statement – See *settlement statement*.
informe de cierre – Vea *declaración de cierre*.

cloud on the title – any claim, lien, or encumbrance that impairs title to property.
nube sobre el título – cualquier reclamo, gravamen, afectación, que perjudica el título de la propiedad.

code of ethics – articles that pertain to the REALTOR®'s relation to clients, other real estate agents, and the public.
código de ética – reglamento que determina las relaciones de los corredores (REALTOR®'s) con sus clientes, con otros agentes de bienes raíces y con el público.

codicil – a written supplement or amendment to an existing will.
codicilo – un suplemento o modificación por escrito a un testamento existente.

COFI – See *Cost of Fund Index*.
COFI – Vea *Índice del Costo de Fondos*.

co-insurance – the insurer and the insured share the insurance risk; calculated on the policy amount and the percent of the actual insured values.
coseguro – el asegurador y el asegurado comparten el riesgo del seguro; calculado sobre la cantidad de la póliza y el porcentaje del valor verdadero de seguro.

cold call – soliciting clients by telephone.
llamada en frío – solicitud de clientes por teléfono.

COLI – See *Cost of Living Index*.
COLI – Vea *Índice del Costo de Vida*.

collateral – security pledged for the payment of a loan.
seguridad colateral – seguridad empeñada para el pago del préstamo.

collusion – a conspiracy for fraudulent purposes.
colusión – conspiración con fines fraudulentos.

color of title – some plausible, but not completely clear-cut indication of ownership rights.
título aparente – alguna indicación plausible pero no completamente clara sobre los derechos de titularidad.

commercial bank – a bank specializing in checking and savings accounts and short-term loans.
banco comercial – banco que especializa en cuentas de cheques y de ahorros y préstamos de corto plazo.

commingling of funds – the mixing of clients' or customers' funds with an agent's personal funds.
mezclamiento de fondos – el mezclar fondos de los clientes con los fondos personales del agente.

commission – compensation for brokers and salespersons.
honorarios – compensación para corredores y socios de ventas.

commitment fee – a fee paid to a lender to commit funds that would be advanced at a future date.
cuota de compromiso – cuota que se paga al prestamista para asegurar o comprometer fondos para una fecha futura.

common elements – those parts of a condominium in which each unit owner holds an undivided interest.
elementos comunes – las partes de un condominio en las cuales cada propietario tiene interés indiviso.

common law – law that develops from custom and usage over long periods of time.
ley común – ley que se desarrolla por costumbre y utilización sobre largos períodos de tiempo.

common law dedication – results when a landowner's acts or words show intent to convey land to the government.
dedicación por ley común – resulta cuando los actos o palabras del propietario muestran intención de conceder terreno al gobierno.

common wall – See *party wall easement.*
pared común – Vea *pared servidumbre de los partidos.*

common-law marriage – a marriage that becomes operative by operation of law rather than one of formal decree or ceremony.
matrimonio por acuerdo y cohabitación – matrimonio que se lleva a cabo por cohabitación en vez de por decreto formal o ceremonia civil.

community property – property co-ownership wherein husband and wife are treated as equal partners with each owning a one-half interest.
propiedad mancumunada – propiedad donde ambos esposo son tratados como socios por igual y cada uno posee la mitad del interés.

Community Reinvestment Act – federal statute encouraging federally regulated lenders to encourage their participation in low-income areas.
Ley de Reinversión en la Comunidad – ley federal que anima a los prestamistas regularizados por leyes federales con estímulos para invertir en áreas de bajos recursos.

comparables – properties similar to the subject property that are used to estimate the value of the subject property.
comparables – ventas de propiedades similares a la propiedad sujeta que se han vendido recientemente.

comparative market analysis – See *market comparison approach.*
análisis de comparativos en el mercado. Vea *método comparativo del mercado.*

compensation – for brokers and salespersons.
compensación – para corredores y vendedores.

competent party – persons considered legally capable of entering into a binding contract.
partido competente – persona legalmente considerada capaz de celebrar un contrato obligatorio.

competitive market analysis – a method of valuing homes that looks at recent home sales and at homes presently on the market plus homes that were listed but did not sell.
análisis del mercado competitivo – método de valuar casas que toma en cuenta las ventas recientes y también las casas que están en el mercado actualmente y las casas que no se vendieron.

complete appraisal – the act or process of estimating value without invoking the Departure Provision.
avalúo completo – el acto o proceso de estimar valuación sin invocar la provisión de desviación.

compound interest – the interest paid on both the principal and on the accrued interest.
interés compuesto – interés pagado sobre el principal y el interés acumulado.

Comprehensive Environmental Response, Compensation, and Liability Act of 1980 (CERCLA) – the law that was enacted by congress in 1980 in response to the environmental and public health hazards imposed by improper disposition of hazardous waste.
Ley Comprensiva a la Respuesta del Medio Ambiente, Compensación y Responsabilidad (CERCLA) – ley establecida por el congreso en 1980 a la respuesta del medio ambiente y riesgo a la salud pública por la impropia disposición de desperdicios peligrosos.

comprehensive plan – See *master plan.*
plan comprensivo – Vea *plan maestro.*

compressor – an air conditioner component that creates a flow of refrigerant from one part of the system to the other.
compresor – componente de aire condicionado que causa el flujo de refrigerante de una parte del sistema a otro.

computerized loan origination (CLO) – originating loans through the use of a networked computer system.

iniciación de préstamo computarizado (CLO) – iniciación de préstamos a través del uso de un sistema computarizado.

concession – See *rent concession*.
concesión – Vea *concesión de renta*.

concurrent jurisdiction – the jurisdiction of several different courts, each authorized to deal with the same subject matter.
jurisdicción concurrente – jurisdicción de varias cortes, cada una autorizada para tratar el asunto sujeto.

concurrent ownership – ownership by two or more persons at the same time.
pertenencia concurrente – perteneciente a dos o más personas al mismo tiempo.

condemnation – the legal action of taking property under the power of eminent domain.
condenación – acción legal de tomar propiedad bajo el poder de dominio eminente.

condemnation proceeding – legal proceeding involved in eminent domain.
procedimiento de condenación – acción legal de dominio eminente.

condenser – an air conditioner component that liquefies the refrigerant gas by cooling it.
condensador – el componente de aire condicionado que liquida el gas refrigerante al enfriarlo.

conditional sales contract – See *installment contract*.
contrato de ventas condicionales – Vea *contrato a plazo*.

conditional-use permit – allows a land use that does not conform with existing zoning.
permiso de uso condicional – permite el uso del terreno que no es conforme con la zonificación existente.

condominium – individual ownership of single units or apartments in a multiple-unit structure or structures with common elements.
condominio – propiedad individual de porciones separadas de un edificio y la pertenencia colectiva de los elementos comunes.

condominium association – a homeowner association for condominium owners.
asociación de condominio – asociación para propietarios de condominios.

condominium declaration – a document that converts a given parcel of land into a condominium subdivision.
declaración de condominio – documento que convierte una parcela de terreno en una subdivisión de condominios.

condominium project – a real estate condominium project; a plan or project whereby four or more apartments, rooms, office spaces, or other units in existing or proposed buildings or structures are offered or proposed to be offered for sale.
proyecto de condominio – proyecto de condominio de bienes raíces; proyecto de cuatro o más apartamentos, cuartos, espacios de oficina, u otras unidades en edificios o estructuras existentes o propuestas que se ofrecen o se ofrecerán para venta.

condominium records – records in county clerk's office to record condominium declaration.
registros de condominio – registros en la oficina del oficial del condado para registrar declaraciones de condominio.

condominium subdivision – a document that converts a parcel of land into a number of individual separate property estates.
subdivisión de condominios – documento que convierte una parcela de terreno en varias propiedades separadas e individuales.

condominium unit owner's form (HO-6) – a policy that covers additions or alterations not covered by the association's policy.
forma de propietario de unidad de condominio (HO-6) – póliza que cubre adiciones o alteraciones no cubiertas por la póliza de la asociación.

conductors – wires that electricity moves through; good conductors have little resistance to the flow of electricity.
conductores – alambres por los cuales se mueve electricidad; buenos conductores tienen baja resistencia al flujo de electricidad.

conduit – a steel or plastic tube through which electrical wires are run.
conducto – tubería de acero o de plástico por la cual corre alambre eléctrico.

confirmed – when the assessment roll is approved.
confirmado – cuando el registro de avalúos se aprueba.

conforming loan – a conventional loan that follows Fannie Mae and Freddie Mac residential loan requirements.
préstamo conforme – préstamo convencional que sigue los requisitos de préstamos residenciales de Fannie Mae y Freddie Mac.

conformity, principle of – maximum value is realized when there is a reasonable degree of homogeneity in a neighborhood.
principio de concordancia – se realiza el valor máximo cuando hay un nivel razonable de homogeneidad en un vecindario.

connection line – a survey line that connects a surveyor's monument with a permanent reference mark.
línea de conexión – línea de agrimensura que conecta el monumento con una mojonera.

consequential damages – an award to a property owner whose land is not taken but which suffers because of a nearby public land use.
daños consecuentes – recompensa al propietario al que no han despojado del terreno pero que ha sido afectado por la condenación de una propiedad cercana.

consideration – an act or promise given in exchange for something; anything of value, such as money or property, given to induce another to enter into a contract.
consideración – hecho o promesa que se da en cambio por algo; algo de valor, tal como dinero o propiedad, que se le da a alguien para inducir su asociación en un contrato.

construction loan (an interim loan) – a loan wherein money is advanced as construction takes place.
préstamo para construcción (préstamo provisional) – préstamo donde el dinero se va adelantando con el progreso de la construcción.

construction mortgages – short-term loans made during the construction of a building, but prior to the permanent loan.
préstamos para construcción – préstamos a corto plazo efectuados durante la construcción de un edificio, pero antes del préstamo permanente.

constructive eviction – tenant breaks the lease because the landlord does not keep the premises habitable.
desalojo sobrentendido – el inquilino rompe el contrato de arrendamiento porque el propietario no mantiene el establecimiento en condición habitable.

constructive notice – notice given by the public records and by visible possession, coupled with the legal presumption that all persons are thereby notified.
notificación sobrentendida – noticia proporcionada por los archivos públicos y por posesión visible, y la presunción legal que todas las personas han sido notificadas.

Consumer Price Index (CPI) – an index in the changes of the cost and services to a typical consumer based on the costs of the same items in a previous period.
Indice de Precio al Consumidor – índice de precio en los cambios de costo y servicios al consumidor típico basado en la variación del costo de la misma cosa en un tiempo determinado.

contingency – dependence on the fulfillment of a condition.
contingencia – dependiente sobre el cumplimiento de una condición.

contingency clause – a clause expressing a possibility conditional on something uncertain.
cláusula de contingencia – cláusula que expresa la posibilidad condicional de algo incierto.

contingent remainder – a remainder limited so as to depend upon an event or condition that may never happen to be performed until after termination of the preceding estate.
restante contingente – restante limitado que depende de un evento o condición que nunca se realizará hasta después de la terminación del interés precedente.

contingent sale – a sale based on the conditional possibility of another sale.
venta condicional – venta basada en la posibilidad condicional de otra venta.

continuing education – additional education required to renew one's license.
educación continua – educación adicional requerida para renovar una licencia.

contour lines – lines on a topographic map that connect points having the same elevation.
líneas de contorno – líneas en un mapa topográfico que conectan puntos de la misma elevación.

contour map (topographic map) – a map that shows land elevations.
mapa de contornos (mapa topográfico) – mapa que muestra elevaciones de la tierra.

contract – a legally enforceable agreement to do (or not to do) a particular thing.
contrato – convenio legal ejecutable de cumplir o no cumplir con algo específico.

contract for deed – See *installment contract or land contract*.
contrato por escritura – método de vender y financiar propiedad donde el comprador obtiene posesión, pero el propietario mantiene custodia del título. También vea *contrato a plazo*.

contract for sale – an enforceable sale agreement between two or more parties.
contrato para venta – convenio de venta entre dos o más partidos que se puede ejecutar legalmente.

contract rent – the amount of money that the tenant must pay the landlord for the use of the premise as specified in the lease contract. See also *economic rent*.
renta contractual – la cantidad de renta especificada en el contrato de arrendamiento.

contract zoning – an agreement by a governing body to enact a change in land-use classification in exchange for certain concessions to be granted by the developer or applicant.
zonificación por contrato – acuerdo por un cuerpo gubernamental para establecer cambio en la clasificación de utilización de terreno en cambio por ciertas concesiones otorgadas por el solicitante.

contractor – See *independent contractor.*
contratista – Vea *contratista independiente.*

contractual intent – precludes jokes or jests from becoming valid contracts.
intención del contrato – previene que de bromas o gestos, se hagan contratos válidos.

contractual lien – a lien that arises as a result of a contract between the parties.
gravamen contractual – gravamen que resulta por contratos entre partidos.

contribution, principle of – we should invest dollars whenever they will return to us more than $1 of value and should stop when each dollar invested returns less than $1 in value.
principio de contribución – debemos invertir dólares cuando nos devuelvan más de un $1 dólar de valor y debemos detenernos cuando cada dólar invertido nos devuelva menos de un $1 en valor.

conventional loan – real estate loan that is not insured by the FHA or guaranteed by the VA.
préstamo convencional – préstamo de bienes raíces que no está asegurado por FHA y que no está garantizado por VA.

conversion – an agent's personal use of money belonging to others.
conversión – cuando el agente utiliza dinero perteneciente a otros.

convertible ARM – an adjusted rate mortgage that can be converted into a fixed rate mortgage.
hipoteca de tasa ajustable convertible – hipoteca de tasa ajustable que se puede convertir a tasa fija.

convey – to transfer the title of a property.
transferir – transferir el título de propiedad.

conveyance – the transfer of property from one person to another.
cesión – traspaso de propiedad de una persona a otra.

conveyance tax – a fee or tax on deeds and other documents payable at the time of recordation.
impuesto de traspaso – impuesto sobre escrituras y otros documentos pagable al tiempo de registro.

co-op – See *cooperative*.
co-op – Vea *cooperativa*.

cooperating broker – a broker who, acting as an agent of the listing broker, procures a buyer.
corredor cooperativo – corredor que al actuar como agente del corredor de ventas, procura el comprador.

cooperative – land and building owned or leased by a corporation, which in turn leases space to its shareholders; ownership of shares in a cooperative venture that entitles the owner to use, rent, or sell a specific apartment unit.
cooperativa – terreno y edificio propio o arrendado por una corporación cual le arrienda espacio a sus accionistas; pertenencia de acciones en una cooperativa que autoriza al propietario de utilizar, rentar o vender un apartamento específico.

cooperators – individual shareholders in a cooperative.
cooperadores – accionistas individuales en una cooperativa.

co-owner – in condominiums, a person, firm, corporation, partnership, association, trust, or other legal entity, or any combination thereof, who owns an apartment or apartments within the condominium project.
copropietario – en condominios, una persona, firma, corporación, asociación copropietaria, asociación, fideicomiso, u otra entidad legal, o cualquier combinación de esto, a quien le pertenece un apartamento o apartamentos dentro del condominio.

corner lot – a lot that fronts on two or more streets.
lote de esquina – lote al frente de dos o más calles.

corporate charter – the official document indicating the existence of the corporation as authorized by the Secretary of State.
escritura de constitución corporativa – documento oficial que indica la existencia de la corporación autorizada por el secretario del estado.

corporation – a business owned by stockholders; a legal entity recognized by law with tax rates separate from individual income tax rates.
corporación – negocio propio de accionistas.

corporeal – material, tangible.
corpóreo – material, tangible.

corpus – trust assets, the body of a trust.
corpus – bienes fideicomisos, el cuerpo de un fideicomiso.

correction deed – a document used to correct an error in a previously recorded deed.
escritura de corrección – documento que se usa para corregir errores en escrituras previamente registradas.

correction lines – survey lines used to correct for the earth's curvature.
líneas de corrección – líneas de agrimensura usadas para corregir las curvas de la tierra.

correlation process – a step in an appraisal wherein the appraiser weights the comparables.
proceso de correlación – la fase en el proceso de avalúo donde el apreciador considera los comparables.

cosigner – a joint signer of a negotiable instrument.
cosignatario – copartícipe de firma de un instrumento negociable.

cost approach – land value plus current construction costs minus depreciation.
método de costo – todo de avalúo que toma en cuenta el valor del terreno y los costos actuales de construcción menos la depreciación.

cost handbook – books containing construction cost information.
manual de costo – manuales que contienen información del costo de construcción.

Cost of Fund Index (COFI) – an index used to determine interest rate changes for adjustable-rate mortgages.
Índice del Costo de Fondos (COFI) – índice para determinar los cambios en la tasa de interés para las hipotecas de tasa ajustable.

Cost of Living Index (COLI) – an index in the changes of costs that include food, clothing, transportation, personal and medical care, and other costs periodically determined by the Department of Labor.
Índice del Costo de Vida (COLI) – índice sobre el cambio de costo que incluye comida, ropa, transportación, atención personal y médica, y otros costos periódicamente determinados por la Secretaría de Trabajo.

cost-push inflation – higher prices due to increased costs of labor and supplies.
inflación de costo – precios más altos debido al incremento de costos de mano de obra y de materiales.

co-tenancy – joint tenancy.
tenencia conjunta – condominio.

council of co-owners – all of the co-owners of a condominium project.
consejo de copropietarios – todos los copropietarios de un proyecto de condominios.

counteroffer – an offer made in response to an offer.
contraoferta – oferta hecha en contestación a la oferta original.

county – a territorial division of and unit of local government.
condado – división territorial y unidad de gobierno local.

county court – court whose jurisdiction is in the county in which it is situated but has a ceiling on the dollar amount that can be litigated within its jurisdiction.
tribunal de condado – tribunal cuya jurisdicción está en el condado en cual está situado pero tiene límite sobre la cantidad que se puede litigar en esa jurisdicción.

covenant – a written agreement or promise.
convenio – acuerdo, garantía o promesa escrita.

covenant against encumbrances – grantor warrants that there are no encumbrances other than those stated in the deed.
convenio contra impedimentos – garantiza que no hay otro gravamen aparte de los que aparecen en la escritura.

covenant against removal – borrower promises not to remove or demolish any buildings or improvements.
garantía contra remover – el prestatario promete no remover o demoler edificios o mejoras.

covenant of further assurance – grantor will procure and deliver to the grantee any subsequent documents necessary to make good the grantee's title.
garantía de perfeccionamiento del título – el donador procurará y entregará al donatario documentos subsecuentes y necesarios para efectuar perfeccionamiento del título.

covenant of good repair – the borrower is required to keep the mortgaged property in good condition.
garantía de buena reparación – se requiere que el prestatario mantenga la propiedad hipotecada en buena condición.

covenant of insurance – the borrower is required to carry adequate insurance against damage or destruction of the mortgaged property.
garantía de seguros – se requiere que el prestatario mantenga seguros adecuados contra daños y destrucción de la propiedad hipotecada.

covenant of preservation and maintenance – See *covenant of good repair*.
garantía de preservación y mantenimiento – Vea *garantía de buena reparación*.

covenant of quiet enjoyment – grantor warrants that the grantee will not be disturbed.
garantía de pacífica posesión – el donador garantiza que el donatario no será importunado ni molesto.

covenant of seizin – grantor warrants that he or she is the owner.
convenio de cesionista – el cesionista garantiza que él es el propietario.

covenant to pay taxes – the borrower agrees to pay the taxes on the mortgaged property even though the title may be technically with the lender.
garantía de pagar impuestos – el prestatario acuerda de pagar los impuestos sobre la propiedad hipotecada aunque el título técnicamente esté en posesión del prestamista.

covenants, conditions, and restrictions – privately imposed deed and lease restrictions.
convenios, condiciones y restricciones – restricciones de escrituras y de arrendamientos privadamente impuestas.

CPI – See *Consumer Price Index*.
CPI – Vea *Índice de Precio al Consumidor*.

CPM – See *certified property manager*.
CPM – Vea *Administrador de Propiedad Certificado*.

credit – the reputation of a person or firm for the paying of bills when due.
crédito – la reputación de la persona o compañía sobre el pago de las cuentas cuando se vencen.

credit rating – an indication of the risk involved when giving credit to a person or firm.
consideración crediticia – indicación del riesgo involucrado al otorgar crédito a una persona o a una compañía.

credit report – a report reflecting the creditworthiness of a borrower by showing past credit history.
informe de crédito – reporte que refleja el mérito de crédito del prestatario al mostrar su crédito historial.

credit scoring – a number that assesses a borrower's credit history and current credit based on credit bureau reports.
historial crediticio – la cifra que evalúa el historial crediticio y crédito actual del prestatario basado en reportes de la agencia de informes sobre crédito.

creditor – a person or firm to whom money is due.
acreedor – la persona o compañía a quien se le debe dinero.

CRV – See *certificate of reasonable value.*
CRV – Vea *certificado de valor razonable.*

cul de sac – a street closed at one end with a circular turnaround.
calle cerrada – calle cerrada en un extremo con retorno.

curable depreciation – depreciation that can be fixed at reasonable cost.
depreciación curable – depreciación que se puede remediar a costo razonable.

curtesy – the legal right of a widower to a portion of his deceased wife's real property.
propiedad raíz otorgada al viudo – derecho legal del viudo a una porción de la propiedad raíz de su difunta esposa.

customer – a person with whom the broker and principal negotiate; third party.
consumidor – persona con quien negocia el corredor y el principal; tercer.

D

damages – the estimated money equivalent for loss or injury sustained.
daños – el equivalente en dinero estimado por pérdida o avería sostenida.

damper – a plate or valve that closes the fireplace flue when the fireplace is not in use, preventing heat loss.
llave de humero – plato o válvula que cierra el humero de la chimenea cuando no se está usando la chimenea para prevenir la pérdida de calor.

datum – any point, line, or surface from which a distance, vertical height, or depth is measured.
dato – algún punto, línea, o superficie desde cual se mide una distancia, altura vertical o profundidad.

dealer property – real property held for other than personal use.
propiedad de comerciante – propiedad raíz retenida para otro uso, pero no para uso personal.

debit – to charge as a debt.
débito – cargar como deuda.

debt – an obligation to be repaid by a borrower.
deuda – obligación pagada por el prestatario.

debt service – the amount of money necessary to meet the periodic payment of principal and interest.
servicio de deuda – cantidad de dinero necesaria para satisfacer el pago periódico de principal e interés.

debtor – a person or company in debt.
deudor – persona o compañía en deuda.

debt-to-income ratio – the percentage of debt in relation to income.
porcentaje de deuda a ingreso – porcentaje de la deuda en relación al ingreso.

decedent – a deceased person.
difunto – persona fallecida.

decibel – a unit for measuring sound energy or power.
decibel – unidad para medir energía de sonido o de fuerza.

declaration – See *master deed*.
declaración – Vea *escritura maestra*.

dedication – the voluntary conveyance of private land to the public.
dedicación – cesión voluntaria al público de propiedad privativa.

deed – a written document that when properly executed and delivered conveys title to land.
escritura – documento escrito y cuando propiamente ejecutado y entregado transfiere el título de propiedad.

deed as security – a deed given to secure a loan and treated as a mortgage.
escritura como garantía – la escritura proveída como garantía sobre un préstamo y a la vez tratada como hipoteca.

deed covenants – See *deed restrictions*.
convenios de escritura – Vea *restricciones de escritura*.

deed in lieu of foreclosure – a voluntary act by both borrower and lender.
entrega de escritura para evitar juicio hipotecario – hecho voluntario por el prestatario y el prestamista.

deed of trust (also called trust deed) – a document that conveys legal title to a neutral third party as security for a debt.
escritura de fideicomiso – documento que transfiere título a un fiduciario tercero imparcial como garantía para una deuda.

deed restrictions – provisions placed in deeds to control how future landowners may or may not use the property.
restricciones de escritura (convenios de escritura) – provisiones acertadas en escrituras para controlar como los futuros propietarios puedan o no puedan usar la propiedad.

deed tax – a tax on conveyances of real estate.
impuesto de escritura – impuesto sobre el traspaso de bienes raíces.

deed without warranties – See *bargain and sale deed*.
escritura sin garantías – Vea *escritura de compraventa*.

default – failure to perform a legal duty, such as a failure to carry out the terms of a contract.
incumplimiento – falta de realizar una obligación legal, tal y como la falta de llevar a cabo los términos de un contrato.

defeasance clause – a mortgage clause that states the mortgage is defeated if the accompanying note is repaid on time.
cláusula resolutoria – cláusula hipotecaria que afirma que la hipoteca ha sido cancelada si el pagaré acompañante se paga a tiempo.

deferred interest mortgage – a mortgage with a monthly payment that is less than the amount required to pay the note rate; the unpaid interest is deferred by adding it to the loan balance.
hipoteca con interés diferido – hipoteca de pago mensual que es menos de la cantidad requerida para pagar la nota; el interés no pagado se difiere al añadirlo al saldo del préstamo.

deficiency judgment – a judgment against a borrower if the foreclosure sale does not bring enough to pay the balance owed.
fallo de deficiencia – fallo contra el prestatario si la venta de la propiedad empeñada después del juicio hipotecario no aporta lo suficiente para pagar el balance completo.

delayed exchange – a nonsimultaneous tax-deferred trade.
cambio demorado – cambio no simultaneo de impuesto diferido.

delinquent loan – a loan wherein the borrower is behind in his or her payments.
préstamo atrasado – indica que el prestatario está atrasado en sus pagos.

delivery – the final and absolute transfer of a deed, properly executed, to the grantee, or to some person for his use, in such manner that it cannot be recalled by the grantor.
entrega – final y absoluto traspaso de escritura, propiamente ejecutado al donatario en tal manera que no puede ser revocado por el donador.

delivery and acceptance – title passes when the grantor delivers the deed and the grantee accepts it.
entrega y aceptación – el título se traspasa cuando el donador entrega la escritura y el donatario la acepta.

demand – a need or desire coupled with the purchasing power to fill it.
demanda – necesidad o deseo acoplado con el poder de comprar para realizarlo.

demand-pull inflation – higher prices due to buyers bidding against each other.
inflación por demanda – precios más altos debido a los compradores licitando uno contra el otro.

demise – the conveyance of an estate under lease.
arrendamiento – concesión de propiedad bajo arriendo.

density – the average number of inhabitants and dwellings per unit of area.
densidad – el promedio de habitantes y vivienda por unidad de área.

Department of Housing and Urban Development (HUD) – government agency responsible for creating opportunities for homeownership, providing assistance for low-income persons, working to create, rehabilitate and maintain the nation's affordable housing, enforcing housing laws, helping homeless, spurring economic growth in distressed neighborhoods, and helping local communities meet their development needs.
Departamento de Vivienda y de Desarrollo Urbano – agencia gubernamental responsable por crear oportunidades para pertenencia residencial, proveer asistencia a personas de bajos ingresos, crear, rehabilitar y mantener vivienda nacional para los que no tienen medios o recursos de comprar, ejecutar leyes nacionales, asistir a los desalojados, estimular desarrollo económico en vecindades de bajo ingreso, y asistir comunidades locales satisfacer sus necesidades de desarrollo.

deposit – earnest money tendered in conjunction with an offer to purchase real property.
depósito – depósito de buena fe conjunto con la oferta de compra de la propiedad.

deposit receipt – receipt given for a deposit that accompanies an offer to purchase; also refers to a purchase contract that includes a deposit receipt.
recibo depositario – recibo otorgado por depósito que acompaña oferta de compra; también se refiere a un contrato de compraventa que incluye recibo de depósito.

depreciation – loss in value due to deterioration and obsolescence.
depreciación – pérdida de valor debido a la deterioración y desuso.

dereliction (reliction) – the process whereby dry land is permanently exposed by a gradually receding waterline.
terreno ganado por el receso del agua – porceso por el cual se gana terreno permanentemente por receso de las aguas.

descent and distribution – heirship.
descendencia y distribución – herencia.

designated broker – the principal broker in a real estate establishment.
corredor designado – corredor principal en un establecimiento de bienes raíces. También vea *corredor principal*.

developer – an individual who adds to the value of land by erecting improvements upon the land.
desarrollador – individuo o empresa que le da valor al terreno al construir mejoras sobre el terreno.

devise – the transfer of real property by means of a will.
legado de bienes raíces – transferencia de bienes raíces por medio de testamento.

devisee – one who receives real property under a will.
legatario – uno que recibe bienes raíces bajo testamento.

devisor – one who grants real property under a will.
testador – uno que concede bienes raíces bajo testamento.

diminishing marginal returns, principle of – we should invest dollars whenever they will return to us more than $1 of value and should stop when each dollar invested returns less than $1 in value.
principio de regresos marginales decrecientes – debemos invertir dólares cuando nos devuelvan más de un $1 de valor y debemos detenernos cuando cada dólar invertido nos devuelva menos de un $1 en valor.

disability – incapacity, a physical or mental handicap.
incapacidad – incapacidad física o mental.

disaffirm – revoke.
revocar – anular.

disclaimer – is appended to the home inspection report and documents the scope of the inspection and specifically indicates which items are omitted from the report, including opinions about the structure and design, building code compliance, and environmental problems.
renuncia – es anexo al informe de inspección de vivienda y documenta el alcance de la inspección y específicamente indica cuales cosas se omitieron

del informe, incluyendo opiniones sobre la estructura y diseño, cumplimiento con el código de edificios, y problemas del medio ambiente.

disclosure – something disclosed, to make known.
revelación – algo revelado, hacer saber.

disclosure statement – a form generally furnished to the seller by a real estate agent, the form asks the seller to disclose detailed information regarding the property.
declaración revelatoria – formato proporcionado al vendedor por el agente de bienes raíces. El formato pregunta al propietario que aporte información detallada relativa a la propiedad.

discount – a payment of interest in advance; prepaid interest.
descuento – pago de interés adelantado; interés prepagado.

discount broker – a full-service broker who charges less than the prevailing commission rates in that community.
corredor de descuento – corredor que provee servicio completo pero cobra comisiones más bajas que las comisiones prevalecientes en su comunidad.

discount points – charges made by lenders to adjust the effective rate of interest on a loan.
puntos de descuento – cargos hechos por el prestamista para ajustar la taza de interés efectiva de un préstamo.

discrimination – unequal treatment of a potential home buyer or renter based on his or her race, color, religion, sex or age, as defined by the Fair Housing Act of 1986.
discriminación – tratamiento desigual a un comprador o inquilino prospectivo basado sobre su raza, color, sexo, estado familiar, incapacitación, religión u origen nacional así como es definido por la Ley de Igualdad de Vivienda de 1986. También vea *Ley Federal de Igualdad de Vivienda*.

disintermediation – the movement of money out of savings accounts and into corporate and government debt instruments; the result created when lenders are required to pay high rates of interest for deposits while receiving long-term income from low-interest rate mortgage loans.
falta de intermediación – movimiento de dinero en cuentas de ahorros hacia instrumentos corporativos y de deuda gubernamental; el resultado cuando se les requiere a los prestamistas pagar tasas altas de interés por los depósitos recibidos mientras reciben ingresos a largo plazo de préstamos hipotecarios de bajo interés.

distributees – those designated by law to receive the property of the deceased when there is no will.
descendientes – los designados por ley de recibir la propiedad del difunto al no haber testamento

distribution box – a part of a septic system that distributes the flow from the septic tank evenly to the absorption field or seepage pits.
caja de distribución – parte del sistema séptico que distribuye el flujo del tanque séptico proporcionadamente al campo de absorción o pozos absorbentes.

district courts – state courts whose jurisdiction is within a statutorily defined district that is generally larger than that of the county. Its jurisdiction is, for the most part, similar to that of county courts, but there is no dollar limit on the amount that can be litigated.
corte de distrito – corte estatal cuya jurisdicción está dentro del distrito definido por ley y generalmente es más grande que el distrito de condado. Su jurisdicción es, mayormente similar a la del condado, pero no hay límite sobre la cantidad que se puede litigar.

divided agency – See *dual agency.*
agencia dividida – Vea *agencia dual.*

doctrine of capture – a legal philosophy that states the first to use water has a prior right to its use.
doctrina de captura – filosofía legal que declara que el primero que utiliza el agua tiene derecho superior de uso de ésta.

doctrine of merger – a doctrine by which the earnest money contract in a real estate transaction is extinguished by absorption into the deed or other instruments passed at closing. See also *easements.*
doctrina de incorporación – doctrina por la cual el contrato de buena fe en transacciones de bienes raíces se extingue por absorción en la escritura o por otro documento pasado en el cierre. También vea *servidumbre.*

doctrine of prior appropriation – a legal philosophy that allows a first user to continue diverting water.
doctrina de apropiación previa – filosofía legal que permite al primer usuario continuar desviando el agua para su beneficio.

documentary tax – a fee or tax on deeds and other documents payable at the time of recordation.
impuesto sobre documentación – impuesto sobre escrituras y otros documentos pagables al tiempo de registro.

doing business as (d/b/a) – a sole proprietorship that operates under a name other than the owner's.
efectuando negocios bajo otro nombre (dba) – negocio de propietario único que opera bajo otro nombre que no es el suyo propio.

dollars per hundred – property tax rate.
dólares por cien – tipo de impuesto de propiedad.

dollars per thousand – property tax rate.
dólares por mil – tipo de impuesto de propiedad.

domicile – a place of residence; a permanent legal residence.
domicilio – lugar de residencia; residencia legal permanente.

dominant estate – an parcel of land to which a servitude or easement is attached. See also *subsurface rights*.
heredad dominante – parcela de terreno a la cual se le anexa una servidumbre. También vea *derecho subterráneo*.

dominant tenement – See *dominant estate*.
heredamiento dominante – Vea *heredad dominante*.

donee – a person who receives a gift.
donatario – persona que recibe el beneficio.

donor – a person who makes a gift.
donador – persona que otorga el beneficio.

dower – the legal right of a widow to a portion of her deceased husband's real property.
propiedad raíz otorgada a la viuda – el derecho legal de la viuda a una porción de la propiedad raíz de su difunto esposo.

down payment – an initial partial payment at the time of purchase.
enganche – pago inicial parcial presentado al tiempo de la compra.

downside risk – the possibility that an investor will lose his money in an investment.
riesgo de pérdida – la posibilidad de que el inversionista pierda su dinero en una inversión.

downzoning – rezoning of land from a higher-density use to a lower-density use.
cambio de zonificación – cambio de zonificación de terreno de alta densidad a baja densidad.

dragnet clause – See *future advance clause.*
cláusula garantizadora de deudas – Vea *cláusula de futuro anticipado.*

drainage – the land's ability to draw off surface water.
drenaje – habilidad de la tierra de retirar agua de la superficie.

dry closing – a closing that is essentially complete except for disbursement of funds and delivery of documents.
cierre esencialmente completo – el cierre que está esencialmente completo excepto por la distribución de fondos y la entrega de documentos.

dry rot – a decay of wood that usually results from alternate soaking and drying over a long period.
pudrición seca – deterioración de madera que resulta por mojarse y secarse alternativamente sobre largo período de tiempo.

dual agency – agency in which the licensee represents both the buyer and the seller.
agencia dual (agencia dividida) – agencia el la cual el mismo agente al comprador y al vendedor en una transacción.

dual contract – two contracts written with different teams and financing in an attempt to obtain a larger loan; a fraudulent practice.
contrato dual – dos contratos escritos con separados partidos y separado financiamiento con el fin de obtener un préstamo más grande; práctica fraudulenta.

due date – a contract or payment date; a deadline.
fecha límite – fecha de contrato o de pago; límite absoluto.

due diligence – care in performing one's duties for a client.
debida diligencia – tener cuidado en realizar nuestras obligaciones con el cliente.

due process of law – law in its regular course of administration through courts of justice.
proceso legal – ley en su curso regular de administración a través de los tribunales de justicia.

due-on-sale clause – See *alienation clause.*
cláusula de vencimiento por venta – Vea *cláusula de enajenación, cláusula a la vista.*

due-on-sale – clause in a note or mortgage that gives the lender the right to call the entire loan balance if the property is sold or transferred. See also *call clause.*

vencido con la venta – cláusula en un pagaré o hipoteca que le da al prestamista el derecho de exigir el saldo entero del préstamo si la propiedad se vende o si se transfiere. Vea *cláusula a la vista*.

dummy – See *straw man*.
comprador no identificado – Vea *testaferro*.

duplex – a house or an apartment with two separate living units.
dúplice – casa o apartamento con dos unidades de vivienda separadas.

durable power of attorney – power of attorney that does not lapse because of the passage of time unless a time limitation is specifically stated in the instrument creating it.
poder duradero – poder que no caduca con el paso del tiempo solo que haya límite de tiempo específicamente declarado en el instrumento que lo crea.

duress – the application of force to obtain an agreement.
coacción – la aplicación de fuerza para obtener un convenio.

dwelling – place of residence.
vivienda – lugar de residencia.

E

E&O insurance – See *Errors and Omission insurance*.
Seguro E & O – Vea *seguro de errores y omisiones*.

earnest money – money that accompanies an offer to purchase as evidence of good faith.
depósito de buena fe – dinero que acompaña la oferta de compra como evidencia de buena fe.

earnest money contract – a contract for the sale or purchase of real estate in which the purchaser is required to tender earnest money to evidence his good faith in completing contractual obligations.
contrato de buena fe – contrato para la venta o compra de bienes raíces en el cual se requiere que el comprador presente un depósito de buena fe para demostrar el interés en cumplir las obligaciones contractuales.

easement – the right of another to use or have access to land belonging to another; also called right-of-way.
servidumbre – derecho que tiene otro de usar o tener acceso al terreno ajeno; también se refiere como *servidumbre de paso*.

easement appurtenant – an easement that runs with the land.
servidumbre real – la servidumbre que pasa junto con el terreno.

easement by necessity – an easement created by law usually for the right to travel to a landlocked parcel of land.
servidumbre por necesidad – servidumbre que se otorga por ley para utilizar un terreno como acceso a una parcela de terreno que era inaccesible.

easement by prescription – acquisition of an easement by prolonged use.
servidumbre por prescripción – adquisición de servidumbre por uso prolongado.

easement in gross – an easement given to a person or business to use or travel over the land of another.
servidumbre personal – servidumbre que se otorga a una persona o negocio para el uso del terreno de otra persona.

economic base – the ability of a region to export goods and services to other regions and receive money in return.
base económica – habilidad de una región de exportar bienes y servicios a otras regiones y recibir dinero en retorno.

economic life – the period over which a property may be profitably utilized.
vida económica – período de tiempo en el cual la propiedad puede ser utilizada.

economic obsolescence – loss of value due to external forces or events.
obsolescencia económica – pérdida de valor debida a fuerzas y eventos externos de índole económico.

economic rent – the amount of rent a property can command in the open market.
renta económica – cantidad de renta que una propiedad puede imponer en el mercado libre.

effective age – the apparent age of a building, not the actual age or chronological age.
edad efectiva – edad aparente de un edificio, no la edad verdadera o edad cronológica.

effective interest rate – the true rate of return; the actual return or yield to the investor.
tasa efectiva de interés – cuota de retribución verdadera; rendimiento.

effective yield – a return on investment calculation that considers the price paid, the time held, and the interest rate.
rendimiento efectivo – ganancia sobre cálculo de inversión que considera precio pagado, tiempo poseído, y tasa de interés.

egress – exit; the right to leave a tract of land.
salida – salida; el derecho de acceso a un terreno.

EIR – See *Environmental Impact Report.*
EIR – Vea *reporte de impacto al medio ambiente.*

elastic pressure cells – a type of well-water storage includes cells that have a capacity of about three gallons. A cell is composed of a metal cylinder with an elastic liner on the inside. As the pump delivers water under pressure to the cell, the elastic liner is compressed as the cylinder is filled. Then, when a faucet is turned on, the water is forced out of the cell by the pressure provided by the expanding liner. See also *well-water storage tank.*
células de elástico bajo presión – tipo de almacenaje de agua de noria que incluye células con capacidad de tres galones. La célula está compuesta de un cilindro de metal con forro elástico por dentro. Al entregar la bomba agua a la célula bajo presión, el forro elástico se compresa al llenarse el cilindro. Luego, cuando se abre la llave, el agua es forzada fuera de la célula por la presión proveída por la expansión del forro. También vea *tanque de almacenaje de agua de noria.*

electric current – the flow of electrons along a conductor such as a copper wire.
corriente eléctrica – flujo de electrones por un conductor tal como alambre de cobre.

electromagnetic field – occurs anytime electricity flows through a wire; there are two separate fields—an electric field and a magnetic field.
campo electromagnético – ocurre cuando electricidad pasa por alambre; hay dos campos separados, un campo eléctrico y un campo magnético.

elevations – views of vertical planes, showing components in their vertical relationship, viewed perpendicularly from a selected vertical plane.
elevaciones – vista de plano vertical, mostrando componentes en relación vertical, vista perpendicular de un plano vertical seleccionado. Como, por ejemplo, una fachada.

eligible taxpayers – taxpayers who have the ability to offset their active income with passive losses.
contribuyentes elegibles – contribuyentes que tienen la habilidad de neutralizar sus ingresos activos con pérdidas pasivas.

emblement – annual planting that requires cultivation.
cosecha – siembra anual que requiere cultivación.

eminent domain – the right of government to take privately held land for public use, provided fair compensation is paid.
dominio eminente – derecho del gobierno de tomar terreno personal para uso público, pagando compensación al propietario.

employee – one who works for an employer who has the right to control and direct the employee as to the details and means by which a result is to be accomplished.
empleado – el que trabaja con un empleador que tiene el derecho de controlar y dirigir al empleado en los detalles y la manera en que se van a llevar a cabo las cosas.

employment contract – formalizes the working arrangement, between broker and principal (listing) and between broker and salesperson.
empleo por contrato – formaliza el arreglo de trabajo entre un corredor y el principal (en el contrato para vender) y entre el corredor y el socio de ventas.

encroachment – trespass on the land of another as a result of an intrusion by some structure or other object.
intrusión – intrusión no autorizada de un edificio u objeto sobre el terreno de otra persona.

encumbrance – any impediment to a clear title, such as a lien, lease, or easement.
impedimento – cualquier impedimento a título claro, tal como gravamen, arrendamiento, o servidumbre.

endorsement – a policy modification.
endoso – modificación de póliza.

entitlement – the loan amount a veteran is entitled to or eligible to borrow.
derecho – la cantidad de préstamo al que un veterano tiene derecho y tiene autorización para tomar.

entry and possession – the borrower moves out and the lender moves in, which is witnessed and recorded.
entrada y posesión – el prestatario desaloja y el prestamista ocupa la propiedad, este hecho es atestiguado y registrado.

Environmental Impact Report (EIR) – report that contains information regarding the effect of a proposed project on the environment of an area.
Reporte de Impacto al Medio Ambiente (EIR) – un reporte que contiene información en cuanto al efecto que un proyecto propuesto vaya a tener en el medio ambiente de cierta área.

Environmental Protection Agency (EPA) – the federal governmental agency in charge of protecting the environment.
Agencia de Protección del Medio Ambiente (EPA) – agencia gubernamental federal encargada de la protección del medio ambiente.

eo instanti – Latin term meaning "immediately."
en este instante – término en latín que significa "inmediatamente".

EPA – See *Environmental Protection Agency.*
EPA – Vea *Agencia de Protección del Medio Ambiente.*

Equal Credit Opportunity Act – federal law that provides for equal credit to borrowers.
Ley de Igualdad de Oportunidad para Obtener Crédito – ley federal que provee a los prestatarios igualdad para conseguir crédito.

equitable lien – a lien that exists in equity. It is a mere floating and ineffective equity until such time as a judgment or decree is rendered actually subjecting property to the payment of the debt or claim.
gravamen equitativo – gravamen que existe en equidad. Es equidad flotante e inefectiva hasta que un juicio o decreto se ejecute y exponga la propiedad al pago o al reclamo de la deuda.

equitable maxim – generally accepted statement of equitable rules that are considered to be conclusions of common sense and reason.
máxima equitativa – declaración generalmente aceptada de reglas equitativas que se consideran ser conclusiones de razón y sentido común.

equitable mortgage – a written agreement that is considered to be a mortgage in its intent even though it may not follow the usual mortgage wording.
hipoteca equitativa – convenio escrito considerado hipoteca en su intento aunque no aplica las palabras hipotecarias tradicionales.

equitable title – the right to demand that title be conveyed upon payment of the purchase price; the beneficial interest of one person in real property although legal title is vested in another.
título equitativo – derecho de exigir que se transfiera el título al pagar el precio de venta; interés beneficial de una persona en propiedad raíz aunque el título legal le pertenece a otro.

equity – (1) the market value of a property less the debt against it; (2) a doctrine of fairness and honesty between two persons whose rights or claims are in conflict.
valor líquido de propiedad – valor de mercado de la propiedad menos la deuda.

equity build-up – the increase of one's equity in a property due to mortgage balance reduction and price appreciation.
aumento del valor líquido de propiedad – incremento de equidad en una propiedad debido a la reducción del balance de la hipoteca y apreciación del valor.

equity courts – courts that administer justice according to a system of equity.
tribunales de equidad – cortes que administran justicia de acuerdo al sistema de equidad.

equity mortgage – a line of credit made against the equity in a person's home.
hipoteca a base de valor líquido de la propiedad – línea de crédito efectuada contra el valor líquido de la propiedad.

equity of redemption – the borrower's right prior to foreclosure to repay the balance due on a delinquent mortgage loan.
derecho de redención – derecho que tiene el comprador antes del juicio hipotecario de repagar el balance en atraso del préstamo hipotecario.

equity sharing – an agreement whereby a party providing financing gets a portion of the ownership.
participación en la equidad – arreglo donde el partido que provee el financiamiento adquiere una parte de la propiedad.

erosion – the wearing away of land by water, wind, or other processes of nature.
erosión – desgaste de la tierra por agua, viento u otros procesos de la naturaleza.

errors and omission (E&O) insurance – designed to pay legal costs and judgments against persons in business.
seguro de errores y omisiones (E&O) – paga costos legales y juicios contra personas en negocios cuando se llevan a cabo errores y omisiones involuntarios.

escalation clause – provision in a lease for upward and downward rent adjustments.
cláusula escalatoria – provisión en un contrato de arrendamiento para hacer ajustes ascendentes y descendentes.

escheat – the power of the state to take title to property left by a person who has died and has no legal heirs.
reversión al estado – reversión de la propiedad de una persona al estado cuando muere intestada y sin herederos.

escrow – the deposit of instruments and/or funds with instruction to a third party to carry out the provisions of an agreement or contract.
depósito – depósito de instrumentos y/o fondos con instrucciones a un tercero de llevar a cabo las provisiones de un convenio o contrato.

escrow account – a separate account for holding clients' and customers' money. See also *impound account.*
cuenta para depósitos en garantía – una cuenta bancaria separada para depositar el dinero de los clientes. Vea también *cuenta de reserva.*

escrow agent – disinterested third party placed in charge of an escrow, typically in a closing.
agente depositario –persona imparcial encargada de depósitos, documentos y dinero, tipicamente al cerrar contrato.

escrow agreement – an agreement where the seller assigns his interest in the contract to the qualified intermediary.
convenio de depósito – convenio donde el propietario traspasa su interés en el contrato al intermediario calificado.

escrow closing – the deposit of documents and funds with a neutral third party along with instructions as to how to conduct the closing.
cierre depositario – el depósito de documentos y fondos con una tercera imparcial con instrucciones para conducir el cierre, de contrato.

escrow company – a firm that specializes in handling the closing of a transaction.
compañía de títulos – compañía que especializa en el manejo y cierre de transacciones de bienes raíces.

estate – the extent of one's legal interest or rights in land; the extent of one's real and personal property in general.
patrimonio – el alcance de interés o derechos legales sobre terreno; por lo general, la extención de propiedad raíz y personal.

estate at sufferance – one that comes into the possession of land by lawful title but holds over by wrongful possession after the termination of his interest.
posesión por tolerancia – poseer terreno con título legal pero permanecer injustamente en él después de termino del contrato.

estate at will – a leasehold estate that can be terminated by a lessor or lessee at any time.
posesión terminable – posesión arrendataria que se puede dar por terminada por el arrendador o el arrendatario en cualquier momento.

estate for life – See *freehold estate.*
propiedad vitalicia – Vea *dominio absoluto.*

estate for years – an estate for one who has a temporary use and possession for lands and tenements not his own, by virtue of a lease or demise granted to him by the owner, for a determinate period of time, as for a year or a fixed number of years.

posesión por años determinados – posesión temporaria que tiene una persona sobre el uso de propiedad que no le pertenece, pero que por virtud de arrendamiento por el propietario la posee por un determinado tiempo específico (período limitado de empezar y terminar) tal como por un año o un número fijo de años.

estate from period to period – a tenancy in which one holds lands or tenements under the demise of another where no certain term has been mentioned but a periodic rental has been reserved, normally a rental from year to year or semiannually, which may be automatically renewed at the end of the term.

posesión extensible – tenencia en la cual se posee terreno o vivienda bajo cesión de otro donde no se ha mencionado cierto término pero se ha reservado arrendamiento periódico, normalmente arrendamiento de año a año o cada seis meses, el cual puede ser automáticamente renovado al fin del término.

estate in land – the degree, quality, nature, and extent of interest that a person has in real property.

posesión de terreno – el grado, calidad, clase y extensión de interés que la persona tiene en propiedad raíz.

estate in reversion – the right to future enjoyment of property presently possessed or occupied by another.

propiedad en reversión – derecho de un futuro disfrute de una propiedad que actualmente es poseida o ocupada por otro.

estate in severalty – See *severalty ownership.*

propiedad en exclusiva – propiedad perteneciente a una persona. También vea *pertenencia exclusiva.*

estate tax value – the value that federal and state taxation authorities establish for a deceased person's property.

valor de impuesto sucesorio – el valor que las autoridades de tasación federales y estatales establecen sobre la propiedad de una persona que ha fallecido.

estoppel – an inconsistent position, attitude, or course of conduct that may not be adopted to the loss or injury of another, easements.

preclusión – posición inconsistente, actitud, o curso de conducta que no puede ser adoptado a la pérdida o daño de otro, servidumbres.

estoppel certificate – a document in which a borrower verifies the amount still owed and the interest rate.
certificado de saldo – documento en que el prestatario verifica la tasa de interés y la cantidad que se debe.

et al – a Latin term used in real estate to express "and others."
et al – término latín para expresar "y otros."

ethics – See *code of ethics.*
ética – Vea *código de ética.*

evaporator – an air conditioner component that takes heat from the air surrounding it and brings it to the refrigerant.
evaporador – componente de aire condicionado que toma el calor del aire a sus alrededores y lo lleva al refrigerante.

eviction – the act of depriving a person of a possession of land that he has held pursuant to the judgment of the court of competent jurisdiction.
desalojo – el hecho de privar a una persona de posesión del terreno o vivienda que él ha ocupado de acuerdo a un juicio de la corte a la compete su jurisdicción.

evidence of title – being able to prove interest in title.
evidencia de título – prueba que evidencia la propiedad de un título.

exclusive agency – an agency relationship where only buyers or sellers will be represented.
agencia exclusiva – relación de agencia donde se representan solamente compradores o vendedores.

exclusive agency listing – a contract giving one agent the right to sell property for a specified time, but reserving the right of the owner to sell the property himself without the payment of the commission.
contrato de venta de agencia exclusiva – contrato donde el propietario reserva el derecho de vender la propiedad por su cuenta; pero acuerda no contratar con otro corredor durante el período del contrato.

exclusive authority to purchase – listing utilized by buyer's brokers.
autoridad exclusiva de comprar – contrato utilizado por el corredor del comprador.

exclusive right to sell – a listing agreement that gives the broker the right to collect a commission no matter who sells the property during the listing period.
derecho exclusivo para vender – contrato que le da al corredor el derecho de colectar comisión sin tomar en cuenta quien venda la propiedad durante el período del contrato.

execute – the process of completing, performing, or carrying out something.
ejecutar – el proceso de terminar, realizar, llevar a cabo.

executed – performance has taken place.
ejecutado – realización ha tomado lugar.

executed contract – one in which nothing remains to be done by either party and the transaction is completed at the moment when the arrangement is made, as when an article is sold and delivered, and payment therefore is made on the spot.
contrato ejecutado – contrato terminado. Ya nada más necesita hacerse entre los partidos. La transacción se llevó a cabo en ese momento, así como cuando un artículo se vende, se paga y se entrega al momento.

execution – a legal order directing an official to enforce a judgment against the property of a debtor, normally through a "writ of execution."
ejecución – mandato legal dirigido a un oficial para ejecutar el juicio contra la propiedad de un deudor, normalmente a través de un "mandato de ejecución."

executive director – the person in charge of real estate regulation in a state.
director ejecutivo – persona encargada de la regulación de bienes raíces en el estado.

executor – a person (masculine) named in a will to carry out its instructions and requests.
ejecutor testamentario – (masculino) la persona nombrada en un testamento para llevar a cabo las instrucciones del testamento.

executor's deed – a deed used to convey the real property of a deceased person.
escritura de ejecutor testamentario – escritura utilizada para transferir la propiedad raíz del difunto.

executory – in the process of being completed.
ejecutorio – en el proceso de ser terminado.

executory contract – a contract in which some future act is to be done.
contrato ejecutorio – contrato en el cual aún hay que llevar a cabo una operación en el futuro.

executrix – a person (feminine) named in a will to carry out its instructions and requests.
ejecutora testamentaria – (femenina) la persona nombrada en un testamento para llevar a cabo las instrucciones del testamento.

export industry – See *base industry.*
industria de exportación – Vea *industria base.*

express agency – an agency relationship that is created when a principal employs a real estate agent to act for him.
agencia expresa – relación de agencia formada cuando el principal emplea un agente de bienes raíces para que actúe por él.

express contract – a contract made orally or in writing.
contrato explícito – contrato realizado por escrito u oralmente.

express grant – method of creating an easement.
concesión expresa – método de formar servidumbre.

extension springs – generally mounted just above the horizontal track of the garage door, they provide lifting power by stretching (extending).
resortes de extensión – generalmente montados arriba del carril horizontal de la puerta del garaje, proveen fuerza para levantar al extenderse.

external obsolescence – conditions that reduce the value of the property caused by forces outside of the property.
obsolescencia externa – condiciones que reducen el valor de la propiedad causadas por fuerzas ajenas a la propiedad en sí misma.

extraterritorial jurisdiction – the unincorporated area, not a part of any other city, that is contiguous to the corporate limits to the city.
jurisdicción extraterritorial – área desincorporada, que no es parte de otra ciudad, que es contigua a los límites incorporados por la ciudad.

F

face amount – the dollar amount of insurance coverage.
importe nominal – cantidad en dólares de la protección de seguros.

face value – apparent value.
valor nominal – valor aparente.

facilitator – a licensee who has no fiduciary responsibility as no agency has been formed.
facilitador – agente que no tiene responsabilidad fiduciaria porque no se ha establecido agencia.

failure of purpose – a method for termination of easements.
fallo de propósito – método de terminar servidumbre.

Fair Credit Reporting Act – federal law giving an individual the right to inspect his or her file with the credit bureau and correct any errors.
Ley Imparcial Reportadora de Crédito – ley federal que le da al individuo el derecho de examinar su archivo en la agencia de crédito y corregir errores.

fair market value – See *market value.*
valor equitativo de mercado – Vea *valor de mercado.*

Fair, Isaac Company (FICO) – a credit scoring company that began in 1956 in San Rafael, CA. See also *credit rating* and *credit scoring.*
Fair, Isaac Company (FICO) – compañía que imparte resultados de crédito. Esta compañía se estableció en 1956 en San Rafael, California. Vea también *consideración crediticia* e *historial crediticio.*

faithful performance – a requirement that an agent obey all legal instructions given by the principal.
fiel desempeño – requisito de que el agente obedezca todas las instrucciones legales dadas por el principal.

false advertising – making misrepresentations in advertising.
publicidad falsa – hacer declaraciones falsas a través de la publicidad.

familial status – one or more individuals under the age of 18 who are domiciled with a parent or other person having legal custody.
estado familiar – uno o más individuos, menores de 18 años domiciliados con uno de los padres, u otra persona de custodia legal.

Fannie Mae – See *Federal National Mortgage Association.*
Fannie Mae – apodo en la industria de bienes raíces para la Asociación Nacional Hipotecaria Federal.

FDIC – See *Federal Deposit Insurance Corporation.*
FDIC – Vea *Corporación Federal Aseguradora de Depósitos.*

Federal Agricultural Mortgage Corporation (Farmer Mac) – provides a secondary mortgage market for farm real estate loans.
Corporación Federal Hipotecaria de Agricultura (Farmer Mac) – provee mercado secundario hipotecario para préstamos agrícolas.

federal clauses – refers to government-required clauses in real estate contracts.
cláusulas federales – cláusulas federales requeridas en contratos de bienes raíces.

Federal Deposit Insurance Corporation (FDIC) – a federal agency that insures deposits in commercial banks.
Corporación Federal Aseguradora de Depósitos (FDIC) – agencia federal que asegura depósitos en bancos comerciales.

Federal Discount Rate – federal reduced rate.
Tasa Federal de Rebaja – tasa federal reducida.

federal district courts – courts of the United States, each having a territorial jurisdiction over a district, which may include a whole state or only a part of the state.
corte federal de distrito – corte de los Estado Unidos; cada una tiene jurisdicción territorial sobre un distrito, el cual puede incluir todo un estado o solamente parte de un estado.

Federal Fair Housing Act – a federal law that prohibits discrimination in housing based on race, color, religion, sex, handicap, familial status, and national origin.
Ley Federal de Igualdad de Vivienda – ley federal que prohibe discriminación en alojamiento debido a raza, color, religión, sexo, incapacidad, estado familiar, y origen nacional.

Federal Home Loan Bank Board (FHLBB) – the former name for the regulatory and supervisory agency for federally chartered savings institutions; this agency is now called Office of Thrift Supervision.
Comisión del Banco Federal de Préstamos de Vivienda (FHLBB) – el nombre previo de la agencia reguladora y supervisora para instituciones federales de ahorros; esta agencia ahora se conoce como Oficina Supervisora de Ahorros.

Federal Home Loan Banks – twelve regional banks that supply loans for savings associations.
Bancos Federales de Préstamos de Vivienda – doce bancos regionales que proveen préstamos para las asociaciones de ahorros.

Federal Home Loan Mortgage Corporation (FHLMC or "Freddie Mac") – agency providing a secondary mortgage market facility for savings and loan associations.
Corporación Federal de Préstamos Hipotecarios Para Vivienda (Freddie Mac) – agencia que provee la facilidad del mercado hipotecario secundario para las asociaciones de ahorros y préstamos.

Federal Housing Administration (FHA) – government agency that insures lenders against losses due to nonrepayment.
Administración Federal de Vivienda (FHA) – agencia gubernamental que asegura a los prestamistas contra pérdidas debidas a la falta de pago.

Federal National Mortgage Association (FNMA) – provides a secondary market for real estate loans.
Asociación Nacional Hipotecaria Federal (Fannie Mae) – agencia que provee mercado hipotecario secundario para préstamos de bienes raíces.

federal questions – a case arising under the Constitution of the United States, acts of Congress, or treaties involving an interpretation and application. The jurisdiction of federal questions is given to the federal courts.
preguntas federales – al presentarse un caso bajo la Constitución de los Estados Unidos, actos del Congreso, o tratos involucrando interpretación y aplicación. La jurisdicción de preguntas federales se otorga a las cortes federales.

Federal Reserve Board – the governing board of the nation's central bank.
Comisión de la Reserva Federal – comisión gobernante del banco central de la nación.

Federal Reserve System ("the Fed") – the federal central banking system responsible for the nation's monetary policy by regulating the supply of money and interest rates.
Sistema de la Reserva Federal ("the Fed") – sistema federal bancario central responsable de la póliza monetaria nacional para regular la provisión de dinero y tasas de interés.

Federal Savings and Loan (S&L) Associations – also known as thrifts, offer savings deposits and mortgage loans; at one time, S&Ls made the majority of the residential loans in the country.
Asociaciones Federales de Ahorros y Préstamos (S&L) – también conocidas como instituciones de ahorros, ofrecen depósitos de ahorros y préstamos hipotecarios; en un principio efectuaron la mayoría de los préstamos de vivienda en el país.

Federal Savings and Loan Insurance Corporation (FSLIC) – now defunct; deposit insured Savings and Loan Associations.
Corporación Federal Aseguradora de Ahorros y Préstamos (FSLIC) – compañía extinta que aseguraba los depósitos de Asociaciones de Ahorros y Préstamos.

federal tax lien – a federal tax charge against a property.
gravamen de impuesto federal – cargo de impuesto federal contra propiedad.

fee – See *fee simple.*
dominio – Vea *dominio absoluto, pleno dominio.*

fee ownership – full ownership.
pertenencia en propiedad – pertenencia absoluta.

fee simple – the most extensive interest (ownership) one can hold in land; often called thecomplete bundle of rights; an absolute estate.
dominio absoluto o pleno dominio – interés más extensivo que uno puede tener en tierra; frecuentemente llamado teoría de bulto de derechos; propiedad absoluta.

fee simple conditional – a fee estate that calls for a happening of some event or the performance of some act before the transfer is complete.
pleno dominio condicional – dominio de propiedad que requiere que ocurra un evento o la realización de un hecho antes de que se complete el traspaso.

fee simple defeasible – a fee estate that can be defeated if a certain condition occurs.
dominio absoluto revocable – posesión de dominio absoluto que puede ser revocada si se llevan a cabo ciertas condiciones.

fee simple determinable – a fee estate limited by the happening of a specified event.
pleno dominio de propiedad determinable (dominio con limitación condicional) – dominio de propiedad limitado por el acontecimiento de un cierto evento.

fee simple estate – an estate in which the owner is entitled to the entire property with unconditional power or disposition during his lifetime and descending to his heirs and legal representatives upon his death intestate. It is the largest, most complete bundle of rights one can hold in land ownership.
propiedad en pleno dominio – propiedad en la cual el propietario es intitulado a la propiedad entera por vida con poder o disposición sin condiciones y es desciende a sus herederos y representantes legales al morir intestado. Es el derecho más completo y más extenso que uno puede tener en la pertenencia de propiedad.

fee simple subject to condition subsequent – a fee estate in which the grantor has the right to terminate it.
pleno dominio sujeto a condición subsecuente – el donador tiene el derecho de terminar el dominio de propiedad.

fee simple upon condition precedent – title does not take effect until a condition is performed.
pleno dominio sobre condición precedente – el título no tiene efecto hasta que se lleve a cabo una condición.

fee tail – specially named heirs are to inherit the estate. If such heirs are not available, the estate reverts to the grantor or to his or her heirs.
dominio limitado a herederos – herederos especialmente nombrados heredarán el caudal hereditario. Si tal herederos no están disponibles, el caudal hereditario se revierte al concedente o a sus herederos.

feudal system – all land ownership rests in the name of the king.
sistema feudal – toda la tierra le pertenece al rey.

FHA – See *Federal Housing Administration*.
FHA – Vea *Administración Federal de Vivienda*.

FHLBB – See *Federal Home Loan Bank Board*.
FHLBB – Vea *Comisión del Banco Federal de Préstamos de Vivienda*.

FHLMC – See *Federal Home Loan Mortgage Corporation*.
FHLMC – Vea *Corporación Federal de Préstamos Hipotecarios Para Vivienda (Freddie Mac)*.

fiat money – money created by the government, printing press money.
moneda fija – dinero emitido por el gobierno, dinero de imprenta.

FICO – See *Fair, Isaac Company*.
FICO – Vea *Fair, Isaac Company*.

fictional depreciation – depreciation deductions as allowed by tax law.
depreciación ficticia – deducciones de depreciación permitidas por la ley de impuestos.

fictitious business name – a name other than the owner's that is used to operate a business.
nombre ficticio de negocio – otro nombre que no es el del propietario utilizado para operar un negocio.

fiduciary – a person in a position of trust, responsibility, and confidence for another, such as a broker for a client.
fiduciario – persona que está en posición de fideicomiso, responsabilidad, confianza por otro, tal como un corredor por su cliente.

fiduciary relationship – when an agency is created.
relación fiduciaria – relación creada por agencia.

filler industry – See *service industry*.
industria – Vea *industria de servicios*.

finance charge – the total dollar amount the credit will cost the borrower over the life of the loan.
gasto financiero – lo que le costará el crédito total en dólares al prestatario sobre la vida del préstamo.

financial institution – any intermediary such as a commercial bank that accepts deposits for the purpose of lending those deposits for a return of profit.
institución financiera – cualquier intermediario tal como un banco comercial que acepta depósitos con el propósito de prestar esos depósitos por ganancia.

Financial Institutions Reform, Recovery, and Enforcement Act (FIRREA) – the act that established mandatory requirements for real estate appraisals, appraiser qualifications, changed banking practices and mortgage lending.
Ley de Reforma, Recuperación y Ejecución de las Instituciones Financieras – ley que estableció reglamentos obligatorios para valuaciones de bienes raíces, calificaciones de valuadores, cambió prácticas bancarias y la industria de préstamos hipotecarios.

financial leverage – See *leverage*.
impacto financiero de dinero prestado – Vea *impacto de dinero prestado*.

financial liability – the amount of money one can lose, one's risk exposure; investing.
responsabilidad económica – cantidad de dinero que uno puede perder; exposición de riesgo.

financing – obtaining funds for a purchase.
financiamiento – obtención de fondos para llevar a cabo una compra o un negocio.

financing statement – evidence of indebtedness secured by chattel and filed on record in the county courthouse or Secretary of State's office.
declaración de financiamiento – documento sobre deuda garantizada por bienes muebles registrado en la corte del condado o la Secretaría del Estado.

finder's fee – a finder's fee paid to an individual for bringing together the parties to a transaction.
honorario de intermediario – honorario que se paga al intermediario por juntar los partidos de la transacción.

finish floor – the flooring that is left exposed to view.
piso perfeccionado – el piso expuesto a la vista.

fire insurance – dwelling coverage which is the basic insurance policy or the minimum homeowner's coverage.
seguro contra incendio – cobertura de seguro por una póliza básica de vivienda.

fire wall – a construction of noncombustible materials that subdivides a building or separates adjoining buildings to retard the spread of fire.
pared cortafuego – construcción de material no combustible que subdivide o separa edificios contiguos para retardar el consumo del fuego.

FIRREA – See *Financial Institution's Reform, Recovery, and Enforcement Act.*
FIRREA – Vea Ley de Reforma, Recuperación y Ejecución de las Instituciones Financieras.

first lien mortgage – the mortgage on a property holding senior priority and the first to be paid in the event of foreclosure.
hipoteca en primer grado – hipoteca sobre una propiedad que mantiene prioridad y será la primera en pagarse en el evento de que haya juicio hipotecario.

first mortgage – the mortgage loan with priority over any other loan(s) on the property for repayment in the event of foreclosure.
primer hipoteca – préstamo principal que tiene prioridad de pagarse sobre otros préstamos en el evento de un juicio hipotecario.

first refusal – See *right of first refusal.*
derecho de primera oferta – Vea *derecho de primera opción.*

fiscal year – a yearly period established for accounting purposes.
año fiscal – período anual establecido para contabilidad.

fixed cost – See *sunk cost.*
costo incurrido – Vea *sunk cost.*

fixed rate loan – a loan in which the interest rate will not change during the life of the loan.
préstamo de tasa fija – préstamo en el cual la tasa de interés no cambia durante la vida del préstamo.

fixed-pane windows – do not open or close (e.g., picture window or variations of the bay window).
ventanas de vidriera fija – no se abren y no se cierran (ventanas fijas).

fixity – refers to the fact that land and buildings require long periods of time to pay for themselves.
fijación – se refiere al hecho de que la tierra y los edificios requieren largos plazos de tiempo para pagarse.

fixture – an item of personalty that has been attached to real estate such that it becomes real estate.
cosa fija – objeto personal que ha sido anexo al bien raíz tal como para convertirse en bien raíz.

fixture filing – financing statement evidencing the fact that the chattel is or is to become fixtures.
declaración para registrar bienes muebles – declaración de financiamiento evidenciando el hecho que el bien mueble es o va a ser fijo al bien raíz.

flag lot – a lot shaped like a flag on a flagpole.
lote bandera – lote en figura de bander en un poste.

flat-fee broker – a broker who for a fixed price will list a property and help the owner sell it.
corredor de cobranza fija – el corredor que por precio fijo lista la propiedad y le asiste al propietario en venderla.

flip – a real estate term that indicates the buying of real estate expects to resell it immediately at a profit.
compra y venta simultánea de propiedad – término de bienes raíces que indica la compra y venta inmediatamente de una propiedad debido a una fácil ganancia.

float valve – used to control water levels in tanks.
válvula de flotador – utilizada para controlar niveles de agua en tanques.

floating interest rates – fixed FHA loans that are negotiable and float with the market. The seller also has a choice in how many points to contribute toward the borrower's loan.
tasas de interés flotantes – préstamos fijos de la Administración Federal de Vivienda negociables que cambian de valor de acuerdo a los cambios del mercado.

flood insurance – insurance coverage for losses to real and personal property resulting from the inundation of normally dry areas from (1) the overflow of inland or tidal waters, (2) the unusual and rapid accumulation or runoff of surface waters, (3) mud slides resulting from accumulations of water on or under the ground, and (4) erosion losses caused by abnormal water runoff.
seguro contra inundación – cobertura de seguro para las pérdidas de bienes muebles y bienes raíces como resultado de inundación de áreas normalmente secas (1) derrame terrestre o de marea (2) rápida acumulación de agua (3) aludes de lodo resultantes de acumulación de agua sobre o debajo de la tierra, y (4) pérdidas de erosión causadas por corrientes de agua anormales.

floodplains – low, flat, periodically flooded lands adjacent to rivers, lake, and oceans that are subject to geomorphic (land shaping) and hydrolic (water flow) processes.
tierras desbordadas, inundadas por crecientes – tierras bajas, planas, adyacentes a ríos, lagos, y océanos que son periódicamente inundadas y sujetas a procesos geomorfológicos (cambios en la forma de la tierra) e hidrológicos (corrientes de agua).

flue – the enclosed passageway in a chimney or attic through which smoke and other gases move upward.
humero – el pasaje encerrado de la chimenea o del ático por el cual el humo y otros gases ascienden.

FNMA – See *Federal National Mortgage Association.*
FNMA – Vea *Asociación Nacional Hipotecaria Federal.*

for sale by owner (FSBO) – a property that is offered for sale by its owner.
en venta por parte del propietario (FSBO) – propiedad ofrecida para venta por el dueño.

forbear – not to act.
abstener – no actuar.

forcible entry and detainer – a proceeding for restoring the possession of the land to one who has been wrongfully deprived of the possession.
toma de posesión y detención violenta – procedimiento para restaurar la posesión del terreno que ha sido injustamente despojado.

foreclose – to terminate, shut off, or bar a mortgagee's claim to property after default.
ejecutar juicio hipotecario – terminar, cortar, impedir reclamo del prestamista sobre propiedad después de incumplimiento.

foreclosure – the procedure by which a person's property can be taken and sold to satisfy an unpaid debt; effect on leases.
procedimiento ejecutivo hipotecario – procedimiento para tomar una propiedad hipotecada y venderla para satisfacer la deuda; efecto sobre arriendos.

foreclosure sale – the sale of a foreclosed property to satisfy an unpaid debt.
venta judicial – venta judicial de propiedad para satisfacer deuda por pagar.

foreign corporation – a corporation organized under the laws of another state or country other than the state or country than that in which it is doing business.
corporación extranjera – corporación organizada bajo las leyes de otro estado o país aparte del estado o país donde está haciendo negocio.

forfeiture of title – the reacquiring of the title on the grounds that the grantee did not use the land for the required purpose.
pérdida de título – pérdida del título porque el donatario no utilizó el terreno para el propósito requerido.

Form HO-8 – a policy designed for older homes.
forma HO-8 – póliza diseñada para casas viejas.

formal appraisal – an independently and impartially prepared written statement expressing an opinion of a defined value of an adequately describe property as of a specific date, that is supported by the presentation and analysis of relevant market information.
avalúo formal – avalúo independiente e imparcial que expresa por escrito la opinión de valor definido de propiedad y la describe a partir de la fecha específica, soportada por presentación y análisis relevante de información de mercado.

formal assumption – the property is not conveyed to a new buyer until the new buyer's creditworthiness has been approved by the FHA or its agent.
adquisición formal – la propiedad no será traspasada al nuevo comprador hasta que el crédito de éste sea aprobado por la Administración Federal de Vivienda o su agente.

formal will – See *witnessed will.*
testamento formal – testamento que ha sido apropiadamente atestado.

formaldehyde – a colorless, gaseous chemical compound that is generally present at low, variable concentrations in both indoor and outdoor air.
formaldehido – compuesto químico gaseoso, incoloro que generalmente está presente en concentraciones bajas variables en el aire exterior e interior.

Four Corners Doctrine – a doctrine establishing that an instrument is to be examined by reading the whole of it without reference to any one part more than any other.
Doctrina de Cuatro Esquinas – doctrina que establece que un instrumento debe ser examinado al leerlo por completo sin hacer más referencia a una parte que a otra.

four unities of a joint tenancy – time, title, interest, and possession.
los cuatros elementos de condominio – tiempo, título, interés, y posesión.

franchisee – the party who has a franchise.
franquiciante – el individuo o la empresa que obtiene la franquicia.

franchiser – the party giving the franchise.
franquiciatario – empresa o poseedor de la franquicia; el partido que concede la franquicia.

fraud – an act intended to deceive for the purpose of inducing another to give up something of value.
fraude – acto con intención de engañar y con el propósito de inducir a otro de algo de valor.

Freddie Mac (FHLMC) – See *Federal Home Loan Mortgage Corporation.*
Freddie Mac (FHLMC) – *Vea Corporación Federal de Préstamos Hipotecarios para Vivienda.*

free and clear title – a title without encumbrances.
título libre de gravamen – título sin gravamen.

freehold estate – an estate in land or other real property of certain duration that may be inherited. It is an estate for life or in fee.
dominio absoluto de propiedad – bienes en tierra que son poseídos en dominio o por vida.

Freon – the most commonly used refrigerant in air conditioners.
Freón, diclorodifluorometano – refrigerante comúnmente más utilizado para aire condicionado.

friable – the ability of an asbestos-containing product to crumble easily and emit fibers.
friable –la habilidad del producto que contiene asbestos de desmenuzarse y emitir fibras.

front foot – one linear foot along the street side of a lot; lot appraisal.
pie frontal – un pie lineal de un lote a lo largo del lado de la calle; avalúo de lote.

frontage – the front side of a lot.
longitud frontal de un terreno – frente de un lote o terreno.

front-end ratio – ratio based on total housing expense.
porcentaje del costo total de alojamiento – porcentaje permitido del costo total de alojamiento para calificar para un préstamo hipotecario.

front-foot basis – a special assessment for the installation of storm drains, curbs, and gutters where the property owner is charged for each foot of his lot that abuts the street being improved.
base de pie frontal – valuación especial para la instalación de drenaje de lluvia, contén, y cunetas por la cual le cobran al propietario por cada pie de su lote que colinda con la calle que se está mejorando.

front-foot value – method of value given to frontage.
valor de pie frontal – método de dar valor a la extensión lineal del frente.

fructus industriales – Latin for "fruits of industry"; annual crops planted, cultivated, and harvested through the labor of the land's occupants.
frutas industriales – planteamiento anual que requiere cultivación.

fructus naturales – Latin for "fruits of nature"; plants such as trees and grass that do not require annual planting, and metal obtained from the land.
frutas naturales – árboles, plantas perennes, y vegetación no cultivada.

FSBO – See *for sale by owner.*
FSBO – Vea en *venta por parte del propietario.*

FSLIC – See *Federal Savings and Loan Insurance Corporation.*
FSLIC – Corporación Federal Aseguradora de Ahorros y Préstamos.

full covenant and warranty deed – a deed that contains the covenants of seizin, quiet enjoyment, encumbrances, further assurance, and warranty forever. See also *general warranty deed.*
escritura con garantía de título – escritura que contiene los convenios de posesión, quieta y pacífica posesión, garantía libre de gravamen, perfeccionamiento de título, y garantía para siempre. También vea *escritura de garantía general.*

full disclosure – making a full revelation of known information.
revelación completa – información detallada y completa de absolutamente todo lo que se sabe acerca del bien raíz. Esta información es otorgada por el propietario.

full reciprocity – when a state accepts another's real estate license and does not require additional testing.
reciprocidad completa – cuando un estado acepta la licencia de bienes raíces de otro estado sin requisito de examen adicional.

functional obsolescence – depreciation that results from improvements that are inadequate, overly adequate, or improperly designed for today's needs.
obsolescencia funcional – depreciación que resulta de mejoras que son inadecuadas, demasiado adecuadas, o impropiamente diseñadas para las necesidades de hoy.

funding fee – a charge by the VA to guarantee a loan.
cuota de fondos – cargo de la Administración de Veteranos (VA) para garantizar un préstamo.

fungible – freely substitutable.
fungible – libremente substituible.

future advance clause – a clause that secures all items of indebtedness of a mortgagor that shall at any time be owing to the mortgagee.
cláusula de futuro anticipado – cláusula que garantiza todas las deudas del hipotecante que a cualquier momento serán debidas al hipotecario.

future interest – interest in land in which the privilege of possession or enjoyment is future and not present; also called a remainder interest.
interés futuro – interés en terreno en el cual el privilegio de posesión o disfruto es futuro y no presente; también se conoce como *interés restante*.

G

gain – a profit from the sale of an asset; the difference between the adjusted basis and the net selling price.
ganancia – ganancia sobre la venta de un bien apreciado.

gain on sale – the difference between the amount realized and the basis.
ganancia sobre venta – la diferencia entre la cantidad realizada y la base.

gap financing ("swing loan" or "bridge loan") – See *bridge loan.*
financiamiento provisional – Vea *préstamo puente.*

gate valve – a type of valve generally used as the main water shutoff valve to the property.
válvula de compuerta – tipo de válvula generalmente utilizada como la válvula principal para cortar el agua a la propiedad.

general agency – an agency wherein the agent has the power to bind the principal in a particular trade or business.
agencia general – agencia donde el agente tiene el poder de tramitar los asuntos del principal sobre un negocio específico o en cierto sitio.

general common elements – See *common elements.*
elementos generales comunes – Vea *elementos comunes.*

general lien – a lien on all of a person's property.
gravamen general – gravamen sobre toda la propiedad de una persona.

general partner – a co-owner of a business venture who organizes and operates the partnership, contributes capital, and agrees to accept the full financial liability of the partnership.
socio general – copropietario de negocio que organiza y opera la sociedad colectiva, contribuye capital, y concuerda aceptar responsabilidad financiera completa del socio.

general partnerships – See *partnership (general)*.
sociedad colectiva – forma de copropietarios con el propósito de hacer negocio en el cual todos los copropietarios tienen voz en la administración y responsabilidad sin límite de las deudas.

general plan – See *master plan*.
plan general – Vea *plan maestro*.

general warranty deed – a deed in which the grantor warrants or guarantees the title to real property against defects existing before the grantor acquired title or arising during the grantor's ownership. See also *full covenant and warranty deed*.
escritura de garantía general – escritura por la cual el donador garantiza el título de propiedad raíz contra defectos existentes antes de que el donador adquiriera el título o durante el tiempo de poseer el título. También vea *escritura con garantía de titulo y escritura con garantía*.

gift deed – a deed that states "love and affection" as the consideration.
escritura donativa – escritura que estipula "amor y afecto" como forma de consideración.

gift letter – a letter stating that the money given is not to be repaid; it is a true gift.
carta de donación – carta que declara que el dinero concedido no será pagado; que es donación verdadera.

GIM – See *gross income multiplier*.
GIM – Vea *multiplicador de ingreso bruto*.

Ginnie Mae – See *Government National Mortgage Association*.
Ginnie Mae – Vea la *Asociación Gubernamental Hipotecaria Nacional*.

glazing – the material inside the windowpane.
vidriería – el material dentro de la hoja de vidrio.

globe valve – a type of valve that can adjust or stop the flow of water; it is used at points where it is needed infrequently such as in bathrooms.
válvula globular – tipo de válvula que puede ajustar o interrumpir el flujo de agua; se utiliza en puntos donde no se usa frecuentemente tal como en cuartos de baño.

GNMA – See *Government National Mortgage Association.*
GNMA – Vea la *Asociación Gubernamental Hipotecaria Nacional.*

go to bond – a bond issue prepared by government officials that totals the unpaid assessments in the improvement district.
emisión de bonos – emisión de bonos preparado por oficiales del gobierno, para el total de las valuaciones sin pagar, en el distrito de mejoras.

good and chattels – See *chattel.*
bienes muebles – posesiones y propiedad personal.

good consideration – consideration without monetary value, such as love and affection.
causa valiosa – consideración sin valor monetario, tal como amor y afección.

good faith estimate – a form required by the Department of Housing and Urban Development estimating the cost of the loan given in good faith to applicants.
estimación de buena fe – forma requerida por el Departamento de Vivienda y Desarrollo Urbano que estima en buena fe al solicitante, el costo de hacer el préstamo.

goods and chattels – possessions and personal property.
posesiones y propiedad personal – Vea *propiedadpersonal.*

Government National Mortgage Association (GNMA or "Ginnie Mae") – a government agency that sponsors a mortgage-backed securities program and provides subsidies for residential loans; it is a government sponsored secondary market lending agency.
Asociación Gubernamental Hipotecaria Nacional (Ginnie Mae) – agencia gubernamental que patrocina el programa de seguridades de respaldo hipotecario y provee subsidios para préstamos residenciales.

government rectangular survey method – a system for surveying land that uses latitude and longitude lines as references.
levantamiento gubernamental rectangular – un sistema para deslinde de tierra que utiliza líneas de latitud y longitud como referencia.

government survey method – a system for surveying land that uses latitude and longitude lines as references.
método de levantamiento gubernamental – un sistema para el deslinde de tierra que utiliza líneas de latitud y longitud como referencia.

grading – the arrangement and preparation of the soil for construction.
nivelación – la distribución y preparación de la tierra para construcción.

Graduate REALTOR® Institute (GRI) – a designation awarded to REALTORS® who complete a prescribed course of real estate study.
Instituto de Corredores Graduados – designación otorgada a los corredores que completan un curso de estudios ordenados de bienes raíces.

graduated payment mortgage – a fixed interest rate loan wherein the monthly payment starts low and then increases, because the initial monthly payments are insufficient to fully amortize the loan.
hipoteca de pago graduado – préstamo con tasa de interés fija en el cual el pago mensual empieza bajo y luego incrementa.

graduated rental – a lease that provides for agreed-upon rent increases.
arrendamiento graduado – arrendamiento que provee incrementos de renta acordados.

grandfather clause – a legal provision that exempts people or businesses from new regulations affecting prior rights or privileges.
cláusula protectora de derechos y privilegios – provisión que no permite que nuevas reglas afecten los derechos y privilegios anteriormente otorgados.

grant – the act of conveying ownership.
conceder – acto de conceder propiedad.

grant deed – a deed that is somewhat narrower than a warranty deed in terms of covenants and warranties.
escritura de traspaso – escritura que está más restringida que la escritura con garantía en términos de convenios y garantías.

grantee – the person named in a deed who acquires ownership.
donatario – persona nombrada en la escritura que adquiere los derechos de la propiedad.

granting clause – the clause where the grantor states that the intent of the document is to pass ownership to the grantee; part of the words of conveyance.
cláusula de traspaso – cláusula donde el donador declara que la intención del documento es la de traspasar propiedad al donatario; esta cláusula contiene una parte de las palabras de traspaso.

grantor – the person named in a deed who conveys ownership.
donador – persona nombrada en la escritura que concede la propiedad.

grantor-grantee Indexes – alphabetical lists used to locate documents in the public records.
índices de donador donatario – listas alfabéticas utilizadas para colocar documentos en los archivos públicos.

gratuitous agent – a real estate agent that is not compensated for his services.
agente gratuito – agente de bienes raíces al que no se compensa por sus servicios.

gravity tank – a large well-water storage tank located above the level of the structure. It differs from other storage tanks because the pressure in a gravity tank is not derived from the amount of water in the tank; rather it is derived from the elevation above the water outlets. See also *well-water storage tank*.
tanque gravimétrico – tanque grande para almacenaje de agua de noria localizado arriba del nivel de la estructura. Se diferencia entre otros tanques de almacenaje porque la presión en el tanque gravimétrico no se deriva de la cantidad de agua en el tanque; en vez, se deriva de la elevación sobre las salidas de agua. Vea también *tanque de almacenaje de agua de noria*.

GRI – See Graduate REALTOR® Institute.
GRI – Vea *Instituto de Corredores Graduados*.

grid system – state-sponsored survey points to which metes and bounds surveys can be referenced.
cuadrícula de coordenadas cartográficas – puntos de levantamiento designados por el estado a los cuales los levantamientos de medidas y límites pueden hacer referencia.

GRM – See *gross rent multiplier*.
GRM – Vea *multiplicador de alquiler bruto*.

gross income – the sum of total income received from an operating property before deducting expenses.
ingreso bruto – ingreso total recibido de una propiedad operativa antes de descontar los costos.

gross income multiplier (GIM) – a numerical factor expressing the relationship of gross income to the purchase price of the property.
multiplicador de ingreso bruto (GIM) – factor numérico que expresa la relación del ingreso bruto al precio de venta de la propiedad.

gross lease – a lease of property under the terms of which the landlord pays all property charges regularly incurred through ownership and the tenant pays a fixed charge for the term of the lease.
arrendamiento bruto – el inquilino paga una renta fija y el arrendador paga todos los gastos de la propiedad.

gross profit – total income generated before deducting expenses.
beneficio bruto – ingreso total antes de deducir los costos.

gross rent multiplier (GRM) – a number that is multiplied by a property's gross rents to produce an estimate of the property's worth; an economic factor used to estimate a property's market value.
multiplicador de alquiler bruto (GRM) – número que se multiplica por el alquiler mensual bruto de la propiedad para producir un estimado del valor de la propiedad; factor económico utilizado para estimar el valor de mercado de la propiedad .

gross sales – total sales.
ventas brutas – ventas totales.

ground lease – lease of land only, sometimes secured by the improvements placed on the land by the user.
arrendamiento de terreno – el arrendamiento solamente del terreno.

ground rent – rent paid to occupy a plot of land.
alquiler del terreno – renta que se paga para ocupar un solar.

groundwater – water beneath the surface of the earth that can be collected with wells, tunnels, or drainage galleries or that flows naturally to the earth's surface via seeps or springs.
agua subterranea – agua bajo la superficie de la tierra que puede ser recogida en norias, túneles, o galerías de drenaje, o que corre naturalmente a la superficie terrestre en forma de brotos, fuentes o manantiales.

groundwater level – the upper limit of percolating water below the earth's surface.
nivel de agua subterránea – el límite superior de agua de percolación debajo de la superficie de la tierra.

guaranty – an assurance given as security that a person's debt will be paid.
garantía – manifestación concedida como seguridad que la deuda será pagada.

guardian's deed – used to convey property of a minor or legally incompetent person.
escritura de guardián – se usa para conceder propiedad de un menor o de una persona legalmente incompetente.

guide meridian – survey line running north and south that corrects for the earth's curvature.
guías meridianas – líneas de deslinde que corren norte y sur que corrigen por la curvatura de la tierra.

H

habendum clause – the "To have and to hold" clause found in deeds; part of the words of conveyance.
cláusula "habendum" – cláusula en escrituras, "tener y poseer" consiste una parte de las palabras de traspaso.

habitability, warranty of – guarantee that premises occupied by a tenant are habitable. The definition of habitability is a fact question and is determined by the jury.
garantía de habitabilidad – garantía que el local ocupado por el inquilino está en condiciones habitables. La definición de habitabilidad es cuestión de hecho y se determina por el jurado.

habitable – capable of being lived in.
habitable – en condición de ser habitado.

hacienda – an estate with a large amount of land used for farming and ranching.
hacienda – propiedad de grande cantidad de terreno utilizado para agricultura y cría de ganado.

handicap access – making public establishments, living facilities, transportation and other places and services accessible to handicapped persons.
acceso para incapacitados – fácil accesibilidad a lugares y servicios para los incapacitados en establecimientos públicos, locales de vivienda, transportación y otros lugares en general.

handyman special – property in need of repair.
propiedad que necesita reparaciones – propiedad que generalmente se adquiere a bajo precio debido al monto de reparaciones que se requieren para dejarla habitable.

hardwood – a botanical group of trees that have broad leaves that are shed in the winter. (It does not refer too the hardness of the wood.)
madera dura – un grupo botánico de árboles que tienen hojas anchas que se arrojan en el invierno. (No se refiere a la dureza de la madera).

hazard insurance – property coverage for such things as fire, wind, storm, and flood damage.
seguro contra riesgo – cobertura de propiedad por peligro tal como incendio, viento, tormenta y daño de inundación.

hazardous substance – harmful substance.
substancias peligrosas – substancias venenosas o tóxicas.

hazardous waste – harmful waste material that may cause injury or death.
desperdicios peligrosos – residuos peligrosos que pueden causar daño o muerte.

hazards – See *perils*.
riesgos y peligros – Vea *peligros*.

Hectare Metric system – equivalent to the U.S. measurement of 2.47 acres.
Sistema Métrico por Hectarias – equivalente a la medida estadounidense de 2.47 acres.

heirs – those designated by law to receive the property of the deceased when there is no will.
herederos – los designados por ley de recibir la propiedad del difunto cuando no hay testamento.

hereditaments – inheritable estate.
heredad – bienes por heredar.

heterogeneous – in real estate, it signifies that no two parcels of land are exactly alike because no two parcels can occupy the same position on the globe.
heterogéneo – en bienes raíces, significa que ninguna parcela es exactamente igual a la otra debido a que no ocupan la misma posición sobre el globo terráqueo.

highest and best use – that use of a parcel of land that will produce the greatest current value.
uso óptimo – la utilización de una parcela de terreno que produzca el óptimo valor actual.

historic structure – a structure that is well-known or important in history.
estructura histórica – estructura que es bien conocida o importante en la historia. Edificio, monumento o casa que ha sido reconocida por su aporte en la historia o en el estilo que representa.

HO-2 – See *broad form*.
HO-2 – Vea *forma extensa*.

HO-3 – See *special form*.
HO-3 – Vea *forma especial*.

HO-4 – See *Tenant's form*.
HO-4 – Vea *forma de inquilino*.

HO-6 – See *condominium unit owner's form.*
HO-6 – Vea *forma de propietario de unidad de condominio.*

HO-8 – See *Form HO-8.*
HO-8 – Vea *forma HO-8.*

HOA – See *homeowners' association.*
HOA – Vea *asociación de propietarios de vivienda.*

holdover tenant – a tenant who stays beyond the lease period and who can be evicted or given a new lease.
inquilino retenedor de posesión – inquilino que se queda después del período arrendatario y el cual puede ser desalojado o se le puede dar otro contrato de arrendamiento.

holographic will – one that is entirely handwritten and signed by the testator but not witnessed.
testamento hológrafo – testamento que está enteramente escrito a mano y firmado por el testador pero no está atestiguado.

home equity line of credit – See *equity mortgage.*
línea de crédito sobre valor líquido – Vea *hipoteca a base valor líquido de la propiedad.*

home inspection – an examination of the exterior and interior of residential property including the grounds, the structure, and the mechanical systems to determine structural defects; broken or obsolete components; and damage due to water, wear and tear, and other conditions.
inspección de vivienda – examen del interior y exterior de la propiedad residencial incluyendo terreno, estructura, instalaciones y sistemas mecánicos para determinar defectos estructurales; componentes rotos o anticuados; y daños debido a agua, desgaste y otras condiciones.

home inspection report – a written itemization and detailed summation of the findings of the home inspector with regard to a subject property.
informe de inspección de vivienda – reporte desglosado y detallado donde se enumera punto por punto el resultado de la inspección realizada a la propiedad del interesado.

home inspector – a qualified professional who performs a home inspection.
inspector de vivienda – profesional calificado que realiza inspecciones de vivienda.

home loan – a loan made to buy a residential property.
préstamo de vivienda – préstamo efectuado para comprar propiedad residencial.

home warranty – a warranty on resale homes that covers mechanical items.
seguro sobre los aparatos del hogar – seguro para residencia en reventa
que cubre cosas mecánicas.

homeowner policy – a combined property and liability policy designed for
residential use.
póliza de propietario de vivienda – póliza combinada sobre propiedad y
responsabilidad diseñada para uso residencial.

homeowners' association (HOA) – a legal framework so that condominium
unit owners can govern themselves; to control, regulate, and maintain the
common elements for the overall welfare and benefit of its members.
A mini-government by and for condominium owners, it can be organized as
a trust or unincorported association, most often it will be organized as a
corporation in order to provide the legal protections normally afforded by a
corporation to its owners. Additionally, it will be organized as not-for-profit so as
to avoid income taxes on money collected from members. A unit purchaser is
automatically a member.
asociación de propietarios de vivienda (HOA) – forma legal para que los
propietarios de las unidades de condominio se gobiernen a si mismos; para
controlar, regular, y mantener los elementos comunes para el bien general y
beneficio de sus miembros. Gobierno pequeño por y para los propietarios
de condominio. Puede ser organizado como fideicomiso o asociación
desincorporada, casi siempre va a ser organizado como corporación para
proveer protecciones legales normalmente otorgadas por una corporación a
sus propietarios. Adicionalmente, será organizado como sociedad sin fin de
lucro para evitar impuestos de ingreso sobre el dinero colectado de sus miembros. El comprador de una unidad es miembro automáticamente.

home-seller program – a plan whereby FNMA will buy purchase money
mortgages from home sellers.
programa de vendedor propietario – programa de la Asociación Nacional
Hipotecaria Federal que compra hipotecas de compraventa de los vendedores
propietarios.

homestead – a legal estate that is a place of residence for a family or a single
adult person that is exempt from sale by creditors except under certain specified
conditions.
hogar principal – propiedad legal y lugar de residencia de una familia o de una
persona adulta soltera que es exenta de venta por acreedores excepto bajo
condiciones específicas.

Homestead Act – allows persons to acquire fee title to federal lands.
Ley de Hogar Principal – permite que la persona adquiera dominio absoluto
de terrenos federales.

homestead protection – state laws that protect against the forced sale of a person's home.
protección de propiedad principal – leyes estatales que protegen contra la venta forzada del hogar familiar.

homogeneous – essentially alike.
homogéneo – esencialmente igual.

Horizontal Property Act – legislation that permits the creation of condominiums.
Ley de Propiedad Horizontal – leyes que permiten la creación de condominios.

house rules – rules regarding day-to-day use of the premises; condominium.
reglas de casa – reglas en cuanto al uso diario del establecimiento; condominio.

housing expense ratio (front-end ratio) – loan qualifying ratio based on total housing expenses.
porcentaje de gastos de alojamiento – porcentaje para calificación de préstamo basado sobre gastos totales de alojamiento.

HUD – See *Department of Housing and Urban Development.*
HUD – Vea *Departmento de Vivienda y Desarrollo Urbano.*

humidifier – a device used to add moisture to the air.
humedecedor – aparato utilizado para humedecer el aire.

hundred percent commission – an arrangement whereby the salesperson pays for office overhead directly rather than splitting commission income with the broker. See also *one hundred percent commission.*
comisión de cien por ciento – arreglo donde el socio de ventas paga directamente por sus gastos de hacer negocio en vez de compartir ingresos de honorarios con el corredor.

hydronic system – a type of system that heats and cools liquids such as water.
sistema hidrónimo – sistema que calienta y enfría líquidos tal como agua.

hydrostatic pressure – the push of water against a surface.
presión hidrostática – empuje de agua contra la superficie.

hypothecate – to use property to secure a debt without giving up possession of it.
hipotecar – utilizar propiedad para garantizar una deuda sin entregar posesión.

I

iden sonans – a court may be allowed to correct names that sound the same but have been misspelled.
suenan idénticos – a la corte, se le permite corregir nombres que se pronuncian igual pero que están incorrectamente deletreados.

illiquid asset – an asset that may be difficult to sell on short notice.
bien ilíquido – un bien que es difícil de vender a corto plazo.

illiquidity – the possibility that an asset may be very difficult to sell on short notice.
falta de liquidez – posibilidad de que un bien pueda ser muy difícil de vender a corto plazo.

immobility – incapable of being moved, fixed in location; an important physical characteristic of land.
inmobilidad – incapaz de moverse, fijada en lugar; característica física importante de la tierra.

immunity – held by a person or class, against or beyond the course of the law. In libel or slander, an exemption from liability for the speaking or publishing of defamatory words concerning another, based on the fact that the statement was made in the performance of a political, judicial, social, or personal, duty.
inmunidad – retenida por un individuo o grupo, contra o más allá del curso de la ley. En difamación escrita o difamación oral, exención de responsabilidad por el hablar o publicar palabras difamatorias referente a otro, basado sobre el hecho que la declaración se hizo en realización de un deber político, judicial, social o personal.

implication – type of easement creation.
implicación – tipo de establecimiento de servidumbre.

implied authority – agency authority arising from industry custom, common usage, and conduct of the parties involved rather than expressed agreement.
autorización implícita – autorización de agencia que ocurre por costumbre en vez de convenio explícito.

implied contract – a contract created by the actions of the parties involved.
contrato implícito – contrato creado por las acciones de los partidos involucrados.

impound account – an account into which the lender places monthly tax and insurance payments; also called an escrow account.
cuenta de reserva – una cuenta en la que el prestamista deposita pagos de impuesto y de seguros; también se refiere como *cuenta para depósitos en garantía*.

improved land – to make land useful and profitable and to increase its value with betterments.
terreno con mejoras – hacer terreno útil, efectuar ganancia e incrementar su valor con mejoras.

improvement district – a geographical area that will be assessed for a local improvement.
distrito de mejoras – área geográfica que será valuada para efectuar mejoras a esa zona.

improvements – any form of land development, such as buildings, roads, fences, and pipelines, that generally increase the value of a property.
mejoras – toda forma del desarrollo del terreno, tal como construcción, carreteras, cercas, líneas de tubería, que generalmente incrementan el valor de la propiedad.

imputed interest – interest assessed by the IRS on a deferred payment transaction.
interés atribuible al capital del empresario – interés tasado por el Departamento de Servicio de Ingresos Interiores en transacciones de pago diferido.

imputed notice – constructive notice; notice given by the public records and by visible possession, and the legal presumption that all persons are thereby notified.
notificación implícita – aviso interpretativo; notificación otorgada por los registros públicos y por posesión visible, y establece la presunción legal de que todas las personas implicadas han sido notificadas.

in gross – See *easement in gross*.
"in gross" – Vea *servidumbre personal*.

in perpetuity – continuing forever.
en perpetuidad – continuación eterna.

inactive license – when a salesperson's real estate license has been made inactive by the Real Estate Commission.
licencia inactiva – cuando la licencia del agente de bienes raíces se ha puesto en estado inactivo por la Comisión de Bienes Raíces.

income approach – a method of valuing property based on the monetary returns that a property can be expected to produce.
método de rendimiento de ingresos – un método de valuar propiedad basado en la recompensa monetaria que se espera que produzca.

income property – rentable, income producing property.
propiedad generadora de ingresos – propiedad arrendable, productora de ingresos.

income statement – See *profit and loss statement*.
estado de ingresos – Vea *estado de ganancias y pérdidas*.

income taxes – taxes paid according to the amount of income received.
impuesto sobre ingresos – impuestos pagados de acuerdo a la cantidad de ingresos recibidos.

incompetent – a person that is not legally capable of entering into a contract.
incompetente – persona que no es legalmente capaz de comprometerse en un contrato.

incorporeal hereditaments – anything, the subject of property, which is inheritable and not tangible or visible.
bienes intangibles por heredar – cualquier cosa, sujeto de propiedad que es heredable e intangible o visible.

incorporeal rights – a right without possession in real estate such as an easement.
derechos incorporales, incorpóreos, intangibles – derechos sin posesión en bienes raíces tal y como servidumbres.

incurable depreciation – depreciation that cannot be fixed and simply must be lived with.
depreciación incurable – depreciación que no tiene remedio y que se tiene que tolerar.

incurable obsolescence – See *incurable depreciation*.
obsolescencia irremediable – *Vea depreciación incurable*.

indemnification – an obligation of the principal in which an agent is entitled to upon suffering a loss through no personal fault, such as when a misrepresentation by the principal to the agent was passed on in good faith to the buyer.
indemnización – obligación del principal de indemnizar al agente debido a que éste ha sufrido una pérdida injustificada. Por ejemplo, cuando hubo una malinterpretación de información del principal hacia el agente debido a datos otorgados de buena fe al comprador.

independent appraisal – an appraisal performed by a private individual or company without the order of a lending institution.
avalúo independiente – valuación realizada por individuo o compañía privativa sin orden de la institución prestamista.

independent contractor – one who contracts to do work according to his own methods, tools and equipment, and is responsible to his employer only for the results of that work.
contratista independiente – uno que contrata para hacer trabajo de acuerdo con sus propios métodos y es responsable a su empleador solamente por los resultados de ese trabajo.

index lease – rent is tied to some economic indicator such as inflation.
arrendamiento sujeto a un indicador – arrendamiento encadenado a algún indicador económico tal como inflación.

index rate – the interest rate to which an adjustable mortgage is tied.
tasa índice – tasa de interés a la cual se le conecta la hipoteca ajustable.

indicated value – the worth of the subject property as shown by recent sales of comparable properties.
valor indicado – valor de la propiedad sujeta mostrado por ventas recientes de propiedades comparables.

inflation – price rises due to the creation of excessive amounts of money by government.
inflación – elevaciones de precio por creación de cantidades excesivas de dinero por el gobierno.

inflation guard – an insurance policy endorsement that automatically increases coverage during the life of a policy.
protección garantizada – garantía de póliza de seguro que automáticamente incrementa cobertura durante la vida de la póliza.

informal appraisal – an estimate of value.
avalúo informal – estimación de valor.

informal reference – method of identifying a parcel of land by its street address or common name.
referencia informal – método de identificar una parcela de terreno por dirección o nombre común.

ingress – an easement that can be used to go into and out of a property but without the right to park on it.
entrada a una propiedad – servidumbre que se puede utilizar para entrar y salir a una propiedad pero sin el derecho de estacionarse.

inheritance tax – the tax paid on a property inherited by an heir.
impuesto sobre herencias – impuesto pagado sobre propiedad por el heredero.

in-house sale – a sale made by an agent from the same real estate office that acquired the listing of the sold property.
"in-house sale" – venta realizada por un agente de la misma compañía de bienes raíces que adquirió el contrato de venta de la propiedad vendida.

initial payment – the first payment.
pago inicial – el primer pago.

inliquidity – See *illiquidity.*
ilíquido – Vea *falta de liquidez.*

inner city – a central part of the city that is densely populated.
zona urbana marginada – parte central de la ciudad densamente poblada.

innocent misrepresentation – wrong information but without the intent to deceive.
malinterpretación inocente – información errónea dada sin el intento deliberado de timar.

inquiry notice – information the law presumes one would have where circumstances, appearances, or rumors warrant further inquiry.
notificación de investigación – información que la ley supone que uno tuviera si las circunstancias, apariencias, o rumores justifican interrogación adicional.

inside lot – a lot with only one side on a street.
lote interior – lote con solo un lado a la calle.

installment contract – a method of selling and financing property whereby the seller retains title but the buyer takes possession while making the payments.
contrato a plazo – método de vender y financiar propiedad en el cual el vendedor retiene el título, pero el comprador toma posesión mientras hace los pagos.

installment land contract – an executory contract for sale of real estate, which usually lasts for a term of years.
contrato a plazo de terreno– contrato ejecutorio para la venta de bienes raíces, que usualmente dura por un término de años.

installment method – the selling of an appreciated property on terms rather than for cash so as to spread out the payment of income taxes on the gain.
método de venta a plazo – venta a plazo de una propiedad apreciada en vez de vender en efectivo para extender los pagos de impuestos sobre la ganancia.

installment note – a note that allows payment over an extended period of time.
pagaré a plazo – pagaré que permite pago sobre período de tiempo extendido.

installment sale benefits – provision in the Internal Revenue Code by which the profit on the sale of one's capital asset can be spread over a series of years.
beneficios de venta a plazo – provisión en el Código de Ingresos Interiores por la cual la ganancia sobre la venta de bienes de capital puede ser extendida sobre una serie de años.

installment sale contracts – executory contracts for the conveyance of real property.
contrato ejecutorio – contrato ejecutorio para el traspaso de propiedad raíz.

Institute of Real Estate Management (IREM) – professional designation for property managers.
Instituto de Administración de Bienes Raíces (IREM) – designación profesional para administradores de propiedades.

instrument – a written document capable of being recorded.
instrumento – documento escrito capaz de ser registrado.

insulators – materials that are poor conductors of electricity and are, therefore, placed around wires to prevent electrical shock.
aislantes – materiales de baja conducción con electricidad y por lo mismo, se localizan alrededor de alambres para prevenir choque eléctrico.

insurable interest – the insured financial interest in a property.
interés asegurable – interés financiero asegurado en una propiedad.

insurable title – a clear title that is capable of being insured.
título asegurable – título libre capaz de ser asegurado.

insurance premium – the amount of money one must pay for insurance coverage.
prima de seguro – cantidad de dinero que se paga para la cobertura del seguro.

insurance value – the cost of replacing damaged property.
valor de seguro – costo de reemplazar propiedad dañada.

insured – one who is covered by insurance.
asegurado – el que está cubierto por el seguro.

insurer – the insurance company.
asegurador – la compañía de seguros.

inter vivos trust – a trust that is established and takes effect during the lifetime of the trustor.
fideicomiso entre vivos – fideicomiso que toma efecto en vida del creador.

interest – compensation allowed by law for the use or forbearance or detention of money; deduction.
interés – compensación permitida por ley por el uso o detención de dinero; deducción.

interest rate cap – the maximum interest rate charge allowed on an adjustable loan.
límite sobre tasa de interés – cargo máximo de la tasa de interés permitido sobre un préstamo ajustable.

interim loan (also called construction loan) – a loan that is to be replaced by a permanent loan.
préstamo interino – préstamo que va a ser reemplazado por un préstamo permanente; un préstamo de construcción.

interlineations – the act of writing between the lines of an instrument; also what is written between lines.
interlineaciones, entrelíneas – acto de escribir entre las líneas de un instrumento; también lo que se escribe entre las líneas.

intermediary – a broker employed to negotiate a transaction between the parties.
intermediario – corredor empleado para negociar una transacción entre los partidos.

intermediate theory – the legal position that a mortgage is a lien until default, at which time title passes to the lender.
teoría intermedia – la posición legal que una hipoteca es un gravamen hasta incumplimiento, a ese tiempo el título pasa al prestamista.

Internal Revenue Code of 1986 – body of laws that codify and delineate the levying, collecting, and enforcing of federal tax laws.
Código de Ingresos Interiores de 1986 – leyes que codifican y redactan levantamiento de impuestos, colección y ejecución de las leyes de impuestos federales.

internal reversing mechanism – part of a garage door opener, it causes the door to reverse when it hits an obstruction.
mecanismo interno reversible – parte del abridor de puerta de garaje, causa que la puerta se reverse cuando pega contra obstrucción.

interpleader – a legal proceeding to determine which of two parties has the more valid claim against a third party.
procedimiento determinante de reclamo – procedimiento legal para determinar cual de dos partidos tiene el reclamo más válido contra el tercer partido.

interspousal deed – used in some states to transfer real property between spouses.
escritura entre esposos – utilizada en algunos estados para transferir propiedad raíz entre esposos.

interstate – transaction and proceedings that take place between and among the several states.
interestatal, entre estados – transacciones y procedimientos que toman lugar entre los varios estados.

Interstate Land Sales Full Disclosure Act – an act making it unlawful for any land developer (except for certain exempt developers) to sell or lease, by use of the mails or by use of any means of interstate commerce, any land offered as a part of a common promotional plan, unless such land has been registered with the Secretary of the Department of Housing and Urban Development (HUD), and a printed property report is furnished to the purchaser or lessee in advance of the signing of any agreement for sale or lease.
Ley Interestatal de Revelación Completa en la Venta de Terrenos – ley que establece que es contra la ley que algún desarrollador de terreno (excepto ciertos desarrolladores exentos) venda o arriende, por correo o por comercio interestatal, terreno ofrecido como parte de un plan promocional común, a menos que tal terreno haya sido registrado con el Secretario del Departamento de Vivienda y Desarrollo Urbano (HUD), y un informe impreso de propiedad se haya proporcionado al comprador o arrendador antes de firmar algún convenio de venta o arrendamiento.

interval ownership – See time-sharing.
pertenencia temporaria – Vea *tiempo compartido*.

interval ownership condominiums – ownership of a condominium by exclusive fee title for a period in which the owner is entitled to possession. Unlike timesharing condominiums, the fee title only vests for a period of time and does not change from year to year.
condominios de pertenencia temporaria – pertenencia de condominio con pleno dominio exclusivo por un período en el cual el propietario tiene posesión. Es diferente al condominio de tiempo compartido porque éste, de dominio absoluto, da posesión por un período de tiempo y no cambia de año a año.

intestate – without a last will and testament.
intestado – sin último testamento.

intestate succession – See *title by descent*.
sucesión intestada – leyes que dirigen como los bienes del difunto serán divididos si no deja testamento.

intrastate – alludes to procedures and transactions which take place entirely within the boundaries of a particular state.
dentro del estado – procedimientos y transacciones que toman lugar enteramente dentro de límites de un estado.

inverse condemnation – a legal action in which an owner demands that a public agency buy his land.
condenación inversa – acción legal en la cual el propietario demanda que una agencia pública compre su terreno.

investment – a resource designated to obtain a profit.
inversión – medio designado para obtener ganancia.

investment property – an income producing property.
propiedad de inversión – propiedad productora de ingresos.

investment strategy – a plan that balances returns available with risks that must be taken in order to enhance the investor's overall welfare.
estrategia inversionista – plan que balancea la recompensa disponible con los riesgos que se deben tomar para aumentar el capital del inversionista.

investment tax credit – a dollar for dollar credit applicable against taxes due on an investment.
crédito sobre los impuestos de inversión – crédito aplicable dólar por dólar contra impuestos sobre inversión.

involuntary lien – a lien created by operation of law.
gravamen involuntario – gravamen creado por operación de la ley.

IREM – See *Institute of Real Estate Management.*
IREM – Vea *Instituto de Administración de Bienes Raíces.*

irrevocable – unalterable; not changeable.
irrevocable – inalterable; no es cambiable.

J

joint tenancy – a form of property co-ownership that features the right of survivorship.
condominio con derecho de supervivencia – forma de pertenencia propietaria que da importancia al derecho absoluto del superviviente.

joint venture – an association of two or more persons or firms in order to carry out a single business project.
empresa colectiva – asociación de dos o más personas o empresas para llevar a cabo un solo proyecto de negocio.

jointly and severally liable – enforceable on the makers as a group and upon each maker individually.
responsabilidad individual y mancomunada – responsabilidad aplicable sobre los responsables como grupo y también sobre cada uno de ellos individualmente.

judgment – a court decree to determine a settlement.
juicio – decreto tribunal para determinar conciliación.

judgment lien – a claim against property in favor of the holder of a court-ordered judgment.
gravamen por juicio – reclamo contra propiedad a favor del poseedor del gravamen de acuerdo al dictamen de la corte.

judgment roll – a publicly available list of court-ordered judgments.
expediente del juicio – lista disponible al público de juicios ordenados por la corte.

judicial foreclosure – foreclosure by lawsuit.
juicio hipotecario – llevado a cabo por demanda legal.

judicial sale – a court-ordered sale.
venta judicial – venta por orden de la corte.

jumbo loan – a very large loan that goes beyond the limits set by the Federal National Mortgage Association (Fannie Mae) and the Federal Home Loan Mortgage Corporation (Freddie Mac).
préstamo gigante – préstamo tan grande que sobrepasa los límites impuestos por la Asociación Nacional Hipotecaria Federal (Fannie Mae).

junction boxes – contain wiring and are used to provide the necessary space for making electrical connections.
cajas de distribución – contienen alambrado y se utilizan para proveer el espacio necesario para efectuar conexiones eléctricas.

junior mortgage – any mortgage on a property that is subordinate to the first mortgage in priority.
hipoteca subordinada – cualquier hipoteca sobre una propiedad que es subordinada en prioridad a la primera hipoteca.

jurat – a sworn statement by the person who signed the document that the information contained in the document is true.
certificado de notario – declaración jurada por la persona que firmó el documento declarando que la información contenida en el documento es verdadera.

jurisdiction – See *original jurisdiction*.
jurisdicción – Vea *jurisdicción original*.

jury – a number of people, selected according to the laws, to inquire of certain matters of fact and declare the truth upon evidence to be laid before them.
jurado – grupo de personas, seleccionado de acuerdo a las leyes, para inquirir sobre ciertos asuntos de cuestiones de hecho y declarar la verdad sobre evidencia que será puesta ante ellos.

just compensation – fair market value of a property as compensation for a "taking."
compensación justa – valor de mercado de propiedad como compensación por embargo gubernamental.

K

key lot – a lot that adjoins the side or rear property line of a corner lot.
lote clave – lote que colinda con la propiedad de la esquina por uno de sus lados ó por la parte de atrás.

kilowatt – one thousand watts equals one kilowatt.
kilovatio – mil vatios equivalen un kilovatio.

L

laches – an unreasonable delay in asserting one's rights.
"laches" – demora irrazonable en reclamar nuestros derechos.

land – starting at the center of the earth, it passes through the earth's surface, and continues on into space.
tierra –se define comenzando por el centro del globo terráqueo, pasa por la superficie de la tierra, y continua hacia el espacio.

land contract – See *installment contract*.
contrato a plazo – Vea *contrato por escritura*.

land descriptions – six commonly used methods of describing the location of land: (1) informal reference, (2) metes and bounds, (3) rectangular survey system, (4) recorded plat, (5) assessor's parcel number, and (6) reference to documents other than maps.
descripciones de terreno – hay seis métodos comunes utilizados para describir la localidad de terreno: (1) referencia informal, (2) medidas y límites, (3) sistema de levantamiento rectangular, (4) plano registrado, (5) número de valuación de parcela y, (6) referencia a otros documentos en vez de mapas.

land grant – land granted to someone.
concesión de tierras – tierra concedida a alguien.

land lease – land that has been leased by contract.
arrendamiento de terreno – terreno arrendado por contrato.

land patent – a government document used for conveying public lands in fee to miners and settlers.
patente de tierras, cesión de derechos – documento gubernamental utilizado para conceder terrenos públicos en propiedad a los mineros y a los pobladores.

land trust – (1) a real estate trust wherein the person who creates the trust (the trustor) is also its beneficiary; (2) a trust created solely for the ownership, operation, and management of real estate interests.
fideicomiso de terreno – fideicomiso de bienes raíces en el cual el creador del fideicomiso (fideicomitente) también es el beneficiario.

landlord – the owner of an estate in land who has leased the land for a term of years, on a rent reserve, to another person called the tenant.
arrendador – dueño de propiedad que alquila la propiedad por término de años, sobre reserva de renta, a otra persona conocida como el inquilino.

landmark – a monument or marker that establishes a certain spot, such as the boundary of a property.
mojonera – monumento o marcador que establece un cierto lugar, tal como el límite de propiedad.

land-use control – any legal restriction that controls how a parcel of land may be used.
control sobre el uso de la tierra – cualquier restricción legal que controla como puede ser usada una parcela de terreno.

late charge – a charge for a late payment.
cargo tardío – cargo efectuado por pago tardío.

latent defect – a hidden or concealed defect that cannot be discovered by ordinary observation or inspection.

defecto oculto – defecto oculto o encubierto en una propiedad que no puede ser descubierto por una observación o inspección ordinaria.

lateral force – a force acting generally in a horizontal direction, such as the wind.
fuerza lateral – fuerza que actúa generalmente en dirección horizontal, tal como el viento.

latitude lines – imaginary east-west reference lines that circle the earth.
líneas latitudinales – líneas de referencia imaginarias del este al oeste que circulan el globo terráqueo.

lawful objective – to be enforceable, a contract cannot call for the breaking of laws.
objetivo legal – para ser ejecutado, un contrato no puede solicitar violación de la ley.

lead – a toxic metallic element found in soil, water, and paint.
plomo – elemento de metal tóxico que se encuentra en la tierra, agua y pintura.

lead-based paint – paint that has a lead component and that is extremely harmful and may be deadly to children.
pintura a base de plomo – pintura que contiene componente de plomo y que es extremamente dañosa, y su exposición puede ser mortal en los niños.

lease – an agreement that conveys the right to use property for a period of time.
arrendamiento – convenio que concede el derecho para usar la propiedad por un período de tiempo.

lease with option to buy (lease-option) – allows a tenant to buy the property at present price and terms for a given period of time.
arrendamiento con opción de compra – permite que el inquilino, por un dado período de tiempo, compre la propiedad por el precio y términos actuales.

leasehold estate – an estate in land where there is possession but not ownership.
bienes forales – propiedad por la cual hay posesión pero no hay pertenencia.

leasehold interest – a tenant's legal interest in a property.
interés en arrendamiento – interés legal del inquilino sobre propiedad.

leasehold mortgage – a mortgage loan secured by a tenant's leasehold interest in a property.
hipoteca de inquilinato – préstamo hipotecario garantizado por el interés del inquilino sobre la propiedad.

lease-option – See *lease with option to buy.*
arriendo con opción – Vea *arrendamiento con opción de compra.*

lease-purchase agreement – an agreement to lease real property and purchase it later.
convenio de arriendo con compra postergada, tardada – acuerdo de arrendar propiedad raíz y comprarla después.

legacy – See *bequest.*
herencia – Vea *legado.*

legal age – See *majority.*
edad legal – Vea *edad mayoritaria.*

legal consideration – the requirement that consideration be present in a contract.
causa lícita – requisito que consideración sea parte del contrato.

legal description – a description recognized by law that is sufficient to locate and identify property without oral testimony.
descripción legal – descripción reconocida por ley suficiente para localizar e identificar propiedad sin necesidad de testimonio oral.

legal notice – See *constructive notice.*
notificación legal – Vea *notificación sobrentendida.*

legal rate of interest – rate of interest that follows usury laws.
tasa de interés legal – tasa de interés de acuerdo con las leyes de usura.

legal title – one that is complete and perfect in regard to the apparent right of ownership and possession enforceable in a court of law.
título legal – título completo y perfecto en cuanto al derecho aparente de pertenencia y posesión ejecutable en una corte de ley.

legatee – a person who receives personal property under a will.
legatario – persona que recibe bienes personales bajo testamento.

lender's policy – a title insurance policy designed to protect a lender.
póliza de prestamista – póliza de seguro de título diseñada para proteger al prestamista.

lessee – See *tenant.*
arrendatario – Vea *inquilino.*

lessee's interest – the interest a tenant has in a property.
interés del arrendatario – interés del arrendatario en la propiedad.

lessor – See *landlord*.
arrendador – Vea *alquilador*.

lessor's interest – the interest a landlord has in a property.
interés del arrendador – interés del arrendador en la propiedad.

letter of credit – a bank letter of obligation.
carta de crédito – carta de obligación del banco.

letter of intent – a document that expresses mutual intent but without liability or obligation.
carta de intención – documento que expresa intento mutuo pero sin responsabilidad u obligación.

leverage – the impact that borrowed funds have on an investment return.
impacto de dinero prestado – el impacto de los fondos prestados sobre la ganancia de la inversión.

liability – anything owed to an individual, a bank, or a business.
responsabilidad – cualquier cosa debida a un individuo, banco, o negocio.

LIBOR (London Interbank Offered Rate) – See *London Interbank Offered Rate*.
LIBOR (London Interbank Offered Rate) – Vea *Tasa Ofrecida por el Interbanco de Londres*.

license – a personal privilege to use land on a nonexclusive basis.
licencia – privilegio personal pero no exclusivo de utilizar terreno.

license reciprocity – when one state honors another's real estate license.
reciprocidad de licencia – cuando un estado acepta la licencia de bienes raíces de otro estado.

license revocation – to recall and make void a license.
revocación de licencia – anulación de licencia.

license suspension – to temporarily make a license ineffective.
suspensión de licencia – hacer la licencia ineficaz temporalmente.

licensee – one who holds a license from a government or other agency which permits a person to pursue some occupation according to certain standards, such as real estate sales.
concesionario – tenedor de licencia del gobierno o de otra agencia que permite que la persona se dedique a una profesión de acuerdo con ciertas reglas, tal como ventas de bienes raíces.

lien – a hold or charge on a property for the payment of some debt, obligation, or duty owed to lien holder.
gravamen – retención o reclamo que una persona tiene sobre la propiedad de otro para asegurar pago de una deuda u otra obligación.

lien release – the releasing of a lien due to payment of the loan.
descargo de gravamen – descargo de gravamen porque se pagó el préstamo.

lien theory – the legal position that a mortgage creates a charge against property rather than conveying it to the lender.
teoría de gravamen – posición legal de que la hipoteca crea un cargo contra la propiedad en vez de concederla al prestamista.

lienee – the party subject to a lien.
embargado – el partido sujeto al gravamen.

lienholder, lienor – the party holding a lien.
embargador – el partido que está en posesión del gravamen.

life estate – an estate whose duration is limited to the life of the party holding it or some other person.
dominio vitalicio – concesión de dominio del título por la duración de la vida de alguien.

life interest – interest in property for the duration of life.
propiedad vitalicia – interés en propiedad por la duración de vida.

life tenant – one who possesses a life estate.
propietario vitalicio – uno que posee el dominio vitalicio.

lifetime cap – the maximum interest rate adjustment permitted over the life of a loan.
remate de por vida – interés a tasa máxima con ajustes permitidos por la vida del préstamo.

lift handle – affixed to a garage overhead door (or a pull rope attached to the bottom bracket in the lower corner of the door) and used with a door that is opened and closed manually.
mango para levantar – fijado a la puerta de garaje (o una cuerda anexada al soporte en la esquina de abajo de la puerta) que se abre y se cierra manualmente.

like-kind property – property equal in quality or usage.
propiedad igual – propiedad igual en calidad o utilización.

limestone – a sedimentary rock consisting of calcium and magnesium.
cal – piedra sedimentaria consistente de calcio y magnesio.

limited appraisal – the act or process of estimating value performed under and resulting from invoking the Departure Provision.
avalúo limitado – proceso de estimar valor de propiedad como resultado de solicitud de Desviación Provisional.

limited common elements – those common elements that are agreed upon by all of the co-owners to be reserved for the use of a certain number of apartments to the exclusion of the other apartments, such as special corridors, stairways, and elevators, sanitary services common to the apartments of a particular floor, etc.
elementos comunes limitados – elementos comunes, el uso cual es limitado a ciertos propietarios; por ejemplo, las paredes y techo interior entre las unidades individuales.

limited liability company – a form of business organization, combining the most favorable attributes of a partnership and a corporation, and consisting of members or managers that is governed by its by-laws.
compañía de responsabilidad limitada – una compañía que consiste de miembros o administradores que se gobierna por sus reglamentos interiores.

limited liability partnership – a form of ownership that attempts to limit the liability of general partners from the misconduct of other general partners.
sociedad de responsabilidad limitada – forma de pertenencia que intenta limitar la responsabilidad de socios generales de mala conducta de otros socios generales.

limited partner – a partner who provides capital but does not take personal financial liability nor participate in management.
socio limitado – un socio que provee capital pero que no toma responsabilidad financiera personal y que no participa en la administración de la sociedad.

limited partnership – a combination of general partners who, under the provisions of the Uniform Limited Partnership Act, operate the partnership and take personal financial liability and limited partners who provide the bulk of the capital.
sociedad limitada – combinación de socios generales que administran la sociedad y que toman responsabilidad financiera personal y los socios limitados que proveen la mayor parte de la capital.

limited partnership agreement – the agreement that sets forth the details and agreements of the general and limited partners to a limited partnership agreement.
convenio de sociedad limitada – convenio que establece los detalles y acuerdos de los socios generales y socios limitados en un convenio de sociedad limitada.

line of credit – the maximum amount of credit a bank will lend a borrower.
línea de crédito – máxima cantidad de crédito que el banco le otorga al prestatario.

link – in land measurements, a link equals 7.9 inches.
cadena de Gunter – en medir terreno, una cadena de Gunter equivale 7.9 pulgadas.

liquid asset – an asset that can be converted to cash on short notice.
activo líquido – activo que puede ser convertido en efectivo en corto plazo.

liquidated damages – an amount of money specified in a contract as compensation to be paid if the contract is not satisfactorily completed.
daños liquidados – cantidad de dinero especificado en un contrato como compensación que será pagada si el contrato no se cumple satisfactoriamente.

liquidity – a resource that is readily convertible into cash.
liquidez – recurso que es fácilmente convertible en efectivo.

lis pendens – a public notice indicating that a lawsuit has been filed because title to real estate is in controversy.
litispendencia – litigación pendiente; notificación pública que una demanda se registró porque hay controversia sobre el título de bienes raíces.

listing – a contract wherein a broker is employed to find a buyer or tenant and perform other real estate brokerage services.
contrato para venta – contrato por el cual se emplea un corredor para realizar servicios de bienes raíces.

listing agent – the real estate agent that procured the listing agreement.
agente de ventas – agente que procura el contrato de venta.

listing agreement – a contract authorizing a broker to sell, buy, or lease real property on behalf of another, and giving the agent the right to collect a commission if the property is sold through his efforts.
contrato para venta – contrato que autoriza al corredor a vender, comprar, o arrendar propiedad raíz por otro, y le otorga al agente el derecho de colectar honorarios si la propiedad se vende a través de sus esfuerzos.

littoral right – the lawful claim of a landowner to use and enjoy the water of a lake or sea bordering the land.
derecho litoral – reclamo lícito del propietario de utilizar y disfrutar del agua de un lago o mar que fronteriza su terreno.

loan – money that is lent to a borrower whom is obligated to repay it.
préstamo – dinero que se presta al prestatario quien es responsable de pagarlo.

loan application – an application made to obtain a loan.
solicitud para préstamo – solicitud que se efectúa para obtener un préstamo.

loan balance table – shows the balance remaining to be paid on an amortized loan.
tabla de saldo del préstamo – muestra el saldo restante sobre un préstamo amortizado.

loan broker – the middleman between the lender and the applicant.
corredor hipotecario – intermediario entre el prestamista y el solicitante.

loan brokerage fees – fees paid to a mortgage broker for locating and obtaining funds for a borrower.
cuotas de corretaje hipotecario – cuotas que se pagan al corredor hipotecario por localizar y obtener fondos para el prestatario.

loan closing – the closing, or final settlement, of a loan or refinancing of a loan.
cierre de préstamo – el cierre, o arreglo final, de un préstamo o refinanciamiento de un préstamo.

loan commitment letter – a written agreement that a lender will make a loan.
carta de compromiso de préstamo – acuerdo por escrito por el que el prestamista se compromete para efectuar el préstamo.

loan constant – the outstanding debt expressed as a percentage of the loan amount.
deuda expresada en porcentaje – deuda pendiente expresada como porcentaje de la cantidad del préstamo.

loan escrow – an escrow account opened for the purpose of repaying a loan.
cuenta depositaria para pagar el préstamo – una cuenta depositaria que se abre con el propósito de pagar el préstamo.

loan origination fee – the amount a lender charges for processing a mortgage loan.
cuota de iniciación de un préstamo – gastos que incurre el prestamista en procesar el préstamo hipotecario.

loan package – all the necessary loan forms and requirements to obtain a loan.
paquete de préstamo – todas las formas necesarias y requisitos para obtener un préstamo.

loan points – a charge, expressed in percentage points, to obtain a loan.
puntos prestatarios – cargo, expresado en puntos de porcentaje.

loan policy – the lender's requirements to obtain a loan.
requisitos de préstamos – requisitos del prestamista para efectuar préstamos.

loan servicing – the task of collecting monthly payments and handling insurance and tax impounds, delinquencies, early payoffs, and mortgage leases.
servicio prestatario – tarea de colectar pagos mensuales y de administrar depósitos para impuestos y seguros, delincuencias, pagos por completo prematuros e hipotecas arrendatarias.

loan value – value set on a property for the purpose of making a loan.
valor del préstamo – valor puesto a una propiedad con el propósito de efectuar un préstamo.

loan-to-value ratio – a percentage reflecting what a lender will lend divided by the market value of the property.
relación del préstamo al valor – porcentaje que refleja lo que prestará el prestamista dividido por el valor de mercado de la propiedad.

location preference – See *situs*.
preferencia de localidad – Vea *situs*.

lockbox – a strongbox kept on or near the premises for the keys to the property for sale. Real estate agents use lockboxes to allow other agents convenient access to the listed property.
caja fuerte – caja fuerte localizada en la propiedad de venta. Agentes de bienes raíces las usan para permitir acceso conveniente a la propiedad a otros agentes.

London Interbank Offered Rate (LIBOR) – an international money market interest rate; an international version of the prime rate.
Tasa Ofrecida por el Interbanco de Londres (LIBOR) – tasa de interés del mercado monetario internacional; versión internacional de tasa más favorable al cliente.

longitude lines – imaginary north-south reference lines that circle the earth.
líneas longitudinales – líneas de referencia imaginarias del norte al sur que circulan el globo terráqueo.

long-term capital gain – See *capital gain*.
ganancia de capital a largo plazo – Vea *ganancia de capital*.

long-term lease – a lease for one year or longer.
arrendamiento a largo plazo – arrendamiento de un año o más.

long-term loan – real estate financing available for repayment for more than 5 to 10 years or a longer period of time.
préstamo a largo plazo – financiamiento de bienes raíces disponible para pagarse por más de 5 o 10 años o un período de tiempo más largo.

loose money – means that lenders have adequate funds to loan and are actively seeking borrowers.
dinero disponible – significa que los prestamistas tienen fondos adecuados para prestar y están activamente buscando prestatarios.

lot, block, tract system – See *recorded plat.*
sistema de plano registrado – Vea *plano registrado.*

love and affection – a term used as the consideration given by a loved one in a contract.
amor, y afecto – término utilizado para expresar la consideración concedida por un ser querido en un contrato.

loyalty to principal – a requirement that an agent place his principal's interest above his or her own.
lealtad al principal – requisito que el agente ponga el interés del principal delante de su propio interés.

M

M and M lien – See *mechanics and materialmen lien.*
Gravamen M & M – Vea *gravamen de mecánicos y proveedores de materiales.*

Maggie Mae – a nickname in the real estate industry for Mortgage Guarantee Insurance Corporation (MGIC) investment corporation.
Maggie Mae – apodo en la industria de bienes raíces para MGIC corporación inversionista.

MAI – member, American Institute of Real Estate Appraisers.
MAI – Miembro del Instituto Americano de Valuadores de Bienes Raíces.

main soil stack – a drainage pipe that connects to the house drain where waste leaves the system.
bajante principal de aguas negras – tubo de drenaje conectado al drenaje de la casa donde el desperdicio sale del sistema.

main vent stack – the top of the main soil stack that connects to all of the home's toilets.
tubo principal de ventilación – la parte de arriba del tubo principal de drenaje conectado a todos los excusados (inodoros) de la casa.

maintenance – the upkeep of a property.
mantenimiento – conservación de propiedad.

maintenance fees – See *association dues*.
cuotas para mantenimiento – cuotas pagadas por los propietarios de condominios y de (PUD) desarrollos de unidades planeados a la asociación de propietarios para el mantenimiento de los elementos comunes.

majority – the minimum age required for legal competency (in most states 18 years).
edad mayoritaria – edad mínima requerida para competencia legal (en la mayoría de los estados es 18 años).

maker – the person who signs a promissory note. See also *obligor*.
otorgante – persona que firma un pagaré.

management company – a company that advises the condominium board and takes care of day-to-day tasks.
compañía administradora – compañía que aconseja a la mesa directiva de condominio y toma responsabilidad sobre la administración diaria.

management contract – a contract detailing responsibilities of the owner and the manager of a property.
contrato de administración – contrato que detalla las responsabilidades del dueño y las de la administración de la propiedad.

manufactured housing – the 1976 Department of Housing and Urban Development imposed replacement of "mobile home."
casas manufacturadas – en 1976 el Departamento de Vivienda y de Desarrollo Urbano impuso el reemplazo del término "manufacturado" por el de "casa móvil."

mapping requirements – regulations a subdivider must meet before selling lots.
requisitos de levantamiento – reglamentos que un desarrollador debe satisfacer antes de vender lotes.

marble – a metamorphic rock formed largely of calcite, dolomite, or dense limestone.
mármol – roca metamórfica formada principalmente de calcita, dolomía, o cal densa.

margin – the amount added to the index rate that reflects the lender's cost of doing business.
margen – cantidad que se le añade a la tasa índice para cubrir el costo de hacer negocio del prestamista.

marginal land – land that barely repays the cost of production.
terreno marginal – terreno que apenas paga el costo de producción.

marginal release – a notation on the recorded mortgage that shows the book and page location of the mortgage release.
relevación marginal – notación sobre el margen de la hipoteca registrada que indica el libro y la página de la relevación.

market comparison approach – a method of valuing a property based on the prices of recent sales of similar properties.
método comparativo del mercado – método de valuar propiedad que se basa en ventas recientes de propiedades similares.

market data approach – See *market comparison approach*.
método de datos del mercado – Vea *método comparativo del Mercado*.

market value – the cash price that a willing buyer and a willing seller would agree upon, given reasonable exposure of the property to the marketplace, full information as to the potential uses of the property, and no undue compulsion to act.
valor de mercado – precio efectivo en el que un comprador dispuesto y un propietario dispuesto concordarían sin reserva, proveyendo a la propiedad exposición razonable en el mercado, suministrando información completa de los usos viables de la propiedad, y sin compulsión de actuar.

marketable title – title that is free from reasonable doubt as to who is the owner.
título válido – título libre de duda razonable de quien es el propietario.

Marketable Title Act – state law aimed at cutting off rights and interest in land that has been inactive for long periods.
Leyes Sobre Título Válido – ley estatal que se dirige a romper derechos e intereses en terreno que han sido inactivos por largos períodos de tiempo; no se utilizan en Texas.

master deed – the deed, lease, or declaration establishing a parcel of land as a condominium subdivision.
escritura maestra – un documento que convierte una parcela de terreno en subdivisión de condominios.

master lease – See *master deed*.
arrendamiento principal – Vea *escritura maestra*.

master limited partnership (MLP) – limited partnerships that can be traded on a stock exchange nearly as easily as corporate stock.
sociedad maestra limitada – sociedades limitadas que se pueden negociar en la bolsa de valores fácilmente como acciones.

master plan – a comprehensive guide describing the long-term land use and management goals for the physical growth of a community.
plan maestro – guía comprensiva que describe la utilización de terreno a largo término y las metas de administración para el crecimiento físico de la comunidad.

material fact – an important fact considered by the buyer in his decision to purchase a property.
hecho pertinente – hecho importante considerado por el comprador en su decisión de comprar propiedad.

materialman – one who has furnished materials or labor for an improvement.
proveedor de materiales – uno que ha proporcionado materiales o trabajo para una mejora.

materialman lien – a lien placed on a property for work and/or materials until the debt is repaid.
gravamen de proveedor de materiales – gravamen puesto sobre una propiedad por trabajo efectuado o materiales proveídos hasta que se liquide la deuda.

matured interest – interest that is due and payable.
interés vencido – interés vencido y pagable.

maturity (also called the maturity date) – the end of the life of a loan.
vencimiento – el fin de la vida del préstamo.

MBS – See *mortgage-backed securities*.
MBS – Vea *hipoteca respaldada con garantía*.

mechanics and materialmen – individuals or companies who supply labor, services, or materials for the construction of improvements on real estate.
mecánicos y proveedores de materiales – individuos o compañías que proveen trabajo, servicios, o materiales para la construcción y mejoras de bienes raíces.

mechanics and materialmen lien – a claim or hold placed against property by unpaid workers or materials suppliers.
gravamen de mecánicos y proveedores de materiales – el gravamen que se coloca contra propiedad raíz por un trabajador o proveedor que no ha sido pagado por su trabajo o por sus materiales de construcción proporcionados.

mediation – an alternative to settle problems that may arise in a real estate transaction instead of going to court.
mediación – alternativa para resolver problemas que se pueden presentar en una transacción de bienes raíces en vez de ir a corte.

mediator – an impartial person that assists opposing parties in settling problems.
mediador – persona imparcial que asiste a los partidos opuestos en resolver problemas.

medical payments coverage – a homeowner's policy that covers the cost of treating minor injuries.
cobertura de pagos médicos – póliza de propietario residencial que cubre el costo de tratamiento de lesiones menores.

meeting of the minds (also called mutual agreement) – means that there must be agreement to the provisions of a contract by all parties involved.
acuerdo común – Vea *convenio mutuo*.

menace – threat of violence to obtain a contract.
amenaza – amenazar con violencia para obtener un contrato.

merchantable title – See *marketable title*.
título comercial – Vea *título válido*.

meridian – imaginary lines running north and south, used as references in mapping land.
meridiano – línea norte-sur que corre del punto de origen como la línea correlativa usada como referencia para delinear mapas de terreno.

metes and bounds – a detailed method of land description that identifies a parcel by specifying its shape and boundaries.
medidas y límites – método detallado de la descripción del terreno que identifica la parcela con especificar su forma y límites.

metropolitan area – a large city and its surrounding communities.
área metropolitana – ciudad grande y sus comunidades circundantes.

MGIC – See *Mortgage Guarantee Insurance Corporation*.
MGIC – Corporación Aseguradora de Garantía Hipotecaria.

middleman – a person who brings two or more parties together but does not conduct negotiations.
intermediario – persona que junta dos o más personas sin representarlas.

mile – 5,280 feet or 1,760 yards.
milla – 5,280 pies o 1,760 yardas.

mill rate – property tax rate expressed in tenths of a cent per dollar of assessed valuation.
tasa milésima – tasa de impuestos sobre propiedad que se expresa por décimos de un centavo por dólar de valuación fiscal.

mineral interests – an interest in the minerals in land, including the right to take minerals or the right to receive a royalty on those minerals.
intereses minerales – interés en los minerales de la tierra, incluye el derecho de tomar los minerales y el derecho de recibir derechos de utilidad como resultado de explotación de esos minerales.

minor, infant – a person under the age of legal competence (in most states, under 18 years).
menor, infante – persona bajo la edad de competencia legal; en la mayoría de los estados, menor de 18 años de edad.

misrepresentation – See *innocent misrepresentation.*
malinterpretación – Vea *malinterpretación inocente.*

mistake – refers to ambiguity in contract negotiations and mistake of material fact.
error – se refiere a la ambigüedad en negociaciones de contrato y a errores de hecho material.

mitigation of damages – the lessening of the intensity of damages.
mitigación de daños – minimización de la intensidad de daños.

MLP – See *master limited partnership.*
MLP – Vea *sociedad maestra limitada.*

MLS – See *multiple listing service.*
MLS – Vea *multiservicio de ventas.*

modification – the influence on land use and value resulting from improvements made by man to surrounding parcels.
modificación – la influencia sobre la utilización de terreno y el valor resultante de las mejoras hechas por el hombre a las parcelas de los alrededores.

monetary base – the legal reserves of banks at the Federal Reserve.
base monetaria – reservas legales de los bancos de la Reserva Federal.

monetize the debt – the creation of money by the Federal Reserve to purchase Treasury securities.
monetizar la deuda – la producción de dinero por la Reserva Federal para comprar valores de tesorería.

money damages – compensation paid in lieu of contract performance.
daños monetarios – compensación en lugar de cumplir con el contrato.

monopoly – a private interest vested in one or more persons or companies consisting of the exclusive right to carry on a particular business or trade.
monopolio – interés personal de una o más personas o compañías que consistente en mantener el derecho exclusivo de llevar a cabo un negocio, servicio o una distribución particular.

month-to-month lease – a lease that renews itself each month.
inquilinato de mes a mes – contrato de arrendamiento que se reestablece cada mes.

monument – an iron pipe, stone, tree, or other fixed point used in making a survey.
monumento – un tubo de hierro, piedra, árbol, u otro punto fijo utilizado al hacer un deslinde de terreno, mojonera.

moratorium – the legal period of delay for meeting a financial obligation.
moratoria – período legal de demora para satisfacer una obligación financiera.

mortgage – a document that makes property secure for the repayment of a debt.
hipoteca – empeño de propiedad para asegurar el pago de una deuda.

mortgage banker – a person who makes mortgage loans and then sells them to investors.
banquero hipotecario – persona que efectúa préstamos hipotecarios y luego los vende a inversionistas.

mortgage broker – a person who brings borrowers and lenders together.
corredor hipotecario – persona que junta a los prestatarios con los prestamistas, un corredor de préstamas.

mortgage company – a firm that makes mortgage loans and then sells them to investors.
empresa hipotecaria – empresa que efectúa préstamos hipotecarios y luego los vende a inversionistas.

Mortgage Guarantee Insurance Corporation (MGIC) – a private mortgage insurer that provides numerous products and services to mortgage lenders' ability to meet the home loan needs.
Corporación Aseguradora de Garantía Hipotecaria – aseguradora de hipoteca privada que provee numerosos productos y servicios a la habilidad de prestamistas hipotecarios para satisfacer las necesidades de préstamos residenciales.

mortgage insurance – insures lenders against nonrepayment of loans.
seguro hipotecario – asegura a los prestamistas contra la falta de pago de sus préstamos.

mortgage lien – a pledge of property by its owner to secure the repayment of a debt.
gravamen hipotecario – empeño de propiedad por el propietario para asegurar el pago de la deuda.

mortgage pool – a common fund of mortgage loans in which one can invest.
consorcio de valores hipotecarios – fondo común de préstamos hipotecarios en el cual uno puede invertir.

mortgage reduction – when an investor uses a portion of a property's rental income to reduce the balance owing on the mortgage.
reducción de hipoteca – cuando el inversionista usa una porción de los ingresos arrendatarios de la propiedad para reducir el saldo que se debe sobre la hipoteca.

mortgage servicing – the service right and fee the secondary lender gives to the primary lender for maintaining loans.
servicio hipotecario – derecho de servicio y cuota que el prestamista secundario le otorga al prestamista primario por el mantenimiento de los préstamos.

mortgage-backed securities (MBS) – certificates that pass through principal and interest payments to investors.
hipoteca respaldada con garantía – certificado que pasa los pagos de principal e interés a los inversionistas.

mortgagee – the party receiving the mortgage, the lender.
acreedor hipotecario – partido que recibe la hipoteca; el prestamista.

mortgagee's information letter – a document prepared by a lender that shows the balance due on an existing loan.
carta informativa del acreedor hipotecario – documento preparado por el prestamista que muestra el saldo de un préstamo existente.

mortgagee's policy – title insurance policy designed to protect a lender.
póliza hipotecaria – póliza de seguro sobre el título diseñada para proteger al prestamista.

mortgagee-mortgagor indexes – alphabetical lists used to locate mortgages in the public records.
índices hipotecario-hipotecante– listas alfabetizadas utilizadas para localizar hipotecas en los archivos públicos.

mortgage-equity tables – tables available from bookstores used to find a value for property.
tablas de valor líquido – disponibles en librerías utilizadas para encontrar el valor de propiedad.

mortgagor – the party giving the mortgage, the borrower.
hipotecante – persona que concede el empeño de su propiedad; el prestatario.

mortgagor-mortgagee indexes – alphabetical lists used to locate mortgages in the public records.
índice de hipotecante-hipotecario – listas alfabéticas utilizadas para colocar hipotecas en los registros públicos.

Mother Hubbard clause – See *additional property clause.*
Mother Hubbard Clause – Vea *cláusula de propiedad adicional.*

multiple listing – an agreement among brokers who belong to the Multiple Listing Service that all listings will be placed on a mutually available list, that all brokers may sell any property on the list, and that the commission will be split in a predetermined fashion.
lista múltiple de propiedades de venta – acuerdo entre corredores miembros del multiservicio de ventas que todas las propiedades de venta serán puestas en una lista mutuamente disponible, que todos los corredores pueden vender cualquier propiedad de la lista, y que la comisión será compartida en una manera predeterminada.

multiple listing service (MLS) – organization of member brokers agreeing to share listing information and share commissions. See also *multiple listing.*
multiservicio de ventas (MLS) – organización que permite a los corredores intercambiar información de ventas.

municipal bond – source of home loans that in turn is financed by the sale of municipal bonds.
bono municipal – fuente de préstamos residenciales financiada por la venta de bonos municipales.

municipal bond programs – source of home loans that in turn is financed by the sale of municipal bonds.
programas de bonos municipales – fuente de préstamos residenciales que se financia a su vez por la venta de bonos municipales.

mutual agreement (also called mutual consent) – an agreement to the provisions of the contract by all parties involved.
convenio mutuo (consentimiento mutuo) – se refiere al tener que haber convenio sobre las provisiones del contrato por todos los partidos involucrados.

mutual consent – See *mutual agreement.*
consentimiento mutuo – Vea *convenio mutuo.*

mutual rescession – voluntary cancellation of a contract by all parties involved.
rescisión mutua – cancelación voluntaria de un contrato por todos los partidos involucrados.

N

naked title – title that lacks the usual rights and privileges of ownership.
título sin garantía – título al que le faltan los derechos y privilegios de pertenencia.

NAR – See *National Association of REALTORS®.*
NAR – Vea *Asociación Nacional de Corredores.*

narrative report – is written in paragraph form and reflects the inspector's observation and opinion of the condition of a subject property.
informe narrativo – reporte escrito en forma narrativa combinada con una lista de puntos que refleja las observaciones y opiniones del inspector sobre las condiciones en las que se encuentra la propiedad referida.

National Association of Real Estate Brokers (NAREB) – See *realtist.*
Asociación Nacional de Corredores de Bienes Raíces – Vea *realista.*

National Association of REALTORS® (NAR) – the dominant real estate industry trade association in the United States.
Asociación Nacional de Corredores (NAR) – asociación dominante de la industria profesional de bienes raíces en los Estados Unidos Americanos.

National Electric Code – national standard for electrical installation and service.
Código Nacional Eléctrico – estandar nacional para la instalación y servicio de electricidad.

natural person – a live person, not a corporation.
persona natural – persona viva, no una corporación.

statutory foreclosure – foreclusure per legislative law.
ejecución estatuaria de hipoteca – juicio hipotecario por ley legislativa.

negative amortization – occurs when the interest rate rises to the point that the monthly loan payment is insufficient to pay the interest due and the excess is added to the balance owed, thereby creating an increasing loan balance rather than an amortizing or decreasing loan balance.
amortización negativa – ocurre cuando, el interés sube al pun to en que el pago mensual no es supiciente para pagar el interés vencido, y el exceso se añade al saldo que se debe, por lo tanto, aumenta el saldo del préstamo en vez de amortizar o re bajar.

negative cash flow – a condition wherein the case paid out exceeds the cash received.
flujo de efectivo negativo – una condición por la cual el efectivo pagado excede el efectivo recibido.

negative leverage – occurs when borrowed funds cost more than they produce.
impacto negativo de dinero prestado – ocurre cuando los fondos prestados cuestan más de lo que producen.

negotiable instrument – an instrument signed by a maker or drawer, containing an unconditional promise to pay a certain sum of money, which can be passed freely from one person to another. This is often reflected in a promissory note or bank draft.
instrumento negociable – instrumento firmado por el constructor, contiene promesa incondicional de pagar cierta suma de dinero, cual se puede pasar libremente de una persona a otra. Esto se refleja frecuentemente en un pagaré o letra bancaria.

neighborhood shopping center – several buildings grouped together with 15 or more retail bays; easily accessible to the nearby neighborhood.
centro de compras vecindario – varios edificios agrupados con 15 o más tiendas de menudeo; fácilmente accesible al vecindario cercano.

net ground lease – a lease for the land where the tenant builds the improvements, and pays for the maintenance, insurance, and taxes.
arrendamiento neto de tierra – arrendamiento de terreno donde el inquilino construye las mejoras, paga por el mantenimiento, seguros e impuestos.

net income – the total income minus costs and expenses.
ingreso neto – ingreso total menos gastos y costos.

net income multiplier – the multiple of net income in relation to all of the fixed expenses.
multiplicador de ingreso neto – el múltiple de ingreso neto en relación a todos los gastos fijos.

net lease – a commercial lease wherein the tenant pays a base rent plus maintenance, property taxes, and insurance.
arrendamiento neto – arrendamiento en el cual el inquilino paga la renta base además del mantenimiento, impuestos sobre la propiedad, y el seguro.

net listing – a listing wherein the commission is the difference between the selling price and a minimum price set by the seller.
contrato de venta de beneficio neto – contrato en el cual los honorarios son la diferencia entre el precio de venta y el precio mínimo determinado por el propietario.

net loss – the loss after all charges and deductions.
pérdida neta – pérdida después de todos los cargos y deducciones.

net operating income (NOI) – gross income less operating expenses, vacancies, and collecting losses.
ingreso neto de operación (NOI) – ingreso bruto menos gastos de operación, vacancias, y pérdidas de cobranza.

net proceeds – the total profits derived from a sale minus the expenses.
producto efectivo – ganancia total derivada de una venta menos los gastos.

net rental – rent gained as clear profit.
arrendamiento neto – renta lograda como ganancia neta.

net spendable – the number of dollars remaining each year after collecting rents and paying operating expenses and mortgage payments.
neto disponible – cantidad de dólares restante cada año después de colectar rentas, pagar gastos de operación y hacer los pagos hipotecarios.

net worth – total assets minus total debts.
valor neto – bienes totales menos deudas totales.

new for old – policy pays replacement cost.
nuevo por viejo – póliza que paga el costo de reemplazo.

NOI – See *net operating income.*
NOI – Vea *ingreso neto de operación.*

non-assumption clause – a clause in a note or mortgage that gives the lender the right to call the entire loan balance due if the property is sold or otherwise

conveyed (also call an alienation clause or a due on-sale clause).
cláusula de enajenación – cláusula en un pagaré o en una hipoteca que le otorga al prestamista el derecho de exigir el saldo entero del préstamo si la propiedad se vende o si se transfiere. También se refiere como *cláusula de vencimiento por venta* o *cláusula a la vista.*

nonbearing wall – a wall that does not carry a load.
pared sin peso – pared que no soporta peso.

nonconforming loan – a loan that does not follow uniform documentation and qualification parameters set by Fannie Mae and Freddie Mac.
préstamo inconforme – préstamo que no sigue documentación uniforme y parámetros calificadores impuestos por Fannie Mae y Freddie Mac.

nonconforming use – an improvement that is inconsistent with current land use zoning regulations.
uso inconforme – una mejora que no es consistente con las reglas de zonificación de la utilización actual del terreno.

nonexclusive listing – a listing where more than one person can sell the property.
contrato de venta no exclusivo – contrato de venta en el que se establece que más de una persona puede vender la propiedad.

nonfreehold estate – a leasehold estate.
bienes forales – propiedad arrendataria.

nonfungible – not substitutable.
no fungible – no sustituible.

nonhomogeneity – no two parcels of land are alike (also called heterogeneity).
falta de homogeneidad – no hay dos parcelas de terreno iguales; también se refiere como *heterogeneidad.*

nonjudicial foreclosure – foreclosure is conducted by the lender.
procedimiento hipotecario por el prestamista – ejecución de la hipoteca conducida por el prestamista.

nonperforming loan – a loan wherein the borrower is behind in his payments.
préstamo incumplido – préstamo en el cual el prestatario está retrasado con los pagos.

nonpotable water – wastewater or recycled water used in plumbing fixtures that is not safe for consumption.
agua no potable – agua desperdiciada o recirculada usada en instalaciones de plomería que no es apta para consumo humano.

nonprofit corporation – a corporation that is established to not make a profit.
corporación sin fines de lucro – corporación establecida con fines distintos a los de lucro.

nonrecourse financing – the investor is not personally obligated to repay.
financiamiento sin recurso – el inversionista no es personalmente obligado a pagar.

nonresident license – out-of-state broker's license.
licencia foránea – licencia de un corredor de otro estado.

notary public – an authority appointed by the Secretary of State to take acknowledgment or proofs of written instruments, protest instruments permitted by law to be protested, administer oaths, and take depositions, as is now or may hereafter be conferred by law upon county clerks. *****A notary public title in the United States of America is not the same as that of Hispanic countries. In general, in Hispanic countries, notaries should be law school graduates, appointed by the governor of each state and pass an exam demonstrating knowledge and capability as approved by the College of Notaries. As far as real estate is concerned, notaries are the only ones authorized by law to witnesses and certify the buying and selling of real estate procedures. Meanwhile, in the United States of America, just about anyone that qualifies is able to receive a notary license with a minimum of a high school education, and for this reason, these notaries are not prepared to interpret law, handle real estate transactions or prepare legal documents.**
notario público – persona autorizada por la secretaría del estado para administrar juramentos, atestiguar y certificar documentos escritos, protestar instrumentos que se permiten y tomar testificaciones y deposiciones tal como es ahora conferido por ley a los escribientes del condado. *****La posición de notario público en los Estados Unidos de América no es la misma a la de un país iberoamericano. Por lo general, en los países iberoamericanos, los notarios públicos, deben ser graduados y titulados de una escuela de derecho, son nombrados por el gobernador de cada estado y aprueban un examen de conocimientos y capacidad impuesto por el Colegio de Notarios. En cuanto a bienes raíces, son los únicos autorizados por la ley para dar fe pública de las operaciones de compraventa. Mientras, en los Estados Unidos de América, casi cualquier persona puede conseguir esta licencia y con mínima educación de secundaria, y por lo mismo, no están preparados para interpretar leyes, efectuar ventas de bienes raíces o documentos legales.**

note – See *promissory note.*
pagaré – una promesa escrita de pagar una deuda.

notice of consent – allows the secretary of state to receive legal summonses for nonresidents.
noticia de consentimiento – permite al secretario del estado de recibir órdenes legales de comparecer en la corte para los que no son residentes.

notice of default – public notice that a borrower is in default.
aviso de incumplimiento – noticia pública de que un prestatario no ha cumplido.

notice of lis pendens – notice of a pending lawsuit.
aviso de lis pendens – aviso de demandas pendientes contra una propiedad.

notice of revocation – the legal notice revoking consent to use land.
noticia de revocación – permite la revocación de una noticia de consentimiento.

novation – the substitution of a new contract or new party for an old one.
novación – substitución de un contrato nuevo o de un partido nuevo por otro.

nuisance law – a law of common law origin, similar in all states, that provides that no one shall unreasonably interfere with an individual's enjoyment of his or her property. Such unreasonable interferences legally constitutes a nuisance.
ley contra molestia – ley de origen común, similar en todos los estados, provee que nadie podrá interferir irrazonablemente con el disfrute de la propiedad del individuo. Tal irrazonable interferencia legalmente constituye una molestia.

null and void – not legally valid or enforceable.
nulo y sin valor – algo que no es legalmente válido o inejecutable.

nuncupative will – an oral will declared or dictated by the testator in his or her last sickness before a sufficient number of witnesses that may pass on only personal property.
testamento nuncupativo – testamento oral declarado o dictado por el testador ante suficientes testigos durante su última enfermedad y que puede traspasar solo bienes personales.

O

obedience (faithful performance) – a requirement that an agent obey all legal instructions given by the principal.
obediencia (fiel cumplimiento) – requerimiento de que el agente obedezca todas las instrucciones conferidas por el principal.

obligee – the person to whom a debt or obligation is owed.
obligante – persona a quien se le debe deuda u obligación.

obligor – the person responsible for paying a debt or obligation.
obligado – persona responsable de deuda u obligación.

obsolescence – See *economic obsolescence*.
obsolescente – Vea *obsolescencia económica*.

occupancy permit – a permit indicating that a property is habitable.
permiso de ocupación – permiso que indica que la propiedad está en condición habitable.

offer – a proposal to make a contract.
oferta – propuesta de efectuar contrato.

offer and acceptance – the requirement of the offeror to make an offer to the offeree.
oferta y aceptación – el requerimiento del ofrecedor de hacer una oferta al ofrecido.

offeree – the party who receives an offer.
ofrecido – partido que recibe la oferta.

offeror – the party who makes an offer.
ofrecedor – partido que hace la oferta.

Office of Thrift Supervision (OTS) – organization that authorizes institutions to make the type of adjustable mortgage loan that will most likely be encountered in today's loan marketplace.
Oficina Supervisora de Ahorros – organización que autoriza instituciones financieras efectuar préstamos hipotecarios ajustables que actualmente se encuentran en el mercado.

offset statement – a statement by an owner or lienholder as to the balance due on existing lien.
declaración de saldo – declaración por parte del dueño o del embargador en relación al saldo del gravamen existente.

off-site management – refers to those property management functions that can be performed away from the premises being managed. See also *property manager*.
administración fuera de sitio – se refiere a esas funciones de administración de propiedad que se pueden realizar fuera de la propiedad administrada. Vea también *administrador de propiedad*.

ohm – unit of measurement for resistance to the flow of electricity; unit of electrical resistance of a conductor.
ohmio – unidad para medir resistencia al flujo de electricidad; unidad de resistencia eléctrica de un conductor.

old for old – a policy that pays only the depreciated cost.
viejo por viejo – póliza que paga solamente por el costo de depreciación.

one hundred percent commission – an arrangement whereby the salesperson pays for office overhead directly rather than splitting commission income with his or her broker. See also *hundred percent commission*.
comisión de cien por ciento – arreglo por el cual el agente de ventas paga por los gastos generales directamente en vez de dividir su comisión con su corredor.

on-site management – refers to those property management functions that must be performed on the premises being managed. See also *property manager*.
administración en sitio – funciones administrativas que tienen que ser realizadas en la propiedad administrada. Vea también *administrador de propiedad certificado (CPM)*.

open agency listing – an authorization given by a property owner to a real estate agent wherein the agent is given the nonexclusive right to secure a purchaser.
contrato de venta de agencia abierta – autorización no exclusiva otorgada por el propietario al agente de bienes raíces para procurar comprador.

open house – the showing of a house for promotional purposes.
demostración de casa, casa abierta – enseñar casa de venta por varias horas con el agente presente y con invitación al público.

open listing – a listing that gives a broker a nonexclusive right to find a buyer.
contrato de venta abierto – contrato que no le concede al corredor derecho exclusivo para procurar comprador.

open-end mortgage – a mortgage allowing for future revisions secured by the same mortgage.
hipoteca sin límite de importe – hipoteca que permite revisiones futuras garantizadas por la misma hipoteca.

operating expense – expenditure necessary to operate a property and maintain the production of income.
gastos operativos – gastos necesarios para la operación de una propiedad y para mantener la producción de ingresos.

operating expense ratio – total operating expenses divided by effective gross income.
relación de gastos operativos – gastos operativos totales divididos por el ingreso bruto efectivo.

operating income – See *cash flow*.
ingreso de operación – Vea *flujo de efectivo*.

opinion of title – an attorney's opinion as to the status of the title.
opinión de título – opinión de un abogado sobre el estado legal del título.

option – a right, for a given period of time, to buy, sell, or lease property at specified price and terms.
opción – derecho, por un período de tiempo, para comprar, vender, o arrendar la propiedad a precio y términos especificados.

option clause – gives the right at some future time to purchase or lease a property at a predetermined price.
cláusula de opción – otorga el derecho de comprar o arrendar propiedad en un tiempo futuro a precio predeterminado.

optionee – the party receiving the option.
tenedor de opción – partido que recibe la opción.

optionor – the party giving the option.
concesionario de opción – partido que concede la opción.

oral contract – See *express contract*.
contrato oral – Vea *contrato explícito*.

oral will – See *nuncupative will*.
testamento oral – Vea *testamento nuncupativo*.

ordinance – a city or county legislature enactment, such as a zoning law.
ordenanza – estatuto legislativo de la ciudad o del condado, tal como ley de zonificación.

ordinary income – income earned in a usual and customary manner.
ingreso ordinario – ingreso obtenido de manera usual y acostumbrada.

original basis – the original cost of an asset.
base original – costo original de un bien.

original contractor – a contractor who has the direct contractual relationship with the owner of the property or his agent.
contratista original – contratista que tiene relación contractual directa con el dueño de la propiedad o su agente.

original jurisdiction – having jurisdiction to hear the case for the first time, before it is tried in any other court, or appealed.
jurisdicción original – tener jurisdicción de ver un caso por primera vez, antes de ser visto en otra corte, o antes de apelación.

origination fee – See *loan origination fee.*
cuota de iniciación – cuota para hacer un préstamo.

ostensible agency – agency created by the principal when the principal leads third parties to believe an unaware person is his agent.
autoridad ostensible – autoridad que resulta cuando el principal le da a un tercero razón de creer que otra persona es su agente aunque esa persona esta inconsciente del empleo.

ostensible authority – results when a principal gives a third party reason to believe that another person is the agent even though that person is unaware of the appointment.
autoridad ostensible – autoridad que resulta cuando el principal le da a un tercero razón de creer que otra persona es su agente aunque esa persona está inconsciente del empleo.

OTS – See *Office of Thrift Supervision.*
OTS – Vea *Oficina Supervisora de Ahorros.*

outlet – a point on a wiring system where current is taken to supply equipment.
conectador – punto en un sistema de canalización eléctrica donde se toma corriente para suministrarla a los aparatos.

outside of escrow – See *outside of the closing.*
fuera de depositario – Vea *fuera del cierre.*

outside of the closing – a party to the closing pays someone directly and not through the closing (also called outside of escrow).
fuera del cierre – significa que un partido del cierre le ha pagado a alguien directamente y no a través del cierre.

overage – an excess amount of money in escrow.
exceso – monto de dinero excesivo depositado con el prestamista.

overall rate – a mortgage-equity factor used to appraise income-producing property.
tasa total – factor de equidad hipotecaria utilizado para valuar propiedad produciente de ingresos.

overencumbered property – occurs when the market value of a property is exceeded by the loans against it.
propiedad excesivamente sobrecargada – propiedad donde el valor de mercado se excede por los préstamos contra dicha propiedad.

OWC – See *owner will carry*.
OWC – Vea *pagaré de propietario*.

owner finance – when the owner finances the loan for the borrower and services the loan for his or her property. See also *seller financing*.
financiamiento por parte del dueño – cuando el propietario efectúa el préstamo al prestatario y se hace cargo de recibir los pagos sobre su propiedad. Vea *financiamiento por el propietario*.

owner of record – the owner named in the official public records.
propietario registrado – propietario nombrado en los registros oficiales públicos.

owner will carry (OWC) – the note amount the seller will carry as a junior mortgage.
pagaré de propietario (OWC) – la cantidad de pagaré que el propietario cargará como hipoteca secundaria.

owner's policy – a title insurance policy designed to protect the fee owner.
póliza de propietario – seguro de título diseñado para proteger al propietario.

owners' association – an administrative association composed of each unit owner in a condominium.
asociación de propietarios – asociación administrativa compuesta por cada propietario de unidad en un condominio.

ownership – a person's legal right of possession.
pertenencia – derecho legal de una persona de poseer algo.

P

P&L – See *profit and loss statement*.
P&L – Vea *estado de pérdidas y ganancias*.

package mortgage – a mortgage secured by a combination of real and personal property.
hipoteca agrupada – hipoteca empeñada por una combinación de propiedad raíz y personal.

package trust deed – See *package mortgage*.
escritura fiduciaria agrupada – Vea *hipoteca agrupada*.

panic peddling – See *blockbusting*.
inducimiento de pánico – Vea *rompe cuadras*.

paper – See *"taking back paper."*
pagaré – Vea *pagaré por efectivo*.

par – the lender's wholesale price without premiums or discounts.
par – precio mayoreo del prestamista sin premios o descuentos.

par value – an equality in value.
valor par – igualdad en valor.

parcel – a piece of land.
parcela – pedazo de terreno.

parol evidence rule – permits oral evidence to augment a written contract in certain cases.
regla de testimonio verbal – permite evidencia oral para aumentar un contrato escrito en ciertos casos.

partial eviction – See *constructive eviction*.
desalojo indirecto – Vea *desalojo sobrentendido*.

partial reciprocity – when a state gives credit to the licensees of another state for experience, education, and examination.
reciprocidad parcial – cuando un estado reconoce a los agentes certificados en otro estado de la unión debido a la experiencia, su educación y los exámenes presentados en ese estado.

partial reconveyance – See *partial release*.
retransferencia parcial – Vea *libertad parcial de hipoteca*.

partial release – a release of a portion of a property from a mortgage.
libertad parcial de hipoteca – el liberar una porción de una propiedad de la hipoteca.

partial release fees – fees paid to the lender for a partial release of property, which is secured by a note.
cuota de libertad parcial – cuotas pagadas al prestamista para obtener una liberación parcial de la hipoteca de la propiedad garantizada por un pagaré.

partial taking – occurs during eminent domain when only a portion of the property is taken.
tomar posesión parcial de un terreno – ocurre durante dominio eminente cuando solo una porción de la propiedad se toma.

partially amortized loan – a loan that begins with amortized payments but ends with a balloon payment.
préstamo parcialmente amortizado – préstamo que empieza con pagos amortizados pero termina con un pago de saldo mayor.

participating broker – also known as the co-broker, other broker, selling broker; the broker that procures the buyer.
corredor participante – también conocido como co-corredor, otro corredor, corredor vendedor, el corredor que procura el comprador.

participation certificate (PC) – a secondary mortgage market instrument whereby an investor can purchase an undivided interest in a pool of mortgages.
certificado de participación – instrumento del mercado secundario hipotecario por el cual el inversionista puede comprar un interés indiviso en un consorcio de hipotecas.

participation clause – See *escalation clause*.
cláusula de participación – Vea *cláusula escalatoria*.

participation loan – one that requires interest plus a percentage of the profits.
préstamo en participación – préstamo que requiere interés además de un porcentaje de las ganancias.

partition – to divide jointly held property into distinct portions so that each co-owner may hold his or her proportionate share in severalty.
partición – dividir propiedad poseída colectivamente en porciones distintas para que cada propietario pueda poseer su porción privativa de su terreno.

partition action – See *partition*.
acción divisora – Vea *partición*.

partner (general) – a member of a partnership who has united with others to form a partnership business.
socio (general) – miembro de sociedad que se ha unido con otros para formar un negocio.

partnership – a form of co-ownership for business purposes.
asociación copropietaria – una forma de condueño para propósito de negocio.

partnership (general) – a form of co-ownership for business purposes wherein all partners have a voice in its management and unlimited liability for its debts.
asociación copropietaria general – forma de copropiedad con propósito de negocio donde todos los socios tienen voz en la administración y responsabilidad sin límite por sus deudas.

party (parties) – a legal term that refers to a person or a group involved in a legal proceeding.
partido (partidos) – un término legal que se refiere a una persona o a un grupo de personas involucradas en un procedimiento legal.

party wall easement – a fence or wall erected along a property line for the mutual benefit of both owners.
pared servidumbre de los partidos – un cerco o pared edificada a lo largo de la línea de la propiedad para el beneficio mutuo de los dos propietarios.

passive income – income gained from a passive activity such as rental income.
ingreso pasivo – ingreso derivado solamente sobre inversión de dinero en actividad empresaria administrada por otro, tal como una sociedad limitada.

passive investor – an investor who can deduct losses only against income from other passive investments.
inversionista pasivo – inversionista que puede deducir pérdidas solamente contra actividades pasivas, tal como ingreso de renta.

passive loss – a loss from a passive activity.
pérdida pasiva – pérdida sobre actividad pasiva.

pass-through – a process by which the benefits are passed on.
proceso de pasar beneficios – proceso de traspasar beneficios a los inversionistas.

pass-through securities – certificates that pass mortgage principal and interest payments on to investors.
certificados que otorgan beneficios – certificados que otorgan principal hipotecario y pagos de interés a los inversionistas.

patent – original land grant from the sovereign power.
concesión de tierra – concesión original de tierra otorgada por el soberano (se remonta a los tiempos de la soberanía española o francesa).

patio – a structure that generally abuts the property and is accessed from the house through a simple doorway, most commonly sliding glass doors or French doors. Its material consists of poured concrete, brick, slate, or stones laid in a concrete base.
patio – estructura que generalmente colinda la propiedad, accesible de la casa por una entrada sencilla, comúnmente por puerta corrediza de vidrio o puertas vidrieras dobles. El material consiste de concreto, ladrillo, o piedras sobre base de concreto.

payee – See *obligee*.
beneficiario – Vea *obligante*.

payment cap – a limit on how much a borrower's payments can increase.
incremento límite – límite que indica hasta cuanto se pueden incrementar los pagos del prestatario.

PC – See *participation certificate*.
PC – Vea *certificado de participación*.

penalty – a punishment imposed for a violation of a law or a rule.
pena – castigo impuesto por violación de la ley o de un reglamento.

percentage basis – rent that is based on the tenant's sales.
base sobre porcentaje – renta que se basa sobre las ventas del inquilino.

percentage lease – lease on property, the rental for which is based on the tenant's sales; usually a percentage of gross receipts from the business with a provision for a minimum rental.
arrendamiento por porcentaje de negocio – arrendamiento de propiedad, la renta se basa sobre las ventas del inquilino; usualmente un porcentaje de los recibos brutos del negocio con provisión de renta mínima.

percolating water – underground water not confined to a defined underground waterway.
nivel freático – agua subterránea que no está confinada a una vía acuática subterránea definida.

percolation rate – the speed at which standing water is absorbed by the soil.
velocidad de absorción – velocidad con la que el agua se absorbe por la tierra.

perfecting the lien – the filing of a lien statement within the required time limit.
perfectando el gravamen – el archivar la declaración de gravamen dentro del tiempo limitado requerido.

performance – principal is expected to do whatever he reasonably can to accomplish the purpose of the agency, such as referring inquires by prospective buyers to the broker.
cumplimiento – se espera que el principal haga lo que sea razonable para realizar el propósito de la agencia, tal como referir preguntas por compradores venideros al corredor.

perils – hazards or risks.
peligros – riesgos o peligros.

periodic estate – a tenancy that provides for continuing automatic renewal until canceled, such as a month-to-month rental.
propiedad periódica – inquilinato que provee la renovación de continuación automática hasta que se cancele, tal como arrendamiento de mes a mes.

periodic tenancy – See *periodic estate.*
tenencia periódica – Vea *propiedad periódica.*

perpetual care fund – a fund provided for by statute for maintaining cemeteries, which requires the creation of a fund that never ceases and is continuous for the maintenance of the cemetery or graveyard.
fondo a perpetuidad – fondo provisto por el estatuto de mantenimiento de cementerios, lo que requiere la creación de un fondo monetario que no tenga término y que prevea el mantenimiento continuo del cementerio o panteón.

perpetuity – See *rule against perpetuities.*
perpetuidad – Vea *regla contra perpetuidades.*

personal liability – See *public liability.*
responsabilidad personal – Vea *responsabilidad pública.*

personal property – a right or interest in things of a temporary or movable nature, associated with a person or belongings to an individual; anything not classed as real property.
propiedad personal – derecho o interés en cosas temporarias o movibles; cualquier cosa no clasificada como propiedad real.

personal representative – a person named to settle an estate.
persona en representación – persona nombrada para liquidar o saldar los asuntos relativos a una propiedad.

personalty – See *personal property.*
bienes muebles – cosas temporarias y movibles distinguidas a bienes raíces.

phase 1 audit – the first phase of an environmental assessment.
primera fase de auditoría – la primera fase de una investigación de medio ambiente.

photoelectric eye – sensor mounted five to six inches off the floor on both sides of a garage door.
ojo fotoeléctrico – sensor montado cinco a seis pulgadas del piso en los dos lados de la puerta del garaje.

physical deterioration – deterioration from wear and tear and the action of nature.
deterioración física – deterioración por desgaste natural.

piggyback loan – a combination of two loans in one mortgage.
"piggyback loan" – combinación de dos préstamos en una hipoteca.

PITI – See *PITI payment.*
PITI – Vea *pago PITI.*

PITI payment – a loan payment that combines principal, interest, taxes, and insurance.
pago PITI – préstamo que combina el principal, interés, impuestos y seguros.

plaintiff – the person who sues.
demandante – la persona que demanda.

plan – (1) a line drawing (by floor) representing the horizontal geometrical section of the walls of a building. The section (a horizontal plane) is taken at an elevation to include the relative positions of the walls, partitions, windows, doors, chimneys, columns, pilasters, etc. (2) a plan can be thought of as cutting a horizontal section through a building at an eye level elevation.
plano – (1) dibujo, plano arquitectónico que representa en plano horizontal una sección incluyendo posición relativa de paredes, mamparas, ventanas, puertas, chimeneas, columnas, elementos de soporte, etc. (2) un plano puede ser pensado como un corte horizontal de sección a través de una construcción con una elevación al nivel del ojo.

planned unit development (PUD) – individually owned lots and houses with community ownership of common areas.
desarrollo de unidades planeado (PUD) – casas individuales propias con pertenencia colectiva de las áreas comunes.

plaster – a cementitious material, usually a mixture of portland cement, lime or gypsum, sand, and water. Used to finish interior walls and ceilings.
yeso – material cementoso, usualmente una mezcla de cemento portland, cal y sulfato de calcio, arena, y agua. Se utiliza para perfeccionar paredes y techos interiores.

plat – a recorded subdivision map that shows the lots, their sizes, and where they are situated in the subdivision.
plano – un mapa que muestra el sitio y los límites de las propiedades individuales.

plat map – See *recorded plat.*
mapa de plano – Vea *plano registrado.*

pledging – giving up possession of property while it serves as collateral for a debt.
empeño – otorgar posesión de propiedad como garantía colateral de una deuda.

plottage value – the result of combining two or more parcels of land so that the one large parcel has more value than the sum of the individual parcels.
aumento de valor – el resultado de unificar dos o más parcelas para darle más valor al terreno; aumento en valor por unificación de parcelas menores.

plumb – a position or measurement that is truly and exactly vertical, 90 degrees from a level surface.
plomar – posición o medida que es verdaderamente y exactamente vertical, 90 grados de una superficie nivel.

plumbing fixture – an appliance requiring a water supply and drainage system.
aparato de plomería – aparato que requiere sistema de agua y de drenaje.

PMI – See *private mortgage insurance.*
PMI – Vea *seguro hipotecario privativo.*

point – one percent of the loan mount paid to the lender or the lender's agent at the time the loan is made.
punto – un por ciento de la cantidad del préstamo.

point of beginning or point of commencement – the starting place at one corner of a parcel of land in a metes and bounds survey.
punto de inicio – el lugar de principio en una esquina de la parcela de terreno en un levantamiento por descripción de medidas y límites.

police power – the right of government, either federal, state, or local, to enact laws and enforce them for the order, safety, health, morals, and general welfare of the public.
fuerza pública – derecho del gobierno de estatuir leyes y exigirlas por fuerza para el orden, seguridad, salud, moral, y bienestar general del público.

portfolio loan – a loan that a lender keeps in its portfolio instead of selling it.
préstamo de cartera – préstamo que permanece en posesión del prestamista que no se vende al mercado secundario.

positive cash flow – a condition wherein cash received exceeds cash paid out.
flujo de efectivo positivo – condición en la cual el efectivo recibido excede el efectivo pagado.

positive leverage – occurs when the benefits of borrowing exceed the costs of borrowing.
impacto positivo de fondos prestados – ocurre cuando los beneficios del préstamo exceden los costos del préstamo.

possession date – the day on which the buyer can move in.
fecha de posesión – el día que el comprador se puede mudar y tomar posesión de la propiedad.

potable water – water that is safe for drinking.
agua potable – agua que se puede beber y utilizar para preparar comidas, agua pura.

powderpost beetle – a type of insect that eats wood.
"powderpost beetle" – insecto que come madera.

power of attorney – a written authorization to another to act on one's behalf.
carta de personería – autorización escrita para que otra persona actúe por uno.

power of sale – allows a mortgagee to conduct a foreclosure sale without first going to court.
poder de venta – permite que el hipotecario conduzca la venta hipotecaria sin ir a corte.

pre-inspection agreement – a contract that protects both the home inspector and the client. It explains, in general terms, the scope of the inspection (what is included and what is not), the cost, and the procedures to address any dispute that may arise.
contrato de preinspección – contrato que protege al inspector y al cliente. Explica, en términos generales, el alcance de la inspección (lo que se incluye y lo que no se incluye), el costo, y los procedimientos para tratar futuras controversias.

prenuptial agreement – agreement made between a man and woman prior to their marriage concerning the designation of separate and community property.
convenio prenupcial – acuerdo hecho entre un hombre y una mujer antes de casarse referente a la designación de propiedad separada y común.

prepaid interest – the interest paid by the borrower for the time period between the closing and the first payment.
intereses adelantados – interés pagado por el comprador para cubrir el tiempo entre el cierre y el primer pago de la hipoteca.

prepaid items – items paid in advance, such as taxes and insurance that are paid monthly with the principal and interest payment.
costos prepagados – elementos pagados con anticipación, tal como impuestos y seguros que se pagan mensualmente junto con el pago del principal y del interés.

prepayment penalty – a fee charged by a lender for permitting a borrower to repay a loan early.
multa por pago adelantado – el cargo impuesto por el prestamista por permitir al prestatario de pagar su préstamo ates del vencimiento.

prepayment privilege – allows the borrower to repay early without penalty.
privilegio de pago adelantado – permite al prestatario pagar con anticipación y sin multa.

prescription (easement by) – a mode of acquiring the right to use property by long continued enjoyment, at least for 10 years.
servidumbre por prescripción – servidumbre adquirida por uso prolongado.

pressure regulator valve (PRV) – also called a pressure-reducing valve; a type of valve that limits the water pressure, it reduces and automatically maintains the pressure of water within predetermined parameters.
válvula reguladora de presión (PRV) – también conocida como válvula reducidora de presión; tipo de válvula que limita la presión de agua, reduce y automáticamente mantiene la presión del agua dentro de parámetros predeterminados.

pressure tank – a well-water storage tank that, filled with water, compresses the air inside the tank. As more water is added, the pressure inside the tank increases because the air takes up less volume. As the water is used, the compressed air pushes the water out of the tank under pressure. As the water level drops in the tank, the volume that the air occupies grows and the pressure it exerts decreases. See also *well-water storage tank*.
tanque de presión – tanque de almacenaje de agua de noria que, al llenarse de agua, comprime el aire adentro del tanque. Al añadir más agua, la presión dentro del tanque incrementa porque el aire tiene menos volumen. Al usarse el agua, el aire comprimido empuja el agua bajo presión fuera del tanque. Al bajar el nivel de agua en el tanque, el volumen que ocupa el aire crece y la presión decrece. Vea también *tanque de almacenaje de agua de noria*.

prevailing rate – the predominant interest rate.
interés prevaleciente – tasa de interés predominante.

price fixing – a conspiracy by two or more participants to fix prices, goods, or services, effectively eliminating competition in the marketplace.
fijación de precios – cuando dos o más personas conspiran para cobrar una cuota fija, resultando en efecto anticompetitivo.

prima facie – at first view; something that is evident when viewed.
a primera vista – algo que es evidente al verlo.

primary market – a market in which lenders originate loans and make funds available to borrowers.
mercado primario – donde los prestatarios inician sus préstamos.

primary mortgage market – See *primary market.*
mercado hipotecario primario - Vea *mercado primario.*

prime contractor – See *original contractor.*
primer contratista – Vea *contratista original.*

prime rate – the minimum interest rates charged to the best-rated customers.
tasas de interés más favorables – tasas de interés mínimo que sólo se otorgan a los clientes con el mejor antecedente crediticio.

primogeniture – the exclusive right possessed by the eldest son of a family to succeed to the estate of his ancestor, exclusive of the rights of the other sons or children.
primogenitura – derecho exclusivo poseído por el hijo mayor de la familia de heredar la propiedad del ancestro, prioritaria ante los derechos de los otros hijos.

principal – (1) a person who authorizes another to act for him; (2) the balance owing on a loan; (3) principal's obligations to agent.
principal – (1) persona que autoriza a otra para actuar por él; (2) el saldo de un préstamo; (3) obligaciones del principal al agente.

principal broker – the broker in charge of a real estate office.
corredor principal – Vea *corredor designado.*

principal meridian – a longitude line selected as a reference in the rectangular survey system.
meridiano principal – la línea longitudinal seleccionada como referencia en el sistema de levantamiento rectangular.

principals only – an arrangement in which the owner is contacted by person(s) who want to buy and not by agents.
pricipales solamente – arreglo en el cual personas que quieren comprar (no agentes) se comunican con el propietario.

principle of anticipation – what a person will pay for a property depends on the expected benefits from the property in the future.
principio de anticipación – lo que una persona paga por la propiedad depende de los beneficios que espera obtener de ésta.

principle of change – real property uses are always in a state of change.
principio de cambio – utilización de propiedad raíz está sujeta a cambios porque el valor presente está relacionado a la utilización futura.

principle of competition – where substantial profits are being made, competition will be encouraged.
principio de libre competencia – donde se están obteniendo ganancias sustanciales, esto anima a la competencia.

principle of conformity – the maximum value is realized when there is a reasonable degree of homogeneity in the neighborhood.
principio de conformidad – valor máximo que se realiza cuando existe un grado razonable de homogeneidad en el vecindario.

principle of contribution – See *principle of diminishing marginal returns*.
principio de contribución – Vea *principio de regresos marginales decrecientes*.

principle of diminishing marginal returns – the relationship between added cost and the value it returns.
principio de regresos marginales decrecientes – la relación entre costos adicionales y el valor de rendimiento.

principle of substitution – the maximum value of a property tends to be set by the cost of purchasing an equally desirable substitute property.
principio de sustitución – valor máximo de una propiedad que tiende a fijarse por lo que costaría la sustitución de ésta por una propiedad que posea las mismas ventajas y características generales.

principle of supply and demand – the ability of people to pay for land coupled with the relative scarcity of land. On the demand side, importance is given to population growth, personal income, and preference. On the supply side, importance is given to available supply and relative scarcity. When supply is limited and demand is great, the result is rising land prices. Conversely, where land is abundant and there are relatively few buyers, supply and demand will be in balance at only a few cents per square foot.
principio de oferta y demanda – habilidad de la persona de pagar por terreno acoplado con la relativa escasez de terreno. Esto significa que en cuanto a la demanda, se le da importancia al crecimiento de la población, ingresos personales y preferencia. En cuanto a la oferta, se le da importancia al abastecimiento disponible y relativa escasez. Cuando se limita la oferta mientras la demanda es

grande, el resultado es de precios elevados de terrenos. A la inversa, al tener abundancia de terreno acoplado con relativamente pocos compradores, oferta y demanda estarán en balance por solo unos centavos por pie cuadrado.

principles of value – anticipation, change, competition, conformity, diminishing marginal returns, highest and best use, substitution, supply and demand.
principios de valor – anticipación, cambio, competición, conformidad, regresos marginales decrecientes, uso óptimo, substitución, oferta y demanda.

prior appropriation – See *doctrine of prior appropriation.*
apropiación previa – Vea *doctrina de apropiación previa.*

private mortgage insurance (PMI) – insures lenders against foreclosure loss.
seguro hipotecario privativo (PMI) – seguro hipotecario privativo para asegurar a los prestamistas contra pérdidas por las ventas hipotecarias.

privilege – an exceptional or extraordinary power of exemption, a right, power, franchise, or immunity held by a person or class, against or beyond the course of the law. In libel or slander, an exemption from liability for the speaking or publishing of defamatory words concerning another, based on the fact that the statement was made in the performance of a political, judicial, social, or personal, duty.
privilegio – excepcional y extraordinario poder de exención, derecho, poder, franquicia, o inmunidad poseído por una persona o clase contra y más allá del curso de la ley. En difamación escrita y oral, exención de responsabilidad por expresar o publicar difamación en referencia a otro, basado en el hecho de que la declaración se hizo en la realización de un deber político, judicial, social o personal.

privity of contract – the connection or relationship that exists between two or more contracting parties.
coparticipación de contratantes – la conexión o relación que existe entre dos o más contratantes.

pro forma statement – a projected annual operating statement that shows expected income, operating expenses, and net operating income.
declaración pro forma – d   anual de proyecciones que muestra ingresos anticipados, costos operativos, e ingresos operativos netos.

probate court – a court of law with the authority to verify the legality of a will and carry out its instructions.
tribunal testamentario – tribunal de ley con la autoridad de verificar la legalidad de un testamento y llevar a cabo sus instrucciones.

probate sale – the sale of the estate of a deceased person.
venta testamentaria – venta de los bienes del difunto.

proceeds of sale – the total amount received from a sale.
réditos de venta – la cantidad total recibida por la venta.

procuring cause – the claim made by a buyer's real estate agent that the foundation for negotiation and the consummation of the sale would not have taken place without his or her efforts.
causa de procuración – el esfuerzo del agente de realizar los resultados deseados.

professional liability insurance – covers individuals and business organizations for claims made by third parties.
seguro de responsabilidad profesional – cubre individuos y organizaciones de negocios sobre reclamos hechos por partidos terceros.

profit – a gain from employing capital in a transaction.
ganancia – ganancia sobre el empleo de capital en una transacción.

profit a prendre – See *easement*.
ganancia a prendre – Vea *servidumbre*.

profit and loss statement (P&L) – a statement showing the gains and losses of a business.
estado de ganancias y pérdidas (P&L) – declaración que demuestra las ganancias y las pérdidas de un negocio.

profitability – See *break even points*, *capital gain*.
ganancia – Vea *ganancia de capital*.

project – See *condominium project*.
proyectado bruto – Vea *renta bruta proyectada*.

projected gross – See *scheduled gross*.
proyectado bruto – Vea *renta bruta proyecta*.

promissory note – a written promise or engagement to repay a debt.
pagaré – promesa escrita de pagar una deuda.

promulgated forms – mandatory real estate forms created and mandated by state agencies to regulate real estate practices.
formas promulgadas – formas de bienes raíces creadas y requeridas por agencias estatales para regular la práctica de bienes raíces.

property – owner's interest and rights in his or her property to the exclusion of all others; the land and anything permanently attached, such as buildings, fences, and fixtures.
propiedad – interés y derechos del dueño sobre su propiedad excluyendo a otros; incluye el terreno y todo anexo permanente, tal como edificios, cercas, e instalaciones.

property damage – effect on contracts.
daño de propiedad – efecto sobre contratos.

property disclosure statement – government-required information that must be given to purchasers in subdivisions.
declaración sobre la condición de la propiedad – información de acuerdo a la ley que se debe otorgar al comprador en subdivisiones.

property manager – one who supervises every aspect of a property's operation and performs tasks such as renting, tenant relations, building repair and maintenance, accounting, advertising, and supervision of personnel and tradespeople. See also *certified property manager (CPM)*.
administrador de propiedad – la persona que supervisa todo aspecto de la operación de una propiedad y realiza tareas tal como arrendamiento, relaciones entre los inquilinos, reparación y mantenimiento del edificio, contabilidad, publicidad, y supervisión de personal y transacciones. Vea también *admin - istrador de propiedad certificado (CPM)*.

property report – government-required information that must be given to purchasers in subdivisions.
informe de propiedad – información requerida por el gobierno que se le tiene que otorgar a los compradores en subdivisiones.

property tax lien – the right of government to collect taxes from property owners.
gravamen sobre impuesto de propiedad – derecho del gobierno de recaudar impuestos de propietarios.

property taxes – taxes levied against land. They are the largest, single source of income in America for local government programs and services. Schools, fire and police departments, local welfare programs, public libraries, street mainte-nance, parks, and public hospital facilities are mainly supported by property taxes. Some state governments also obtain a portion of their revenues from this source.

impuestos de propiedad – impuestos exigidos sobre terreno. Son la fuente más grande de ingresos en los Estados Unidos Americanos para llevar a cabo programas y servicios del gobierno local. Escuelas, departamentos de bomberos y de policía, programas de beneficio social local, bibliotecas públicas, mantenimiento de calles, parques, y hospitales públicos son mantenidos principalmente con el dinero recaudado por el pago de impuestos de propiedad. Algunos gobiernos estatales también obtienen una porción de sus rentas públicas a través de este recurso.

proprietary lease – a lease issued by a cooperative corporation to its shareholders.
arrendamiento propietario – arrendamiento emitido por una corporación cooperativa a sus accionistas.

prorating – the division of ongoing expenses and income items between the buyer and the seller.
prorratear – la división de gastos e ingresos del cierre entre el comprador y el propietario vendedor.

prospect – a potential real estate client.
prospecto – cliente potencial de bienes raíces.

prospectus – a disclosure statement that describes an investment opportunity.
prospecto – una declaración que describe oportunidad de inversión.

protected class – a class of people that by law are protected from discrimination.
clase protegida – clase de personas que por ley son protegidas contra discriminación.

PRV – See *pressure regulator valve.*
PRV – Vea *válvula reguladora de presión.*

public auction – the process of obtaining the best possible price for the property by inviting competitive bidding and conducting the sale in full view of the public.
subasta pública – el proceso de obtener el mejor precio posible por una propiedad a través de llevar a cabo una licitación pública y conducir la venta de ésta públicamente.

public grant – transfer of land by a government body to a private individual.
concesión pública – el transferir de terreno por el gobierno a un individual privativo.

public housing – government subsidized housing for the financially disadvantaged.
vivienda pública – vivienda subsidiada por el gobierno para beneficio de las personas de bajos ingresos.

public improvement – one that benefits the public at large and is financed through general property taxes.
mejora pública – mejora que beneficia al público financiada a través de impuestos generales de propiedad.

public land – land owned by the government.
tierra pública – tierra que le pertenece al gobierno.

public liability – the financial responsibility one has toward others.
responsabilidad pública – responsabilidad financiera que uno tiene hacia otros.

public open space – land that is not expressly developed for residential, commercial, industrial, or institutional use. It can be owned by private individuals or by the public (government ownership) and it can include agricultural and forest land, undeveloped shorelines, public parks, and lakes and bays.
espacio público abierto – terreno que no está expresamente desarrollado para utilización residencial, comercial, industrial o institucional. Puede pertenecerle a individuos privados o al público (perteneciente al gobierno) y puede incluir tierra agrícola y de selva, bordes de playa, parques públicos, lagos y bayos.

public recorder's office – a government-operated facility wherein documents are entered in the public records.
oficina de registros públicos – institución operada por el gobierno donde se registran documentos públicos.

public trustee – a publicly appointed official who acts as a trustee in some states.
fiduciario público – oficial público nombrado como fiduciario en algunos estados.

PUD – See *planned unit development*.
PUD – Vea *desarrollo de unidades planeados*.

puffing – nonfactual or extravagant statements a reasonable person would recognize as such.
exageración – declaraciones no verdaderas o extravagantes que reconocerá una persona razonable.

punitive damages – damages awarded by a court for mental suffering and anguish.

daños punitivos – beneficio o recompensa otorgada por la corte como compensación por daño psicológico y angustia sufrida.

pur autre vie – a life estate created for the life of another.
por la vida de otro – por la vida de otra persona.

purchase agreement – a written contract to purchase real estate.
convenio de compraventa – oferta de compra que se convierte en contrato obligatorio cuando se acepta por el propietario.

purchase contract – See *binder*.
contrato de compraventa – Vea *contrato preliminar*.

purchase money mortgage – a loan used to purchase the real property that serves as its collateral.
deuda hipotecaria – préstamo que se utiliza para comprar un bien raíz en el que la misma propiedad sirve como garantía.

Q

quadruplex – a building consisting of four units.
edificio cuádruple – edificio consistente de cuatro unidades habitables.

qualified buyer – a buyer that has gone through the process of being qualified for a loan.
comprador calificado – comprador que ha pasado por el proceso de calificación para un préstamo.

qualified fee estate – a fee simple estate subject to certain limitations imposed by its grantor (grantor).
posesión de dominio limitada – dominio absoluto sujeto a ciertas limitaciones impuestas por su dueño.

qualified intermediary – the third-party escrow agent used in tax-deferred exchange.
intermediario calificado – el agente de depósitos en el cambio de propiedades para diferir impuesto.

quantity survey method – the totaling of all the component parts in the construction plus adding labor costs to arrive at an exact cost of the total project.
método de computo de costo y trabajo – la suma de todos los insumos y materiales de construcción más el costo de mano de obra para llegar al costo total y exacto del proyecto.

quantum meruit – an action found in common law, founded on the implied promise on the part of the defendant to pay the plaintiff as much as he reasonably deserved to have for his labor.
cantidad merecida – acción bajo ley común, basada sobre la promesa implícita de parte del demandado de pagarle al demandante lo que razonablemente merece por su trabajo.

quarter-section – 160 acres.
un cuarto de una sección – 160 acres.

quasi-contractual recovery – an obligation similar in character to that of a contract, which arises not from an express agreement of the parties, but rather from one that is implied by the court.
recuperación cuasicontractual – obligación similar en carácter a un contrato, que no se presenta por acuerdo expreso de los partidos, pero es implícita por la corte.

quasi-judicial – See *quasi-contractual recovery*.
cuasijudicial – Vea *recuperación cuasicontrctual*.

quiet enjoyment – the right of possession and use of property without undue disturbance by others.
quieta y pacífica posesión – derecho de posesión y utilización de una propiedad sin perturbación por otros.

quiet title suit – court-ordered hearings held to determine land ownership.
demanda titular – audiencias ordenadas por la corte para determinar la pertenencia de terreno.

quitclaim deed – a legal instrument used to convey whatever title the grantor has; it contains no covenants, warranties, or implications of the grantor's ownership.
escritura de finiquito – instrumento legal utilizado para conceder el título del concedente; no contiene convenios, garantías, ni implicación de pertenencia del concedente.

quorum – the minimum number of members needed at any official meeting in order to conduct business (usually more than half).
quórum – mínimo número de miembros que necesitan estar presentes en una reunión oficial para conducir negocio (usualmente más de la mitad).

R

raceway – used to support, enclose, and protect electrical wires.
conducto eléctrico – utilizado para soportar, aislar y proteger los alambres eléctricos.

racial steering – See *steering*.
dirigir en base a la raza – Vea *conducción*.

radiant heat – heat transferred by radiation.
calor radiante – transferencia calorífica por radiación.

radon – a colorless, odorless, tasteless, radioactive gas that is present in the environment as a byproduct of the natural decay of uranium in the earth.
radón – gas radioactivo incoloro, inolores, sin sabor, presente en el medio ambiente como subproducto de la decadencia de uranio en la tierra.

RAM – See *reverse annuity mortgage*.
RAM – Vea *hipoteca de anualidad inversa*.

range – a six-mile-wide column of land running north-south in the rectangular survey system.
faja de terreno – terreno en el sistema de levantamiento rectangular que corre norte-sur entre meridianos a la anchura de seis millas.

range lines – a six-mile-wide column of land running north-south in the rectangular survey system.
líneas de distancia – líneas de distancia de seis millas de anchura que corren norte-sur en el sistema rectangular de levantamiento.

rate index – the index that adjusts interest rates.
índice de interés – índice que ajusta las tasas de interés.

rate of return – the return percentage of an investment.
cuota de retribución – porcentaje de retribución de inversión.

ratification – an action that takes place after the fact.
ratificación – acción que toma lugar después del hecho.

rating system report – uses a numerical evaluation on a scale, for example 1-5, to define the condition of each property component.
informe de sistema calificativo – sistema que utiliza evaluación numérica sobre escala, por ejemplo de 1 a 5, para definir la condición de cada componente de la propiedad.

raw land – undeveloped land.
tierra virgen – tierra sin desarrollo.

ready, willing, and able buyer – a buyer who is ready to buy at price and terms acceptable to the owner.
comprador listo, dispuesto y capaz – el comprador que está listo para comprar al precio y términos aceptables al dueño.

real chattel – an interest in real estate that is personal property, such as leasehold estate.
bien real – interés en bienes raíces que es propiedad personal, tal como bienes forales.

real estate – any land and its improvements in a physical sense, as well as the rights to own or use both.
bienes raíces – terreno y sus mejoras en el sentido físico, así como el derecho de pertenencia o de utilización.

real estate broker – a person licensed to act independently in conducting a real estate brokerage business.
corredor de bienes raíces – persona licenciada para actuar independientemente en conducir negocio de corretaje de bienes raíces.

real estate commission – a state board that advises and sets policies regarding real estate licenses and transaction procedures; the fee paid to a broker.
comisión de bienes raíces – la directiva nombrada por el gobernador para aconsejar y establecer política respecto a procedimientos de transacciones y licencias de bienes raíces.

real estate commissioner – a person appointed by the governor to implement and carry out laws enacted by the legislature that pertain to real estate.
comisionado de bienes raíces – la persona nombrada por el gobernador para implementar y realizar leyes legisladas pertenecientes a bienes raíces.

real estate department – a state office responsible for such matters as license examinations, license issuance, and compliance with state license and subdivision laws.
departamento de bienes raíces – oficina estatal responsable por asuntos tales como exámenes para obtener la licencia, emisión de licencias, y cumplimiento con las leyes sobre licencias estatales y de subdivisión.

real estate division – See *real estate department.*
división de bienes raíces – Vea *departamento de bienes raíces.*

Real Estate Investment Trust (REIT) – a method of pooling investor money by using the trust form of ownership and featuring single taxation of profits. It usually involves a very large amount of investors.
fideicomiso de inversiones en bienes raíces (REIT) – método de combinar dinero de inversionistas utilizando fideicomiso de pertenencia y dando importancia al impuesto único de ganancias. Usualmente involucra una grande cantidad de inversionistas.

real estate license – granted to real estate salespersons, brokers, and lenders, authorizing them to perform real estate services for persons within their states.
licencia de bienes raíces – otorgada a vendedores de bienes raíces, corredores, prestamistas, autorizándolos a realizar servicios de bienes raíces para personas dentro de su estado.

real estate lien note – a contract between a borrower and a lender. See also *promissory note*.
gravamen sobre pagaré de bienes raíces – contrato entre el prestatario y el prestamista. Vea también *pagaré*.

real estate listing – See *listing*.
contrato para venta de bienes raíces – Vea *contrato para venta*.

real estate market – the market in which real estate is sold.
mercado de bienes raíces – mercado en el cual se vende bienes raíces.

real estate salesperson – See *sales associate*.
vendedor de bienes raíces – Vea *socio de ventas*.

Real Estate Settlement Procedure Act (RESPA) – a federal law that deals with procedures to be follower in certain types of real estate closings.
Ley Sobre Procedimientos del Cierre de Bienes Raíces – la ley federal que interviene en los procedimientos observados en ciertos tipos de cierres de bienes raíces.

real estate syndicate – a pooling of money by investors for the purchase of real estate investments.
sindicato de bienes raíces – combinación de fondos por inversionistas para comprar inversiones en bienes raíces.

real property – ownership rights in land and its improvements.
propiedad raíz – derechos de pertenencia en propiedad y sus mejoras.

Real Property Administrator – professional designation for property managers.
Administrador de Bienes Raíces – designación profesional para administradores de propiedad.

real property sales contract – a contract for the purpose of selling real estate.
contrato para vender propiedad raíz – contrato que se utiliza con el propósito de vender bienes raíces.

real savings – savings by persons and businesses that result from spending less than is earned.
ahorros reales – ahorros hechos por personas o negocios que resultan por gastar menos de la ganancia.

real-cost inflation – higher prices due to greater effort needed to produce the same product today versus several years ago.
inflación de costo real – precios más altos debido a un esfuerzo mayor necesario para producir el mismo producto hoy en comparación a años pasados.

realtist – a member of the National Association of Real Estate Brokers, Inc.
realista – miembro de la Asociación Nacional de Corredores de Bienes Raíces.

REALTOR® – a registered trademark owned by the National Association of REALTORS® for use by its members.
corredor – la marca registrada perteneciente a la Asociación Nacional de Corredores para el uso de sus miembros.

REALTOR®-associate – a membership designation for salespersons working for REALTORS®.
socio de ventas – designación de membresía para los vendedores o socios de ventas que trabajan para los corredores.

realty – land and buildings and other improvements to land.
propiedad inmueble – terreno, edificios y otras mejoras.

reasonable care – a requirement that an agent exhibit competence and expertise, keep clients informed, and take proper care of entrusted property.
prudencia razonable – requisito de que el agente exhiba competencia y habilidad, el mantener al cliente informado, y el cuidar de la propiedad confiada.

rebate – a discount.
descuento – rebaja.

receiver – a manager appointed to take charge of property during the redemption period.
receptor – administrador apuntado para tomar cargo de propiedad durante el período de redención.

reciprocity – an arrangement whereby one state honors licenses issued by another state and vice versa.
reciprocidad – arreglo por el cual un estado acepta licencias emitidas por otro estado y viceversa.

reconveyance (release deed) – the return to the borrower of legal title upon repayment of the debt against the property.
retransferencia (escritura de relevación) – el regresar el título legal al prestatario al pagar la deuda contra la propiedad.

record owner – the person named as the owner in public records.
dueño registrado – persona nombrada como dueño en los registros públicos.

recorded map – See *recorded plat*.
mapa registrado – Vea *plano registrado*.

recorded plat – a subdivision map filed in the county recorder's office that shows the location and boundaries of individual parcels of land.
plano registrado – mapa de subdivisión archivado en los registros del condado que muestra el sitio y los lindes de las parcelas de terrenos individuales.

recorded survey – See *recorded plat*.
levantamiento registrado – Vea *plano registrado*.

recording act – law that provides for the placing of documents in the public records.
leyes de registro – leyes que proveen la colocación de documentos en los registros públicos.

recording fee – a fee paid at a government office or courthouse for the recording of real estate documents.
cuota de registro – cuota pagada a la oficina de gobierno o a la corte por el registro de documentos de bienes raíces.

recourse financing – the investor is personally obligated to pay.
financiamiento de recurso – recurso que el inversionista está personalmente obligado a pagar.

recovery fund – a state-operated fund that can be tapped to pay for uncollected judgments against real estate licensees.
fondo de recuperación – fondo estatal que puede ser utilizado para pagar fallos incobrables contra concesionarios de bienes raíces.

rectangular survey system – a government system for surveying land that uses latitude and longitude lines as references.
sistema de levantamiento rectangular – el sistema gubernamental que suministra la agrimensura de terrenos utilizando las líneas latitudinales y longitudinales como referencias.

red flag – something that would warn a reasonably observant person of an underlying problem.
bandera roja – señal de alarma; evento que advertiría a cualquier observador de un problema fundamental.

redemption – a repurchase; a buying back. The process of canceling and annulling a defeasible title to land such as credited by a mortgage or tax sale by paying the debt or fulfilling other conditions.
redención – recompra; retroventa. El proceso de cancelar y anular un título de propiedad revocable tal como uno acreditado con una hipoteca o venta de impuesto para pagar la deuda o realizar otras condiciones.

redlining – a lender's practice of refusing to make loans in certain neighborhoods.
redlining – la práctica de rechazar préstamos en ciertos vecindarios.

reentry – See *right of reentry.*
reentrada- Vea *derecho de reentrada.*

referee's deed in foreclosure – a deed issued as the result of a court-ordered foreclosure sale.
escritura de arbitrario en juicio hipotecario – escritura emitida como resultado de un juicio hipotecario ordenado por la corte.

referral – recommending a business or a service by sending prospective clients.
recomendación – recomendación de un negocio o servicio por el hecho de enviar clientes prospectos.

referral fee – a fee that is received for referring and recommending a business or a service.
cuota de recomendación – cuota recibida por recomendar un negocio o servicio.

refinance – to pay a debt by making a another loan on new terms.
refinanciar – pagar una deuda por el hecho de efectuar otro préstamo con nuevos términos.

reformation – action taken to correct a mistake in a deed or other instrument.
reformación – acción tomada para corregir un error en una escritura u otro instrumento.

reformation deed – See *correction deed.*
escritura de reformación – Vea *escritura de corrección.*

refrigerant – any substance that produces a cooling effect by absorbing heat as it vaporizes (disperses into the air).
refrigerante – sustancia que produce efecto de enfriamiento al absorber calor al vaporizar (dispersarse en el aire).

regional shopping center – a large complex housing several national retail stores with a broad mix of shops that draw customers from a great distance.
centro regional de compras – complejo grande que aloja varias tiendas nacionales de menudeo con mezcla extensa de tiendas que atrae consumidores de grandes distancias.

registrar of titles – the preparer of a certification of title.
registrador de títulos – preparador de certificación de título.

regular mortgage – a pledge of property to secure the repayment of a debt.
hipoteca ordinaria – empeño de una propiedad para asegurar el pago de la deuda.

Regulation X – See *Real Estate Settlement Procedures Act.*
Reglamento X – Vea *Ley Sobre Procedimientos del Cierre de Bienes Raíces.*

Regulation Z – See *Truth in Lending Act.*
Reglamento Z – la ley federal que requiere que los prestamistas muestren a los prestatarios cuanto están pagando por el servicio de crédito.

reissue rate – reduced rate for title insurance if the previous owner's policy is available for updating.
tipo de reemisión – tipo reducido para seguro de título si la póliza del propietario previo está disponible para renovación.

relation back doctrine – a legal doctrine that has been applied to the escrow function relating to the time of performance. For example, when a document is given to an escrow officer for delivery to the grantee upon compliance with specified conditions, the date of delivery relates back to the time of deposit into escrow so as to constitute delivery to the grantee upon delivery to the escrow.
doctrina en relación a la entrega – doctrina legal que se aplica a la función depositaria relacionada con el tiempo de realización. Por ejemplo, cuando se le otorga un documento a un agente depositario para entrega al donatario al cumplir con condiciones específicas, la fecha de entrega se refiere al tiempo de depósito como para constituir entrega al donatario al entregarla a la cuenta de depósito.

release deed – a document used to reconvey title from the trustee back to the property owner once the debt has been paid.
escritura de relevación – documento utilizado para traspasar de nuevo el título del fiduciario al propietario al pagarse la deuda.

release of lien – an instrument indicating that a previously existing lien has been released and is no longer enforceable.
exoneración de gravamen – certificado del prestamista declarando que el préstamo ha sido pagado.

release of mortgage – a certificate from the lender stating that the loan has been repaid.
liberación de hipoteca – certificado del prestamista declarando que el préstamo está pagado.

reliction (or dereliction) – the process whereby dry land is permanently exposed by a gradually receding waterline.
terreno ganado – Vea *terreno ganado por el receso de agua*.

remainder interest – an estate in land limited to take effect and be enjoyed after another estate has been terminated.
interés restante – interés futuro en bienes raíces retenido por un nudo propietario.

remainderman – one who is entitled to the remainder of the estate after a particular estate has expired.
nudo propietario – aquél autorizado de adquirir nuda propiedad; intitulado al resto de la propiedad al vencimiento de un caudal hereditario particular.

remaining balance table – See *loan balance table*.
tabla de saldo restante – Vea *tabla de saldo del préstamo*.

remise – to give up any existing claim one may have.
remitir – renunciar algún reclamo existente que uno tenga.

removal – covenant against.
remover – Vea *garantía contra remover*.

rent – See *contract rent* and *economic rent*.
renta – Vea *renta de contrato* y *renta económica*.

rent concession – the property owner keeps the rents at the same level, but offers a premium to entice a prospective tenant to move in.
concesión de renta – el propietario mantiene la renta al mismo nivel, pero ofrece algún paleativo por atraer a posibles nuevos inquilinos.

rent control – government-imposed restrictions on the amount of rent a property owner can charge.
control de renta – restricciones impuestas por el gobierno sobre la cantidad de renta que el propietario puede cobrar.

rental listing services – firms that specialize in finding rental units for tenants.
servicio de propiedades de renta – compañías que se especializan en encontrar unidades de renta para inquilinos.

rental value – value of property expressed in terms of the right to its use for a specific period of time.
valor de arriendo – valor de propiedad expresado en términos del derecho de uso por un período especificado.

repairs – fixing or repairing a property.
reparaciones – arreglo y reparación de propiedad.

replacement cost – the cost, at today's prices and using today's construction methods, of building an improvement having the same or equivalent usefulness as the subject property.
costo de reposición – el costo, a precios actuales usando los métodos actuales de construcción, de construir una mejora teniendo la misma utilidad o utilidad equivalente tal como la propiedad sujeta.

replacement value – value as measured by the current cost of building a structure of equivalent utility.
valor de reposición – el valor medido por el costo actual de construir una estructura de utilidad equivalente.

reproduction cost – the cost, at today's prices and using today's construction methods, of building an improvement having the same usefulness as the one being appraised.
costo de reproducción – el costo, a precios actuales usando los métodos actuales de construcción, de construir una mejora teniendo la misma utilidad que la que se está valuando.

request for notice of default – a notice filed requiring anyone holding a more senior lien to notify the junior mortgagee if a default notice has been filed.
solicitud de aviso de incumplimiento – solicitud requiriendo a alguien que posea un gravamen primario notificar al prestamista secundario si se ha registrado noticia de incumplimiento.

resale certificate – common element disclosure certificate for condominiums.
certificado de reventa – certificado de revelación de elementos comunes para condominios.

rescind – cancel.
rescindir – cancelar.

rescission – the annulling or unmaking of a contract.
rescisión – anular o deshacer un contrato.

reserve account (impound account) – an amount of money collected by a lender each month and reserved in an account so as to have enough to pay for property taxes and property insurance when they become due.
cuenta de reserva (cuenta de depósito) – la cantidad de dinero cobrado cada mes por el prestamista para pagar impuestos y seguros de propiedad.

reserves for replacement – money set aside each year for the replacement of items that have a useful life greater than one year.
reservas para reemplazo – dinero reservado cada año para el reemplazo de cosas que tienen utilización vitalicia de más de un año.

reservoir – a type of well-water storage that is generally used when a continuous but small supply of water is needed.
depósito – almacenaje de agua de noria generalmente utilizado cuando se necesita agua de manera continua pero en pequeñas cantidades.

residence, sale of principal – the selling of the primary residence where a person lives.
venta de residencia principal – venta de la propiedad donde vive la persona.

resident manager – See *on-site management.*
administrador residente – Vea *administración en sitio.*

Residential Lead-Based Paint Hazard Reduction Act – sets forth the procedures for disclosing the presence of lead-based paint in properties built prior to 1978.
Ley Sobre Reducción del Peligro de Pintura a Base de Plomo en Residencias – impone los procedimientos para advertir sobre la presencia de pintura hecha a base de plomo en propiedades construidas antes de 1978.

residential property – property for residential purpose.
propiedad residencial – propiedad para intención residencial.

residual – remainder, as the residual value of land after the economic life of the building is over.
residual – restante, como el valor residuo de terreno después de terminarse la vida económica de un edificio.

resilient floor covering – a manufactured interior floor covering in either sheet or tile form that returns to its original form after being bent, compressed, or stretched.
recubrimiento para pisos – recubrimiento para pisos interiores manufacturada en forma de hoja o de mosaico que vuelve a su forma original después de ser torcido, comprimido o estirado.

resolution trust corporation (RTC) – a federal agency formed to liquidate insolvent savings and loans and banks.
Fideicomiso de Resolución Corporativa (RTC) – agencia federal formada para liquidar bancos e instituciones de ahorros y préstamos insolventes.

resort timesharing – See *timesharing*.
sitio turístico de tiempo compartido – Vea *tiempo compartido*.

RESPA – See *Real Estate Settlement Procedure Act.*
RESPA – Vea Ley Sobre Procedimientos del Cierre de Bienes Raíces.

restitution – the act of restoring the situation to its status quo, or the equivalent thereof, for any loss, damage, or injury.
restitución – hecho de restaurar la situación a su estado existente, o a su equivalente, por pérdida, daño o perjuicio.

restrictive covenants – clauses placed in deeds and leases to control how future owners and lessees may or may not use the property.
convenios restrictivos – cláusulas en las escrituras y en contratos de arrendamiento para controlar como propietarios futuros se permitirán o no se permitirán usar la propiedad.

restrictive report – a minimal report prepared by the appraiser.
informe restrictivo – informe mínimo preparado por el valuador.

retainage – a fund maintained by the owner or his agent, trustee, or receiver during the progress of construction or labor and service being performed by artisans and mechanics.
retención – fondo mantenido por el propietario, su agente, fiduciario, o recibidor durante el progreso de la construcción o trabajo y servicio realizado por artesanos o mecánicos.

retaliatory eviction – landlord evicts tenant because tenant has complained to authorities about the premises.
desalojamiento en represalia – cuando el propietario desaloja al inquilino porque éste se ha quejado con las autoridades sobre la propiedad.

reverse mortgage – See *reverse annuity mortgage*.
hipoteca inversa – Vea *hipoteca de anualidad inversa*.

reverse-annuity mortgage – the lender makes monthly payments to a home-owner who later repays in a lump sum.
hipoteca de anualidad inversa – el prestamista hace pagos mensuales al propietario quien después hace un pago finiquito.

reversionary interest – (1) the right to retake possession of a leased property at some future time; (2) the residue of the estate-usually the fee left to the grantor and his heirs after the termination of a particular estate that has been granted.
derecho de reversión – (1) el derecho de retomar posesión de una propiedad alquilada en algún tiempo futuro; (2) lo remanente de la propiedad, usualmente el dominio restante del otorgador y sus herederos después de la terminación del interés que se ha otorgado.

Revised Uniform Limited Partnership Act – recognition of the legality of limited partnerships and the requirement that they be formed by written documentation.
Ley Uniforme Revisada de Sociedad Limitada –reconocimiento de la legalidad de sociedades limitadas y el requerimiento que sean formadas por documentación escrita.

revocable – capable of being annulled or made void.
revocable – capaz de ser anulado o inválido.

revocation – See *license revocation* and *notice of revocation.*
revocación – Vea *revocación de licencia y noticia de revocación.*

revoke – to take back or annul.
revocar – anular o invalidar.

rider – any annexation to a document made part of the document by reference.
anexo – cualquier anexo efectuado a un documento y hecho parte de éste por referencia.

right of first refusal – the right to match or better an offer before the property is sold to someone else.
derecho de primera opción – derecho de hacer una oferta igual o mejor antes de que la propiedad se venda a otra persona.

right of reentry – the right to resume the possession of lands in pursuance of a right that a party reserved to himself when he gave up his former possession or interest.
derecho de reentrada – el derecho de resumir la posesión de terreno conforme al derecho que un partido reservó para sí mismo cuando otorgó su posesión o interés previo.

right of survivorship – a feature of joint tenancy whereby the surviving joint tenant automatically acquires all the right, title, and interest of the deceased joint tenant.

derecho de supervivencia – característica de condominio por la cual los tenientes condominios automáticamente adquieren el derecho, título, e interés del condominio difunto.

right-of-way – an easement allowing someone to use or travel over another person's land.

servidumbre de paso – servidumbre que permite utilizar o pasar sobre el terreno de otra persona.

right-to-use – a contractual right to occupy a living unit at a timeshare resort.

derecho de usar – derecho contractual de ocupar una unidad de vivienda de tiempo compartido.

riparian right – the right of a landowner whose land borders a river or stream to use and enjoy that water.

derechos ribereños – el derecho del propietario de usar y disfrutar el agua que linda su terreno.

riparian water – water from a river or other body of water.

agua ribereña – agua de un río u otro cuerpo de agua.

rod – a survey measurement that is 16 1/2 feet long.

varilla – medida de levantamiento de 16.5 pies lineales.

roof – the outside covering of the top of a building or structure.

techo – la cobertura de afuera sobre el edificio o la estructura.

royalty – a payment to the owner or lessor of property usually involving a share of the product or profit made on that product extracted from the grantor's or lessor's property.

derechos de mineraje – pago al propietario o al arrendador de la propiedad usualmente involucrando una parte del producto o ganancia sobre el producto extraído de la propiedad del otorgante o arrendador.

RTC – See *resolution trust corporation*.

RTC – Vea *Fideicomiso de Resolución Corporativa*.

rule against perpetuities – principle that no interest in property is good unless it must vest, if at all, no later than 21 years plus a period of gestation after some life or lives in being at the time of the creation of the interest.
regla contra perpetuidades – principio que evita que ningún interés contra la propiedad sea válido a menos que sea protegido por la ley, si acaso, no más de 21 años más un período de gestación después de su vida útil comenzando desde cuando se creó el interés.

Rule in Shelley's Case – a doctrine by which an ancestor takes an estate of freehold; in the same conveyance, the estate is limited to his heirs in fee or entail such that the estate is limited to only the heirs of that ancestor.
Doctrina Sobre el Caso de Shelley – doctrina por la cual un descendiente toma propiedad en dominio absoluto; en el mismo traspaso, la propiedad está limitada a sus herederos en dominio o impone que la propiedad esté limitada sólo a los herederos de ese ancestro.

running with the land – land that moves with the title in any subsequent deed.
corre con la tierra – terreno que se traspasa con el título en cualquier escritura subsiguiente.

rural homestead – a homestead that is not in an urban area and can consist of not more than 200 acres.
hogar principal rural – hogar principal que no está en área urbana y que no puede tener más de 200 acres.

R-value – the degree of resistance to heat transfer through the walls (heat is kept in or out); the larger the R-value, the greater the degree of insulation.
Valor R – grado de resistencia al calor transferido por las paredes (calor captado adentro o afuera); entre más grande el valor R, más alto el factor aislante.

S

S Corporation – allows limited liability with profit-and-loss pass through.
Corporación S – permite responsabilidad limitada con el beneficio de ganancias y pérdidas.

S&L – See *Federal Savings and Loan Associations.*
S&L – Vea *Asociaciones Federales de Ahorros y Préstamos.*

safe harbor rule – a general rule that serves as an area of protection.
reglamento de protección – reglamento general que sirve en una área de protección.

SAIF – See *savings association insurance fund.*
SAIF – Vea *Fondo Asegurador de Asociaciones de Ahorros.*

sale by advertisement – allows a mortgagee to conduct a foreclosure sale without first going to court. See also *power of sale.*
venta por aviso – permite al hipotecario de conducir la venta hipotecaria sin primero ir a corte.

sale-leaseback – a situation where the owner of a piece of property sells the property and retains occupancy by leasing it from the buyer.
venta con arriendo inverso – situación en la que el propietario-ocupante vende su propiedad y luego permanece como inquilino.

sales approach – See *market comparison approach.*
método de venta – Vea *método comparativo del mercado.*

sales associate – a licensed salesperson or broker employed by a broker to list, negotiate, sell, or lease real property for others.
socio de ventas – vendedor o corredor empleado por el corredor designado para poner en venta, negociar, vender, o arrendar bienes raíces para otros.

sales contract – See *Statute of Frauds.*
contrato de compraventa – Vea *Ley Sobre Fraudes.*

salesperson – a person associated with a real estate broker for the purposes of performing acts or transactions comprehended by the term of Real Estate Broker as defined in the Texas Real Estate Licensing Act.
vendedor – persona asociada con un corredor de bienes raíces con el propósito de realizar transacciones, comprendido por el término de Corredor de Bienes Raíces así como es definido en la Ley de Texas de Licenciar en Bienes y Raíces.

salvage value – the price that can be expected for an improvement that is to be removed and used elsewhere.
valor de salvamento – precio probable por una mejora que será trasladada y utilizada en otro sitio.

SAM – See *shared appreciation mortgage.*
SAM – Vea *Hipoteca de Apreciación Compartida.*

satisfaction of mortgage – a certificate from the lender stating that the loan has been repaid.
satisfacción de hipoteca – certificado del prestamista declarando que el préstamo se ha pagado.

satisfaction piece – an instrument that is recorded to announce payment of the debt; a mortgage release.
escritura de satisfacción – instrumento registrado para anunciar el pago de deuda; relevación de hipoteca.

savings and loan association – a primary source of residential real estate loans.
Asociación de Ahorros y Préstamos – fuente primaria de préstamos residenciales de bienes raíces.

Savings Association Insurance Fund (SAIF) – replaces the FSLIC fund that became insolvent due to failed thrifts. Insures savings and insured depositor's funds.
Fondo Asegurador de Asociaciones de Ahorros (SAIF) – reemplazó el fondo de la Corporación Federal Aseguradora de Ahorros y Préstamos (FSLIC) que se volvió insolvente por el fracaso de instituciones de ahorros. Asegura ahorros y fondos de depositadores asegurados.

scarcity – shortage of land in a geographical area where there is a great demand for land.
escasez – escasez de terreno en una área geográfica donde hay mucha demanda de terreno.

scheduled gross (also called projected gross) – the estimated rent a fully occupied property can be expected to produce on an annual basis.
renta bruta proyectada (proyectado bruto) – renta estimada que una propiedad completamente ocupada puede producir anualmente.

SE cable – See *service entrance cable*.
cable SE – Vea *cable para entrada de servicio*.

seal – a hot wax paper, or embossed seal, or the word seal or L.S. placed on a document.
sello – sello lacrado, o estampado en relieve, o la palabra sello o L.S. puesto en un documento.

seasoned loan – a loan on which payments have been made for one to two years or more.
préstamo avezado – préstamo sobre el cual se han hecho pagos durante uno a dos años o más.

second mortgage – a lien or encumbrance that ranks second in priority, right behind the first lien, mortgage, or encumbrance.
hipoteca en segundo grado – hipoteca o gravamen que toma prioridad después de la primera.

secondary financing – a second loan for the purchase of a property.
financiamiento secundario – préstamo secundario para la compra de propiedad.

secondary industry – See *service industry.*
industria secundaria – Vea *industria de servicios.*

secondary mortgage market – a market in which mortgage loans can be sold to investors.
mercado hipotecario secundario – mercado en el cual préstamos hipotecarios se pueden vender a los inversionistas.

section – a unit of land in the rectangular survey system that is one mile long on each of its four sides and contains 640 acres.
sección – la unidad de terreno del sistema de levantamiento rectangular que mide una milla de largo en sus cuatro lados y contiene 640 acres.

Section 203 (b) – a section that describes the underwriting requirements for one of the FHA loans.
Sección 203 (b) de la Administración Federal de Vivienda – sección que describe los requisitos aseguradores para los préstamos de la Administración Federal de Vivienda (FHA).

Securities and Exchange Commission – agency of the government that oversees and passes rules and regulations in furtherance of the Securities and Exchange Acts of 1933 and 1934.
Comisión de Intercambio de Valores – agencia gubernamental que vigila y autoriza reglas y reglamentos para el respaldo de las Leyes de Seguridad e Intercambios de Valores de 1933 y 1934.

securities license – a license needed when the property being sold is an investment contract in real estate rather than real estate itself.
licencia de valores – licencia requerida cuando la propiedad se está vendiendo como un contrato de inversión en bienes raíces en vez de como un bien raíz.

security – a bond, note, investment contract, certificate of indebtedness, or other negotiable or transferable instrument evidencing debt or ownership.
valores, garantía – bono, nota, contrato de inversión, certificado de deuda, u otro instrumento negociable o transferible evidenciando deuda o pertenencia.

security agreement – a form of chattel mortgage.
convenio de garantía – forma de hipotecaria de bienes muebles.

security deed – a warranty deed with a reconveyance clause.
escritura de garantía – escritura garantizada con una cláusula de retransferencia.

security deposit – a deposit against which the manager can deduct for unpaid rent or damage to a building.
depósito de garantía – depósito contra el cual el administrador puede deducir renta debida o daño al edificio.

seepage pit – a covered pit through which the discharge from the septic tank infiltrates into the surrounding soil.
pozo absorbente – pozo cubierto por el cual el descargo del tanque séptico infiltra la tierra circunstante.

seisin – right of possession.
posesión – el derecho de posesión.

self-contained appraisal report – the most detailed report prepared by the appraiser.
informe de avalúo formal – el informe más detallado preparado por un perito valuador.

seller – the owner who wants to sell his property.
propietario vendedor– propietario que quiere vender su propiedad.

seller financing – a note accepted by a seller instead of cash.
financiamiento por el propietario – pagaré aceptado por el propietario en vez de efectivo.

seller's affidavit of title – a document provided by the seller at the settlement meeting stating that he has done nothing to encumber title since the title search was made.
declaración jurada del propietario sobre el título – documento proveído en el cierre por el propietario declarando que desde que se hizo la investigación de título, él no ha cometido ningún hecho para afectar el título.

seller's closing statement – an accounting of the seller's money at settlement.
declaración de cierre del vendedor – informe contable del dinero del vendedor en el cierre de la operación de compraventa.

seller's market – one with few sellers and many buyers.
mercado de vendedor – mercado que tiene pocos vendedores y muchos compradores.

selling broker – See *buyer's broker.*
corredor vendedor – Vea *corredor representante del comprador.*

SEM – See *shared equity mortgage*.
SEM – Vea *hipoteca con derecho de equidad compartida*.

senior mortgage – the mortgage against a property that holds first priority in the event of foreclosure.
hipoteca primaria – hipoteca primaria contra una propiedad en el evento de juicio hipotecario.

separate property – the cubicle of airspace that the condominium owner's unit occupies; spouse-owned property that is exempt from community property status.
propiedad separada – propiedad perteneciente al esposo o esposa exento al estado legal de propiedad común.

septic system – a household wastewater treatment system consisting of a house sewer, septic tank, distribution box, and an absorption field or seepage pit.
sistema séptico – sistema de tratamiento de aguas negras, tanque séptico, campo de absorción o pozo absorbente.

service drop – aboveground cables that come from the nearest pole connecting to the service entrance conductors of the house or building.
colgante de servicio – cables de entrada sobre superficie del poste más cercano conectados a los conductores de servicio de entrada de la casa o del edificio.

service entrance (SE) cable – a single conductor or several conductors, with or without covering, used for aboveground service entrance.
cable para entrada de servicio – uno o varios conductores, con o sin cobertura, utilizados para servicio de entrada sobre la superficie.

service industry – an industry that produces goods and services to sell to local residents.
industria de servicios – industria que produce bienes y servicios para consumo de los residentes locales.

service lateral – electric service that runs underground.
servicio eléctrico subterráneo – servicio eléctrico que corre bajo la superficie.

service lateral conductors – conductors installed between the transformers and the meters for underground service.
conductores de servicio eléctrico subterráneo – conductores instalados entre los transformadores y los contadores para servicio subterráneo.

service life – See *economic life*.
vida de servicio – Vea *vida económica*.

service the loan – to collect monthly payments and impounds, handle payoffs, releases, and delinquencies.
servicio del préstamo – colectar pagos mensuales, depósitos, manejo de liquidaciones, relevaciones y delincuencias.

servient estate – an estate encumbered by an easement or servitude, which is reserved for the use of another.
predio sirviente – tierra en la cual existe una servidumbre en favor del predio dominante.

setback requirements – specified distances from the front and interior property lines to the building.
requerimientos de retallo – distancias específicas del frente y del interior de los límites de la propiedad al edificio.

settlement – See *title closing.*
cierre – el proceso de consumación de la transacción de bienes raíces.

settlement meeting – See *closing meeting.*
reunión de liquidación – Vea *traspaso de título, reunión de cierre; cierre.*

settlement statement – an accounting statement at settlement that shows each item charged or credited, to whom and for how much.
declaración de cierre – contabilidad de fondos al comprador y al vendedor al final de la transacción de bienes raíces.

severable improvements – those improvements that can be removed without material injury to the real estate.
mejoras separables – mejoras que pueden ser removidas sin causar daño material a la propiedad.

severalty ownership – an estate that is held by a person in his own right without any other person being joined or connected with him. See also *tenancy in severalty.*
pertenencia exclusiva – propiedad poseída por una persona en todo su derecho absoluto sin compartir este derecho con ninguna otra persona.

severance damages – compensation paid for the loss in market value that results from splitting up a property in a condemnation proceeding.
daños de parcelación – compensación pagada por la pérdida de valor de mercado que resulta por la división de una propiedad durante el procedimiento de condenación.

shared appreciation mortgage (SAM) – typically offers an interest rate 1 to 2% below market rates.
Hipoteca de Apreciación Compartida (SAM) – típicamente ofrece tasa de interés de 1 a 2% por debajo de la tasa del mercado actual.

shared equity mortgage (SEM) – a loan in which the lender or another party shares equity interest in the property.
hipoteca con derecho de equidad compartida (SEM) – préstamo en el cual el prestamista u otro partido comparte interés de equidad en la propiedad.

shareholder (also called stockholder) – one who owns one or more shares in a company stock.
accionista – el que posee acciones en una compañía de acciones.

sheriff's deed – a deed issued as a result of a court-ordered foreclosure sale.
escritura judicial – escritura emitida como resultado de venta hipotecaria ordenada por la corte.

sheriff's sale – a sale ordered by the court in which a sheriff or county official has the legal right to sell a distressed or foreclosed property. See also *foreclo - sure.*
venta judicial – venta ordenada por la corte en la cual el alguacil mayor u oficial del condado tiene el derecho legal de vender propiedad embargada o de juicio hipotecario.

Sherman Antitrust Act (1890) – federal law that condemns contracts, culmination, and conspiracies in restraint of trade and monopolizing, attempts to monopolize, and combinations and conspiracies to monopolize trade.
Ley Antimonopolio Sherman de 1890 – ley federal que condena contratos, culminación, y conspiraciones en la restricción de comercio y monopolización, intentos de monopolizar, y combinaciones y conspiraciones de monopolizar comercio.

shifting executory use – a use that is so limited that it will be made to shift or transfer itself from one beneficiary to another upon the occurrence of a certain event after its creation. See also *contingent remainder.*
uso ejecutorio transferible – el uso que se le puede dar a la propiedad es tan limitado que ésta sería transferida de un beneficiario a otro al ocurrir cierto evento o condición después de que fue creada. También vea *resto contingente.*

signature – acknowledgment.
firma – reconocimiento legal.

simple assumption – the property is sold and the loan is assumed by the buyer without notification to the FHA or its agent.
adquisición sencilla – cuando se vende la propiedad y el préstamo lo asume el comprador sin notificación a la Administración Federal de Vivienda (FHA) o sus agentes.

simple interest – interest paid on the declining balance of a loan; thus the interest payments lower as the principal amount is paid off.
interés simple – interés pagado sobre el saldo declinado del préstamo; por lo mismo, los pagos del interés bajan al pagarse el principal.

site – the location of a particular parcel of land.
sitio – localización de una parcela particular de terreno.

site plan – a drawing of a construction site, showing the location of the building, contours of the land, and other features.
plano de ubicación – dibujo de un sitio de construcción, demostrando la ubicación del edificio, contornos del terreno y otras características.

situs – refers to the preference by people for a given location.
sitio preferido – se refiere a la preferencia por un sitio.

slander of title – occurs when damaging, untrue, malicious and disparaging remarks about another person's title to a property are made to third parties.
difamación de título – ocurre cuando una divulgación dañina, incierta, maliciosa y menospreciativa sobre el título de una propiedad de otra persona se hace a terceros partidos.

SMA – See *Systems Maintenance Administrator.*
SMA – Vea *Administrador de Sistemas de Mantenimiento.*

Society of Real Estate Appraisers (SREA) – a professional organization with designation systems to recognize appraisal education, experience, and competence. Unified in 1991 with the American Institute of Real Estate Appraisers (AIREA) and renamed The Appraisal Institute, it is considered to provide the most highly respected designations in the industry.
Sociedad de Valuadores de Bienes Raíces (SREA) – organización profesional con sistema de designación para reconocer educación sobre avalúos, experiencia y competencia. Se unificó en 1991 con el Instituto Americano de Valuadores de Bienes Raíces (AIREA) y se renombró el Instituto de Valuaciones. Se considera proveer las designaciones más respetadas de la industria.

soil permeability – the ability of the soil to absorb water.
permeabilidad de la tierra – la habilidad de la tierra de absorber agua.

solar energy – radiant energy originating from the sun.
enería solar – energía radiante originada del sol.

sole control community property – community property that is subject to the sole control, management, or disposition of a single spouse that maintains all of its characteristics of community property.
bienes mancomunados de control exclusivo – propiedad común que está sujeta al control exclusivo, administración o disposición solo de un esposo aunque mantiene todas sus características de bienes mancomunados.

sole ownership – See *severalty ownership.*
pertenencia de una sola persona – Vea *pertenencia exclusiva.*

sole proprietorship – the simplest form of business organization that is owned by one individual and may use a name other than the owner's personal name.
negocio perteneciente a un individuo – la forma más sencilla de organización de negocio perteneciente a un individuo. Se puede usar otro nombre aparte del nombre del dueño.

special agency – an agency relationship created for the performance of specific acts only.
agencia especial – agencia creada únicamente para la realización de hechos específicos.

special assessment – a charge levied to provide publicly built improvements that will benefit a limited geographical area.
tasación especial – cargos impuestos para proveer mejoras públicas construidas para beneficiar una área geográfica limitada.

special exceptions – a use that is permitted within a certain zoning designation, but subject to control and supervision of the municipal authority.
excepciones especiales – utilización permitida dentro de cierta designación de zonificación pero sujeta a control y supervisión de la autoridad municipal.

special form (HO-3) – a policy that combines HO-5 coverage on the dwelling and HO-2 coverage on the personal property.
forma especial (HO-3) – póliza que combina cobertura HO-5 sobre el edificio y HO-2 sobre propiedad personal.

special lien – a lien on a specific property.
gramaven especial – gravamen sobre propiedad específica.

special use permit – allows use that is otherwise not permitted in a zone.
permiso de utilización especial – permite por medio de este permiso dar un uso a esta propiedad que no está permitido en esta zona.

special warranty deed – a deed in which the grantor warrants or guarantees the title only against defects arising during his or her ownership of the property and not against defects existing before the time of ownership.
escritura de garantía especial – escritura en la cual el otorgante garantiza el título solamente contra defectos presentados durante su pertenencia y no contra defectos existentes antes de su pertenencia de la propiedad.

specific lien – a lien on a specific property.
gravamen específico – un gravamen sobre una propiedad específica.

specific performance – contract performance according to the precise terms agreed upon.
cumplimiento específico – realización del contrato de acuerdo a los términos convenidos específicos.

specific property offering – property purchase method whereby the organizers buy properties first and then seek partners; the prospective limited partner knows in advance what properties will be owned.
oferta de propiedad específica – método de compra de propiedad donde los organizadores compran propiedades primero y luego buscan socios; el socio limitado prospectivo sabe de anticipado cuales propiedades serán pertenecientes.

splitting fees – the act of sharing commissions between brokers.
reparto de honorarios – el hecho de compartir comisiones entre corredores.

spot zoning – a specific property within a zoned area is rezoned to permit a use different from the zoning requirements for that area; it is illegal in many states.
zonificación esporádica – re-zonificación de una área pequeño de terreno en un vecindario existente; es ilegal en muchos estados.

square-foot method – an appraisal technique that uses square-foot construction costs of similar structures as an estimating basis.
método de pie cuadrado – técnica de valuación que utiliza costos de construcción por pie cuadrado de estructuras similares como base de estimación.

SREA – See *Society of Real Estate Appraisers.*
SREA – Vea *Sociedad de Valuadores de Bienes Raíces.*

standard mortgage – a pledge of property to secure the repayment of a debt.
hipoteca ordinaria – el empeño de una propiedad para asegurar el pago de la deuda.

standard parallel – a survey line used to correct for the earth's curvature.
paralelo uniforme – línea de deslinde que se usa para corregir el arqueo del globo terráqueo.

standards of practice – interpretations of various articles in the code of ethics.
estándares de práctica – interpretaciones de varios artículos del código de ética que son parámetros aceptados.

standby fee – fees paid to an investor for holding funds.
tipo de interés por crédito no aprovechado – cuotas pagadas al inversionista por retener fondos.

state district courts – state civil courts with no dollar-limit jurisdiction.
cortes de distrito estatal – cortes civiles estatales con jurisdicción sin límite de montos.

state test – test containing questions regarding laws, rules, regulations, and practices of the jurisdiction where the test is being given.
examen estatal – examen que contiene preguntas en relación a las leyes, reglas, reglamentos y prácticas de la jurisdicción donde se administra el examen.

Statute of Frauds – a law requiring that certain types of contracts, such as those pertaining to real estate, be written in order to be enforceable in a court of law.
Ley Sobre Fraudes – ley que requiere que ciertos tipos de contratos sean efectuados en forma escrita para poder ejecutarlos en una corte de ley.

statute – a law passed by the legislative body of government.
estatuto – ley promulgada por el cuerpo legislativo del gobierno.

statute of limitations – a legal limit on the amount of time one has to seek the aid of a court in obtaining justice.
estatuto de limitaciones – límite legal sobre el tiempo que uno tiene para conseguir la asistencia de la corte para obtener justicia.

statutory dedication – conveyance through the approval and recordation of a subdivision map.
dedicación estatuaria – traspaso a través de la aprobación y registro de un mapa de subdivisión.

statutory estates – estates created by law and including dower, curtesy, community property, and homestead rights.
bienes estatuarios – bienes creados por ley que incluyen bienes dotales, propiedad vitalicia raíz del viudo, bienes mancomunados, y el derecho del hogar familiar.

statutory law – law created by the enactment of legislation.
ley estatuaria – ley creada por establecimiento de legislación.

statutory lien – a lien imposed on a property under statutory law.
gravamen estatutario – gravamen impuesto sobre una propiedad bajo ley estatuaria.

statutory retainage – See *retainage*.
retención estatuario – Vea *retención*.

statutory right of redemption – the right of a borrower after a foreclosure sale to reclaim his property by repaying the defaulted loan.
derecho de redención estatuario – derecho que tiene el prestatario de recuperar su propiedad aún después de la venta judicial pagando el saldo del préstamo que aún debe.

steering – the illegal practice of directing home seekers to particular neighborhoods based on race, color, religion, sex, national origin, or handicapped or adults-only status.
conducción – práctica ilegal de dirigir a los que buscan vivienda a vecindarios particulares a base de raza, color, religión, sexo, origen nacional, incapacidad, o alojamiento solo para adultos.

step-up rental – See *graduated rental*.
arrendamiento de pago graduado – Vea *arrendamiento de pago graduado o variable*.

step-up rental – See *graduated rental*.
renta graduada – Vea *arrendamiento de pago graduado o variable*.

straight-line depreciation – depreciation in equal amounts each year over the life of the asset.
depreciación linear – depreciación en cantidades iguales anuales sobre la vida del bien.

straw man – person who purchases for another unidentified buyer; used when confidentiality in important.
testaferro – persona que compra por otro comprador no identificado; se utiliza cuando la discreción y confidencia es importante.

street numbers – as a means of describing property.
números de calle – recurso para describir la ubicación de una propiedad.

strict foreclosure – the lender acquires absolute title without the need for a foreclosure sale.
ejecución forzosa – el prestamista adquiere título absoluto de la propiedad sin la necesidad de llegar a una venta judicial.

strip center – a building consisting of a number of units (bays) conveniently located near main arteries.
centro comercial – un edificio que consiste en varias unidades convenientemente colocadas cerca de arterias principales.

sub-agency – created by two or more independent brokers representing the principal; the first broker being the primary agent and the second broker being the subagent.
subagencia – creada cuando dos o más corredores independientes representan al principal; el primer corredor es el agente primario y el segundo es el subagente.

subagent – an agent appointed by one who is himself an agent, or a person employed by an agent, to assist in transacting the affairs of the principal.
subagente – agente designado por otro que en sí mismo es agente también, o una persona empleada por un agente, para encargarse en una negociación de los asuntos del principal.

Subchapter S – the liability protection of a corporation with the profit-and-loss pass-through of a partnership.
Subchapter S – corporación con la protección de responsabilidad de una corporación y con el pasar de ganancias y pérdidas de una sociedad.

subcontractor – a contractor who has a direct contractual relationship and works under an original contractor. He has no direct contractual relationship with the owner of the property or his agent.
subcontratista – contratista que tiene relación contractual directa y trabaja bajo el contratista original. No tiene relación contractual directa con el propietario o el agente.

subdivider – a person who divides undeveloped land into smaller lots for the purpose of development.
subdividor – persona que divide terreno sin desarrollo en lotes pequeños con el propósito de desarrollo.

subdivision land – land that is divided into lots for development purposes.
terreno de subdivisión – terreno que se ha dividido en lotes con el propósito de desarrollo.

subdivision map – See *recorded plat.*
mapa de subdivisión – Vea *plano registrado.*

subject property – the property that is being appraised.
propiedad sujeta – propiedad que se está valuando.

subject to the existing loan – said of property that is bought subject to the existing loan against it; the buyer makes the payments but does not take personal responsibility for the loan.

sujeto al préstamo existente – comprador de una propiedad ya hipotecada que hace los pagos pero no toma la responsabilidad personal por el préstamo por un periodo de tiempo que suele ser menos que el termino original del contrato.

sublease – a lease given by a lessee to a sublessee for a part of the premises or for a period of time less than the remaining term of the lessee's original lease.

subarriendo – contrato de arrendamiento que se otorga por el arrendatario al subarrendatario por una parte de la propiedad o por un período de tiempo más corto que el término original del arrendamiento.

sublessee – one who rents from a lessee.
subarrendatario – arrendatario que alquila de otro arrendatario.

sublessor – a lessee who rents to another lessee.
subarrendador – arrendatario que alquila a otro arrendatario.

sublet – to transfer only a portion of one's lease rights.
subarrendar – transferir solamente una porción de derechos de arrendamiento.

submergence – See *subsidence*.
sumergimiento – Vea *sumersión*.

subordination – voluntary acceptance of a lower mortgage priority than one would otherwise be entitled to.
subordinación – aceptación voluntaria de prioridad más baja de la que de otra manera uno tendría derecho.

subpoena – a legal summons requiring court appearance to give testimony.
citación – citación legal que requiere presencia en la corte para dar testimonio.

subprime loan – a loan with risk-based pricing for persons who have poor credit or fail to qualify for prime, conventional loans. Usually a rate is found, or negotiated, if it fits the risk profile. Interest rates are typically one to five percentage points higher than for good credit risks. With these loans, appraisals are critical and the risk profiles tend to be variable from lender to lender. Subprime lenders are largely unregulated by the federal government.
préstamo subordinado – préstamo con precio basado en el factor de riesgo que implica prestar a quien tiene mal crédito o que ha fracasado en calificar para un préstamo convencional. Normalmente la tasa se encuentra o se negocia si cubre las características de riesgo. Estas tasas de interés típicamente son de 1 a 5 puntos de porcentaje más altas de lo que serían para quien tiene

buen crédito y bajo factor de riesgo. Con este tipo de préstamo, las valuaciones son críticas y las características de riesgo tienden a ser variables de prestamista a prestamista. Los prestamistas subordinados no son regulados por el gobierno federal.

subrogation – the substitution of one person in the place of another with reference to a lawful claim, demand, or right.
subrogación – substitución de una persona en lugar de otra con referencia a un reclamo legal, demanda o derecho.

subsidence – when water advances to cover the previously dry land.
sumersión – cuando el agua avanza y cubre tierra previamente seca.

substitution, principle of – maximum value of a property in the marketplace tends to be set by the cost of purchasing an equally desirable substitute property provided no costly delay in encountered making the substitution.
principio de substitución – valor máximo de una propiedad en el mercado tiende ser determinado por el costo de comprar una propiedad substituta igualmente deseable siempre y cuando no haya demora costosa en hacer la substitución.

subsurface right – the right of the owner to use land below the earth's surface.
derecho subterráneo – derecho de usar la tierra debajo de la superficie.

summary report – a summarized report prepared by the appraiser.
informe sumario – informe sumario preparado por el valuador.

summons – notification to appear in court.
citación – notificación de presentarse en corte.

Superfund Amendment and Reauthorization Act of 1986 – a federal law that creates a lien in favor of the United States upon property subject to or affected by hazardous substance removal or remedial action by the superfund statute. This statute puts liability for cleanup of the site on: (1) the owner and operator of the facility, (2) the person who operates the facility, and (3) the person who arranges for disposal or the transportation of materials to that facility.
Ley de Enmienda y Re-autorización del Super Fondo de 1986 – ley federal que crea un gravamen en favor de los Estados Unidos sobre propiedad sujeta a remoción o afectada por substancias peligrosas o acción reparadora por el estatuto del super fondo.

superintendent – See *on-site management.*
superintendente – Vea *administración en sitio.*

supervening illegality – one of the methods to terminate an agency.
ilegalidad superveniente – uno de los métodos de terminar agencia.

supervisory broker – See *principal broker.*
corredor designado, administrativo – Vea *corredor principal.*

supply and demand – refers to the ability of people to pay for land coupled with the relative scarcity of land.
oferta y demanda – oferta se refiere al abastecimiento y escasez de terreno y demanda se refiere al crecimiento de la población, ingresos personales, y preferencias.

Supreme Court of the United States – the highest court to which any cases can be appealed in the United States.
Corte Suprema de los Estados Unidos – la corte más alta a la cual casos se pueden apelar en los Estados Unidos Americanos.

surety bond – a form of insurance purchased as security against loss or damage.
fianza de seguridad – forma de seguro comprado como garantía contra pérdida o daño.

surface right – the right of the property owner to use the surface of a parcel of land. See also *dominant estate.*
derecho de superficie – el derecho de usar la superficie de una parcela de terreno.

surface right of entry – surface right for the purpose of entering land.
derecho de entrada – derecho del dueño de la propiedad de utilizar la superficie de un pedazo de terreno para tener acceso a su terreno.

surface runoff – the loss of water from an area by its flow over the land's surface.
correr sobre la superficie – la pérdida de agua de una área por correr sobre la superficie de la tierra.

surplus money action – a claim for payment filed by a junior mortgage holder at a foreclosure sale.
acción de dinero sobrante – reclamo de pago archivado por el poseedor de una hipoteca secundaria en una venta judicial.

surrogate court – See *probate court.*
tribunal sucesorio – Vea *tribunal testamentario.*

survey books – map books.
registro de levantamientos – libros de mapas y planos.

survivorship, right of – a feature of joint tenancy whereby the surviving joint tenant automatically acquires all the rights, title, and interest of the deceased

joint tenant. See also *joint tenancy.*
derecho de supervivencia – una característica de condominio por la cual los tenientes condominios automáticamente adquieren el derecho, título, e interés del condominio difunto.

suspend – to temporarily make ineffective.
suspender – hacer inefectivo temporalmente.

swing loan – See *bridge loan.*
préstamo de corto plazo – Vea *préstamo puente.*

switch – used to open and close electrical circuits and allow current to flow to appliances.
interruptor, cortacircuito – utilizado para abrir y cerrar circuitos eléctricos que permiten el flujo de corriente para aparatos.

syndication (syndicate) – a group of persons or businesses that combine to undertake an investment.
sindicación (sindicato financiero) – combinación de un grupo de personas o negocios para llevar a cabo asuntos de inversiones.

Systems Maintenance Administrator (SMA) – professional designation for property managers.
Administrador de Sistemas de Mantenimiento (SMA) – designación profesional para administradores de propiedad.

T

T intersection – the intersection of one street into another, thus forming a "T."
intersección T – intersección de una calle con otra, formando una "T."

T lot – a lot at the end of a T intersection.
lote T – lote a la extremidad de la intersección "T."

tack on – adding successive periods of continuous occupation to qualify for title by adverse possession.
aumento de ocupación – añadir períodos sucesivos de ocupación continua para calificar para titularidad por prescripción adquisitiva.

tacking – adding successive periods of continuous occupation to qualify for title by adverse possession.
aumento – añadir períodos sucesivos de ocupación continua para calificar para titularidad por prescripción adquisitiva.

take-out loan – a permanent loan arranged to replace a construction loan.
préstamo permanente – préstamo permanente preparado para reemplazar el préstamo de construcción.

taking – where the municipality regulates the property to where it has no value or, in some cases, no remaining economic value.
toma – cuando la municipalidad regula la propiedad para que no tenga valor y en algunos casos que no le quede valor económico.

taking back paper – said of a seller who allows a purchaser to substitute a promissory note for cash.
pagaré por efectivo – se dice del vendedor que permite al comprador sustituir un pagaré por efectivo.

tax assessment – a levy against property to pay for a public improvement that benefits the real estate.
tasación de impuestos – ejecución contra la propiedad para pagar por mejoras públicas que beneficia el bien raíz.

tax basis – the price paid for a property plus certain costs and expenses. See also *basis*.
base imponible – el precio pagado por la propiedad además de ciertos costos y gastos. También vea *base*.

tax benefits – savings by cash credits or tax deductible items.
beneficios tributarios – ahorros por créditos en efectivo o cosas deducibles de impuestos.

tax certificate – a document issued at a tax sale that entitles the purchaser to a deed at a later date if the property is not redeemed.
certificado de impuesto – documento emitido en una venta por impuestos intitulando al comprador de una escritura en fecha futura si no se redime la propiedad.

tax credit – reduces tax savings dollar for dollar.
crédito tributario – reduce ahorros de impuestos dólar por dólar.

tax deed – a document that conveys title to property purchased at a tax sale.
escritura traslativa de dominio – documento que traspasa título de la propiedad comprada en venta por impuestos no pagados.

tax deferred exchange – provision in tax law that allows for the exchange of "like kind" property; a sale of real property in exchange for another parcel of real estate, to affect a non-taxable gain.
cambio para diferir impuesto – venta de una propiedad en cambio por otra parcela de bien raíz para afectar una ganancia no imponible.

tax lien – a charge or hold by the government against property to insure the payment of taxes.
gravamen por impuestos no pagados – cargo efectuado por el gobierno contra la propiedad para asegurar el pago de impuestos.

tax rate – rate for ad valorem taxes, expressed as dollars per hundred, set by elected officials.
cuota de impuesto – tasa de impuestos al valor agregado, expresada en dólares por cien, impuesta por oficiales elegidos.

Tax Reform Act – See *Internal Revenue Code of 1986*.
Ley de Reforma de Impuestos – Vea el *Código de Ingresos Interiores de 1986*.

tax roll – a pubic list of taxable properties.
registro tributario – lista pública de propiedades tributables.

tax sale – sale made pursuant to state law to satisfy a debt created by delinquent taxes.
venta por impuesto – venta efectuada de acuerdo con ley estatal para satisfacer una deuda creada por impuestos que se deben.

tax shelter – the income tax savings that an investment can produce for its owner.
protector de impuestos – ahorro de impuestos que puede producir una inversión.

taxation – one of the inherent burdens on private ownership of land; property taxes constitute a specific lien against the real estate.
tributación – uno de los cargos inherente sobre pertenencia privativa de propiedad; impuestos sobre propiedad constituyen un gravamen específico contra el bien raíz.

taxes – covenant to pay.
impuestos – convenio de pagar.

tax-free exchange – See *tax-deferred exchange*.
cambio libre de impuestos – Vea *cambio para diferir impuesto*.

T-bill – a government treasury bill.
letra de tesorería a corto plazo – letra de tesorería del gobierno.

TDR – See *transferable development right*.
TDR – Vea *derecho transferible de desarrollo*.

teaser rate – an adjustable loan with an initial rate below the market.
tasa incitadora – préstamo que contiene tasa de interés ajustable en el cual la tasa inicial es más baja que la del mercado actual.

tenancy – the estate of a tenant whether it be in fee, for life, for years, at will, or otherwise.
tenencia – propiedad del residente ya sea en dominio absoluto, por vida, por años, por voluntad, o de otra manera.

tenancy at sufferance – occurs when a tenant stays beyond his legal tenancy without the consent of the landlord.
posesión por tolerancia – resultado de cuando el inquilino se queda después de su tenencia legal sin el consentimiento del propietario.

tenancy at will – tenancy without a specific period of possession that occurs at the will and consent of the owner.
posesión por voluntad – inquilinato sin período específico de posesión que ocurre por la voluntad y consentimiento del dueño.

tenancy by the entirety – a form of joint ownership reserved for married persons; right of survivorship exists and neither spouse has a disposable interest during the lifetime of the other.
tenencia en totalidad, vitalicia – forma de condominio reservada para personas casadas; el derecho de supervivencia existe y ninguno de los esposos tiene interés disponible durante la vida del otro.

tenancy for life – See *life estate and tenancy.*
tenencia vitalicia – Vea *dominio vitalicio y tenencia en totalidad.*

tenancy for years – a leasehold estate that grants the lessee use for a specified period of time.
tenencia a término – propiedad arrendataria que le otorga al arrendatario posesión por un período de tiempo.

tenancy in common – shared ownership of a single property among two or more persons; interests need not be equal and no right of survivorship exists.
tenencia en común – pertenencia compartida de una sola propiedad entre dos o más personas; los intereses no necesitan ser igual y no existe el derecho de supervivencia.

tenancy in severalty – see *sole ownership.*
tenencia en posesión exclusiva – Vea *pertenencia exclusiva.*

tenant – one who has the temporary use and occupation of real property owned by another person (called the "landlord"). The duration and terms of his or her tenancy usually are fixed by law or by an instrument called a lease.

inquilino – aquel que tiene posesión y ocupa temporalmente una propiedad perteneciente a otro (el propietario). La duración y los términos de su posesión usualmente son fijados por ley o por instrumento de arrendamiento.

Tenant's form (HO-4) – an insurance policy designed for residential tenants.
forma de inquilino (HO-4) – póliza de seguros diseñada para inquilinos.

tender – to fulfill; to offer to perform as the terms of a contract state.
ofrecimiento – realizar; ofrecimiento de realizar como declaran los términos del contrato.

term – the length of time agreed upon.
término – duración de tiempo acordado.

term loan – a loan requiring interest-only
préstamo de término – préstamo que requiere interés sobre los pagos hasta la fecha de vencimiento, a cual tiempo se vence el principal entero.

termite – a type of insect that eats wood.
termita – tipo de insecto que come madera.

termite inspection – inspection for wood destroying insects by a licensed professional.
inspección de termitas – inspección de insectos destructores de madera por un profesional licenciado en fumigación y control de plagas.

termite report – an official report on the inspection of wood destroying insects on a subject property.
informe sobre inspección de termitas – informe oficial sobre la inspección de insectos destructivos de madera en una propiedad determinada.

testament – the final legal document disposing of a person's property after death or by a will.
testamento – documento legal final sobre la disposición de la propiedad de alguien después de muerte o por testamento.

testamentary trust – a trust that takes effect after death.
fideicomiso testamentario – fideicomiso que toma efecto después de muerte.

testate – to die with a last will and testament.
testado – el morir con testamento.

testator – a person who makes a will (masculine), testatrix (feminine).
testador – persona que efectúa un testamento (masculino).

tester – an individual or organization that responds to advertising and visits real estate offices to test for compliance with fair housing laws.
comprobador – el individuo u organización que prueba la obediencia de las leyes de alojamiento equitativo.

testimony clause – a declaration in a document that reads, "In witness whereof the parties hereto set their hands and seals" or a similar phrase.
cláusula testimonial – declaración en un documento que lee, "En testigo de lo cual los partidos a esto fijan firmas y sellos" o una frase similar.

thermostat – a control device that automatically responds to temperature changes by opening and closing an electric circuit.
termóstato – aparato que controla y responde automáticamente a los cambios de temperatura con abrir y cerrar un circuito eléctrico.

thin market – a market with few buyers and few sellers.
mercado de poca actividad – mercado que tiene pocos vendedores y menos compradores.

third party – a person who is not a party to a contract but who may be affected by it.
terceros – personas que no son partidos del contrato pero que pueden ser afectados por el contrato.

tidelands – offshore land within the territorial water of the state.
terreno inundado por la marea – tierra costera dentro del agua territorial del estado.

tight money – loan money is in short supply and loans are hard to get.
crédito escaso – significa que dinero para préstamos está escaso y es difícil conseguir préstamos.

time is of the essence – a phrase that means that the time limits of a contract must be faithfully observed or the contract is voidable.
el tiempo es de esencia – frase que significa que los límites de tiempo del contrato deben ser observados puntualmente o el contrato será anulado.

timeshare condominiums – condominiums that are owned among several co-tenants who have the right, by contractual agreement with each other, to use the condominium only for a certain time period (usually from two to four weeks). This time period may change from year to year depending upon the arrangement of the co-tenants' contractual agreement.
condominios de tiempo compartido – condominios pertenecientes entre varios coinquilinos que tienen el derecho, por convenio contractual entre ellos, de utilizar el condominio solo por cierto período de tiempo (usualmente de dos a cuatro semanas). Este período de tiempo puede cambiar de año a año dependiendo del arreglo contractual de los coinquilinos.

timeshare system – a cooperative system between timeshare condominiums to share occupancy times between the respective unit owners.
sistema de tiempo compartido – sistema cooperativo entre condominios de tiempo compartido para compartir tenencia entre los dueños respectivos.

timesharing – part ownership of a property coupled with a right to exclusive use of it for a specified number of days per year.
tiempo compartido – pertenencia compartida de una propiedad acoplada con el derecho del uso exclusivo por un número de días específicos por año.

title – the right to or ownership of something; the evidence of ownership such as a deed or bill of sale.
título – derecho a, o pertenencia de algo; también la evidencia de pertenencia tal como una escritura o comprobante de venta.

title by descent – laws that direct how a deceased's assets shall be divided when there is no will.
título por descendencia – las leyes que dirigen como los bienes del difunto serán divididos si no deja testamento.

title by prescription – See *adverse possession.*
título por prescripción. Vea *posesión adquisitiva.*

title closing – the process of completing a real estate transaction.
traspaso del título – proceso de la consumación de una transacción de bienes raíces.

title cloud – See *cloud on the title.*
nube sobre título – un defecto en el título.

title commitment – a statement of the current condition of title for a parcel of land; obligates the title insurance company to issue a policy of title when curative requirement have been satisfied.
compromiso de asegurar el título – obliga a la compañía de seguros de título a emitir una póliza de título cuando se satisfacen los requerimientos curativos.

title defect – See *cloud on the title.*
defecto titular – Vea *nube sobre título.*

title insurance – an insurance policy against defects in title not listed in the title report or abstract.
seguro de título – póliza de seguro contra defectos en el título no mencionados en la lista del reporte de título o abstracto.

title plant – a duplicate set of public records maintained by a title company.
planta de títulos – duplicado de registros públicos mantenido por la compañía de títulos.

title report – See *title commitment*.
informe sobre el título – Vea *compromiso de asegurar el título*.

title search – an inspection of publicly available records and documents to determine the current ownership and title condition for a property.
investigación de título – inspección de registros y documentos públicos disponibles para determinar la pertenencia actual y la condición titular de la propiedad.

title searcher – a person who searches the public records.
investigador de título – persona que investiga los registros públicos.

title theory – the legal position that a mortgage conveys title to the lender.
teoría de título – posición legal de que la hipoteca concede título al prestamista.

topographical survey – a survey by means of contour lines.
levantamiento topográfico – levantamiento por medio de líneas de contorno.

topography – includes types of soil; the location of water such as wetlands, springs, or floodplains; forest areas; and the location of rocks, trees, and other vegetation.
topografía – incluye tipos de tierra; relieves; localización de agua tal como tierras saturadas, fuentes, o zonas de inundación; áreas de bosque, y localidades de piedra, árboles, y otra vegetación.

torrens system – a state-sponsored method of registering land titles.
sistema de registro de títulos de propiedad raíz – método patrocinado por el estado para registrar títulos de terreno.

tort – an actionable wrong, a violation of a legal right.
daño legal – injusticia procesable, violación de un derecho legal.

total payments – the amount in dollars the borrower will have paid after making all the payments scheduled.
pagos totales – cantidad en dólares que el prestatario haya pagado después de hacer los pagos programados.

townhouse – a dwelling unit usually with two or three floors and shared walls; usually found in PUDs.
desarrollo de unidad planeado (PUD) – unidad habitacional de vivienda usualmente de dos o tres pisos y paredes compartidas; usualmente localizadas en Desarrollos de Unidades Planeados (PUDs).

township – a six-by-six-mile square of land designated by the intersection of range lines and township lines in the rectangular survey system.
sexmo – cuadro de terreno de seis millas por seis millas designado por la intersección de líneas de extensión y líneas sexmas en el sistema de levantamiento rectangular.

toxic substance – an element capable of causing adverse human health or environmental effects through exposure to even low levels.
sustancia tóxica – elemento capaz de causar efectos adversos a la salud humana o al medio ambiente a través de exposición aún a niveles bajos.

tract – an area of land.
terreno – área de terreno.

tract index – a system for listing recorded documents affecting a particular tract of land.
índice de terrenos – sistema de catalogar documentos registrados que afectan un terreno particular.

trade fixtures – such chattels as merchants usually possess and annex to the premises occupied by them to enable them to store, handle, and display their goods, which are generally removable without material injury to the premises at the termination of the lease.
mueble comercial adherido – artículos de negocio o relativos al comercio adheridos a un edificio alquilado por el inquilino comerciante para almacenar, manejar y mostrar su mercancía, cuales generalmente son desmontables sin hacer daño a la propiedad al vencerse el contrato de arrendamiento.

transferable – to move a good or service to another person.
transferible – pasar un bien o servicio a otra persona.

transferable development right (TDR) – a legal means by which the right to develop a particular parcel of land can be transferred to another parcel.
derecho de desarrollo transferible (TDR) – medio legal por el cual el derecho para desarrollar una parcela particular de terreno puede ser transferido a otra parcela.

transformer – used to change alternating current from one voltage to another.
transformador – utilizado para cambiar corriente alternativa de un voltaje a otro.

treasury bonds – interest-bearing bonds of $1,000 or more issued by the u.s. government and that mature in 10 to 30 years.
bonos de tesorería – bonos de $1,000 o más producientes de interés emitidos por el gobierno estadounidense que maduran en 10 años o menos.

treasury notes – interest-bearing notes of $1,000 or more issued by the u.s. treasury and that mature in 10 years or less.
pagaré de tesorería – pagarés de $1,000 o más producientes de interés emitidos por la tesorería estadounidense que maduran en 10 años o menos.

treble damages – court awarded damages of three times the actual amount.
daños triples – pago de daños por triplicado debido a daño económico sufrido, derecho que es concedido por la corte.

trigger terms – credit advertising that requires compliance with truth-in-lending rules.
términos causantes de reacciones impulsivas – propaganda de crédito que requiere cumplimiento con las reglas de veracidad en préstamos.

tri-party agreements – agreements to loan money involving the construction financing lender, the permanent lender, and the borrower. Each promises to undertake a certain phase of financing a construction project.
convenios tripartitas – convenios de prestar dinero involucrando al prestamista de financiamiento de construcción, el prestamista permanente y el prestatario. Cada uno promete encargarse de una cierta fase de financiamiento del proyecto de construcción.

triple net lease – See *net lease*.
arrendamiento más costos – Vea *arrendamiento neto*.

triplex – a building with three units.
tríplice – edificio consistente de tres unidades.

trust – a right of property held by one party for the benefit of another.
fideicomiso – pertenencia de un fiduciario para el beneficio de otro.

trust account – a separate account for holding clients' and customers' money.
cuenta fiduciaria – una cuenta separada para depositar el dinero de los clientes.

trust deed – See *deed of trust*.
escritura fiduciaria – Vea *escritura de fideicomiso*.

trustee – one who holds property in trust for another.
fiduciario – el que mantiene propiedad en fideicomiso por otro.

trustee's deed – See *sheriff's deed*.
escritura de fiduciario – Vea *escritura judicial*.

trustor (also called settlor) – one who creates a trust; the borrower in a deed of trusts arrangement.
fideicomitente – el que crea un fideicomiso; el prestatario en una escritura de fideicomiso.

Truth-in-Lending Act – a federal statute that requires disclosure of specific loan information to the borrower before the obligation becomes effective.
Ley de Veracidad en Préstamos – estatuto federal que requiere revelación de cierta información sobre préstamos al prestatario antes que éste se obligue al préstamo.

turnkey – a finished product, ready for delivery or installation.
producto terminado – producto terminado, listo para entrega o instalación.

U

U.S. Code Annotated – volumes that contain the annotated federal statutes, rulings, decisions rendered, and positions taken by governmental agencies, interpreting law and regulations under their jurisdictions.
Código Anotado de Los Estados Unidos – volúmenes que contienen los estatutos federales, fallos, y decisiones tomadas por agencias gubernamentales, interpretando la ley y reglamentos bajo su jurisdicción.

U.S. Public Land Survey – a system for surveying land that uses latitude and longitude lines as references.
Levantamiento de los Terrenos Públicos de los Estados Unidos – sistema para deslindar terreno que utiliza líneas latitudinales y longitudinales como referencias.

UBC – See *Uniform Building Code.*
UBC – Vea *Código Uniforme de Construcción.*

UCC lien – lien which attaches pursuant to the provisions of the Uniform Commercial Code.
Gravamen de Código Comercial Uniforme – gravamen que adhiere de acuerdo con las provisiones del Código Comercial Uniforme.

UFFI – See *urea formaldehyde foam insulation.*
UFFI – Vea *aislante de espuma urea formaldehído.*

UFMIP – See *up-front mortgage insurance premium.*
UFMIP – Vea *prima anticipada de seguro hipotecario.*

unconscionable bargain – a bargain that no man in his right senses would make and that no fair and honest man would accept because of unfairness to the other.
precio ventajoso injusto – oferta que ningún hombre en sus cinco sentidos llevaría a cabo y que ningún hombre justo y honesto aceptaría debido a que implica una injusticia hacia otro.

underground storage tanks (USTs) – used for the bulk storage of chemicals and petroleum.
tanques de almacenaje subterráneos (USTs) – tanques utilizados para almacenaje de sustancias químicas y petróleo.

underwrite – to insure; to assume liability to the extent of a specified sum.
asegurar – asegurar; asumir responsabilidad hasta el límite de una suma especificada.

underwriter – the person who reviews a loan application and makes recommendation to the loan committee concerning the risk and desirability of making the loan.
agente asesor – persona que revisa solicitudes de préstamo para hacer recomendaciones al comité de préstamos referente al riesgo y conveniencia de llevar a cabo un préstamo.

undisclosed agency – when agency relationship is not clearly identified.
agencia encubierta – ocurre cuando la relación de agencia no se ha determinado claramente.

undivided interest – ownership by two or more persons that gives each the right to use the entire property.
interés indiviso – pertenencia por dos o más personas que le da a cada una el derecho de usar la propiedad entera.

undue influence – unfair advantage to obtain a contract.
influencia excesiva – ventaja injusta para obtener un contrato.

unearned income – passive income.
renta pasiva – ingreso pasivo.

unenforceable contract – a contract whose enforcement is barred by the statute of limitations or the doctrine of laches.
contrato inejecutable – contrato imposible de hacer cumplir.

unfair and deceptive practices – fraudulent, misleading business practices that involve the general public or competing parties that is prohibited by statute and/or regulated by a government agency.
prácticas injustas y engañosas – prácticas de negocio fraudulentas,

engañosas que involucran al público general o partidos rivales. Estas prácticas son prohibidas por ley y reguladas por agencias de gobierno.

Uniform Commercial Code – code that requires that the sale of personal property with value in excess of $500 be in writing.
Código Comercial Uniforme – este código requiere que la venta de bienes personales que exceden un valor de $500 se lleve a cabo en forma escrita.

Uniform Partnership Act – an act that introduces clarity and uniformity into general partnership laws.
Ley de Sociedad Uniforme – ley que introduce claridad y uniformidad a las leyes de sociedades generales.

Uniform Residential Appraisal Report (URAR) – a report produced by professional appraisers that supports the estimated value of a property.
Reporte Uniforme de Avalúo Residencial (URAR) – reporte producido por valuadores profesionales que justifican el valor asignado a una propiedad.

uniform settlement statement – complete settlement charges for both the buyer and the seller.
declaración uniforme de cierre – desglose completo y detallado de los cargos asumidos por el comprador y el vendedor al cierre de la operación.

Uniform Standards of Professional Appraisal Practice (USPAP) – mandatory requirements for certain federally related real estate appraisals.
Estándar Uniforme en la Práctica de Avalúos Profesionales (USPAP) – reglamentos obligatorios en algunos avalúos relacionados con bienes raíces federales.

uniform test – test containing questions relevant to the principles and practices of real estate that are uniform across the country.
examen uniforme – examen que contiene preguntas relevantes acerca de los principios y prácticas de bienes raíces que son estándares a través del país.

unilateral contract – results when a promise is exchanged for performance.
contrato unilateral – resulta cuando una promesa se hace por cambio de un desempeño.

unilateral rescission – innocent party refuses to perform his or her contractual duties because the other party has not performed.
rescisión unilateral – cuando el partido inocente rehusa cumplir sus deberes contractuales porque el otro partido no ha cumplido con los de él.

unimproved property – raw land.
propiedad sin desarrollo – tierra virgen.

unincorporated area – rural areas not incorporate by a municipality.
área desincorporada – áreas rurales no incorporadas a un municipio.

unincorporated non-profit association – an unincorporated organization, other than one created by a trust, consisting of three or more persons joined by mutual consent for a common, non-profit purpose.
asociación desincorporada sin fines de lucro – organización no incorporada, solo creada por un fideicomiso, consistiendo de tres o más personas juntas por consentimiento mutuo para un propósito común que no tiene como finalidad el lucro personal.

unit deed – a deed to a condominium unit.
escritura de unidad – escritura de una unidad de condominio.

United States Geographical Survey (USGS) – one of the three commonly used major surveying systems.
Levantamiento Geográfico de los Estados Unidos (USGS) – uno de los tres sistemas de levantamiento geográfico más utilizados.

unities – See *four unities of a joint tenancy.*
unidades – Vea *cuatro unidades de condominio.*

unit-in-place method – an appraisal technique that calculates the cost of all the component parts to be used in the construction to arrive at the value.
método de unidad ubicada – técnica de avalúo que calcula el costo de todos los componentes que serán utilizadas en la construcción.

unity of interest – all joint tenants own one interest together.
unidad de interés – todos los condominios juntamente poseen un interés.

unity of person – the legal premise that husband and wife are an indivisible legal unit and a requirement of tenancy by the entirety.
unidad de persona – premisa legal que el esposo y la esposa son una unidad legal indivisa y requiere tenencia vitalicia.

unity of possession – all co-tenants must enjoy the same undivided possession of the whole property.
posesión conjunta – todos los condominios deben disfrutar la misma posesión indivisa de la propiedad entera.

unity of time – each joint tenant must acquire his or her ownership interest at the same moment.
unidad de tiempo – cada condominio debe adquirir su interés de pertenencia al mismo tiempo.

unity of title – all joint tenants must acquire their interest from the same deed or will.
unidad de título – todos los condominios deben adquirir sus intereses de la misma escritura o del mismo testamento.

universal agency – an agency wherein the agent is empowered to transact matters of all types for the principal.
agencia universal – agencia en la cual el agente tiene el poder para tramitar por el principal asuntos de todo tipo.

unjust enrichment – the doctrine that persons shall not be allowed to profit to enrich themselves inequitably at another's expense.
enriquecimiento injusto – doctrina que manifiesta que ninguna persona debe enriquecerse injustamente a expensar de otro.

unmarketable title – title that is not clear as to who is the owner.
título incierto – título que no aclara quien es el propietario.

up-front mortgage insurance premium (UFMIP) – a one-time charge by the FHA for insuring a loan.
prima anticipada de seguro hipotecario – cargo al principio de un préstamo por FHA para asegurar tal préstamo.

URAR – See *uniform residential appraisal report*.
URAR – Vea *Reporte Uniforme de Avalúo Residencial*.

urban homestead – a homestead in an urban area, which can consist of a lot or lots not to exceed one acre at the time of designation.
hogar principal urbano – hogar principal en un pueblo, ciudad, o aldea.

urea formaldehyde foam insulation (UFFI) – a type of foam containing formaldehyde used as home insulation until the early 1980s.
aislante de espuma urea formaldehído (UFFI) – tipo de espuma que contiene formaldehído utilizado como aislante hasta el principio de los años1980.

USGS – See *United States Geographical Survey*.
USGS – Vea *levantamiento geográfico de los Estados Unidos*.

USPAP – See *Uniform Standards of Professional Appraisal Practice*.
USPAP – Vea *Estándares Uniformes en la Práctica de Avalúos Profesionales*.

usury – charging a rate of interest higher than that permitted by law.
usura – cobrar una tasa de interés más alta que la permitida por la ley.

utility – the ability of a good or service to fill demand.
utilidad – habilidad de un producto o servicio para satisfacer la demanda.

utility easement – the right held by a utility company to make use of a utility easement on a person's property.
servidumbre de servicios públicos – derecho que poseen las compañías de servicios públicos de utilizar una servidumbre de paso para su servicio en la propiedad de cualquier persona.

V

VA – See *Veterans Administration loan.*
VA – Vea *Préstamo de Administración de Veteranos.*

VA – Veterans Administration.
Administración de veteranos – Departamento de la Administración de Veteranos.

vacant land – land without buildings, but not necessarily without improvements including utilities and sewers.
terreno vacante – terreno sin construcción, pero no necesariamente sin mejoras incluyendo servicios públicos y alcantarillas.

valid contract – one that meets all requirements of law, is binding upon its parties, and is enforceable in a court of law.
contrato válido – contrato que satisface todos los requisitos de la ley, es obligatorio sobre los partidos, y que se puede hacer cumplir por la corte.

valuable consideration – money, property, services, forbearance, or anything worth money.
causa valiosa – dinero, propiedad, servicios, promesas de no actuar, o cualquier cosa de valor.

valuation of real property – See *appraisal.*
valuación de bienes raíces – Vea *avalúo.*

valve – a device used to regulate the flow of a liquid or gas; it may force the flow in a certain direction.
válvula – aparato utilizado para regular el flujo de líquido o gas; puede forzar el flujo en cierta dirección.

variable interest rate (VIR) or variable mortgage rate (VMR) – an interest rate that adjusts at a predetermined time based on a pubic index.
tasa de interés variable (VIR) o tasa de hipoteca variable (VMR) – tasa de interés que se ajusta en base a índice público en un tiempo predeterminado.

variable rate mortgage (VRM) – a mortgage on which the interest rate rises and falls with changes in prevailing interest rates.
hipoteca de tasa variable (VRM) – hipoteca en la cual la tasa de interés sube y baja con los cambios de tasas de intereses prevalecientes.

variance – a permit granted to an individual property owner to vary slightly from strict compliance with zoning requirements.
variancia – permiso otorgado al propietario para variar ligeramente del cumplimiento estricto de los requisitos de zonificación.

vassals – tenants of the lord and subtenants of the kind.
vasallos – arrendatarios de un noble y subarrendatarios del rey.

vendee – the buyer.
comprador – consumidor.

vendor – the seller.
vendedor – el que vende.

vendor's lien – a lien implied to belong to a vendor for the unpaid purchase price of the land.
gravamen de vendedor – gravamen implícito perteneciente al vendedor por la deuda que todavía no se ha pagado.

venue – at law, a county or jurisdiction in which an actual prosecution is brought for trial, and which is to furnish a panel of jurors. Also, it relates to the territory within which a matter has jurisdiction to be performed or completed.
jurisdicción – en derecho y leyes, condado o jurisdicción en cual se realiza prosecución para juicio, y cual provee juristas. También se refiere al territorio dentro cual un asunto tiene jurisdicción pendiente.

vested – owned by.
propio – pertenencia, perteneciente.

vested remainder – a remainderman whose estate is invariably fixed to remain to that determined person after the prior estate has expired.
pertenencia restante – heredad de nudo propietario invariablemente fija que pertenecerá a esa persona determinada después de que la heredad se venza.

Veterans Administration loan – a loan partially guaranteed by the Veterans Administration.
Préstamo de la Administración de Veteranos – préstamo parcialmente garantizado por la Administración de Veteranos.

VIR – See *variable interest rate.*
VIR – Vea *tasa variable de interés.*

VMR – See *variable interest rate.*
VRM – Vea *hipoteca de tasa variable.*

void – having no legal force or effect.
nulo, inválido – que no tiene efecto o acción legal.

void contract – a contract that has no binding effect on the parties who made it.
contrato inválido – contrato sin efecto obligatorio sobre los partidos que lo crearon.

voidable – a contract that appears valid and forcible on its face but is subject to rescission by one of the parties because of its latent defect.
anulable – contrato que parece válido y ejecutable pero que está sujeto a una posible rescisión por uno de los partidos debido a un defecto oculto o latente.

voidable contract – a contract that binds one party but gives the other the right to withdraw.
contrato anulable – contrato que obliga a un partido pero que le da el derecho de salirse al otro.

voluntary deed – See *deed in lieu of foreclosure.*
escritura voluntaria – Vea *entrega de escritura para evitar juicio hipotecario.*

voluntary lien – a lien created by the property owner.
gravamen voluntario – gravamen creado por el propietario.

W

waive – to surrender or give up.
renunciar – renunciar, desistir, dar por perdido.

waiver – the voluntary surrender of rights or claims.
renuncia – abandono, repudia.

walk-through – a final inspection of the property just prior to settlement.
inspección final – la inspección final de la propiedad antes del cierre.

warehouse – a building used for storing merchandise.
bodega – edificio para almacenar mercancía.

warranty – an assurance or guarantee that something is true as stated.
garantía – una garantía que algo es verdadero.

warranty deed – a deed that usually contains the covenants of seizin, quiet enjoyment, encumbrances, further assurance, and warranty forever.
escritura con garantía – escritura que usualmente contiene los convenios de posesión, quieta y pacífica posesión, garantía libre de gravamen, perfeccionamiento de título, y de título al comprador para siempre.

waste – abuse or destructive use of property.
desperdicio – abuso o uso destructivo de propiedad.

water erosion – the removal of soil material by flowing water.
erosión por agua – erosión debida a la eliminación y traslado de tierra ocasionada por una corriente de agua.

water right – the right to use water on or below or bordering a parcel of land.
derecho de agua – derecho de usar agua sobre, debajo o que colinda con una parcela de terreno.

water table – the uppermost boundary of the groundwater.
nivel hidrostático – límite más alto de agua subterránea.

waterfront property – property adjacent to a large body of water.
propiedad ribereña – propiedad adyacente a un cuerpo grande de agua.

well-water storage tank – a tank used to prevent the well from pumping every time the household uses water. Types of well-water storage include pressure tanks, elastic pressure cells, gravity cells, gravity tanks, and reservoirs.
tanque de almacenaje de agua de noria – tanque utilizado para prevenir el bombeo de la noria cada vez que se usa agua. Tipos de almacenaje de agua de noria incluyen tanques de presión, células de elástico bajo presión, células de gravedad, tanques gravimétricos y depósitos.

wetlands – federal- and state-protected transition areas between uplands and aquatic habitats that provide flood and storm water control, surface and groundwater protection, erosion control, and pollution treatment.
tierras saturadas – áreas de transición protegidas por el gobierno federal y estatal entre terrenos elevados y habitat acuático que proveen control del agua de lluvia e inundaciones, protección de las aguas de superficie y subterráneas, control de erosión y tratamientos contra la contaminación.

will – a formal or witness document, prepared in most cases by an attorney, that protects a deceased's intentions with regard to his or her property and possessions after his or her death. A will must meet specific legal requirements and the testator must declare it to be his or her will and sign it in the presence of two to four witnesses (depending on the state), who, at the testator's request and in the presence of each other, sign the will as witnesses.

testamento – documento formal o testificado, preparado en la mayoría de los casos por un abogado, que protege las intenciones del difunto referente a sus bienes y propiedades después de su muerte. Un testamento debe satisfacer reglamentos legales específicos y el testador debe declarar que es su voluntad y firmarlo en la presencia de dos a cuatro testigos (dependiendo del estado), quien, a la solicitud del testador y en la presencia de unos y otros, firman el testamento como testigos.

window sash – the frame that surrounds and secures the glass of a window.
marco de ventana – el marco de resguardo alrededor del vidrio de una ventana.

window sill – the horizontal bottom part of a window frame.
solera de ventana – la parte horizontal de abajo del marco de una ventana.

witnessed will – a formal will that is normally prepared by an attorney and properly witnessed according to statute.
testamento testificado – testamento formal normalmente preparado por un abogado y propiamente testificado de acuerdo a la ley.

wood rot – caused by a type of fungus that destroys wood; it is as damaging as termite or other insect infestation.
madera podrida – ocasionada por un tipo de hongo que destruye madera; es igual de dañino que la infestación de termitas u otros insectos.

wood-destroying insect – an insect capable of causing wood structure damage.
insecto destructor de madera – insecto capaz de causar daño a una estructura de madera.

words of conveyance – the grantor's statement of making a grant to the grantee.
palabras de cesión – declaración del cesionista de que está haciendo una concesión al concesionario.

worker's compensation insurance – insurance for injuries to workers while on the job.
seguro de compensación por accidentes de trabajo – seguro para trabajadores que cubre accidentes que ocurren cuando están en su trabajo.

worst-case scenario – shows what can happen to the borrower's payments if the index rises to its maximum in an adjustable loan.
escenario del peor caso – muestra que puede suceder con los pagos del prestatario de un préstamo de interés ajustable si el índice sube a su máximo.

wraparound deed of trust – See *wraparound mortgage*.
escritura de fideicomiso circundante – Vea *hipoteca subordinada circun-dante*.

wraparound mortgage – a mortgage that encompasses any existing mortgages and is subordinate to them.
hipoteca subordinada circundante – hipoteca subordinada circundante de otras hipotecas existentes.

writ – a document issued by the court ordering a county official to specifically do or not do something.
mandato – documento emitido por la corte dirigido a un oficial del condado para llevar a cabo o no hacer algo específico.

writ of attachment – a legal seizure of property issued by judges and clerks of the district and county courts to prevent alienation of real property pending a judicial proceeding.
mandato de embargo – apropiación legal de propiedad emitida por jueces y oficiales de las cortes de distrito y del condado para prevenir enajenamiento del bien por procedimiento judicial pendiente.

writ of execution – a court document directing the county sheriff to seize and sell a debtor's property.
mandato de ejecución – documento judicial ordenando al alguacil mayor de obtener posesión y vender la propiedad de un deudor.

writ of possession – a writ issued by a court of competent jurisdiction commanding a sheriff to restore the premises to the true owner.
mandato de posesión – orden judicial emitida por la corte de la jurisdicción competente ordenando al alguacil mayor devolver la propiedad al dueño verdadero.

Y

year-to-year tenancy – tenancy that is based from one year to the next without a contract or lease.
tenencia de año en año – tenencia que se basa de un año a otro sin contrato o arrendamiento.

yield – See *effective yield*.
rendimiento – Vea *rendimiento efectivo*.

Z

zero lot line – the placing of a structure on the lot line without being required to have a setback from the perimeter of the property.
lote con estructura sobre la línea límite de la propiedad – colocación de una estructura sobre el límite del lote sin que se requiera retroceder del perímetro de la propiedad.

zoning – public regulations that control the specific use of land in a given district.
zonificación – reglamento 2.5s públicos que controlan el uso específico de terreno en un distrito.

zoning commissioners – those appointed by a city council to review and enforce the city's zoning ordinance.
comisionados de zonificación – aquellos nombrados por el concilio de la ciudad para revisar y ejecutar las ordenanzas de zonificación urbana.

zoning ordinance – a statement setting forth the type of use permitted under each zoning classification and the specific requirements for compliance.
ordenanza de zonificación – declaración que impone el tipo de utilización permitido bajo cada clasificación de zonificación y los requisitos específicos para su cumplimiento.

zoning variance – the limited changes allowed without changing the character of the zoned area.
variante en zonificación – cambios limitados permitidos sin cambiar el carácter de la área zonificada.

A

"A" paper – clasificación de crédito excelente, usualmente crédito de 620 o más alto de acuerdo a los sistemas de crédito.
"A" paper – a loan rating given based on excellent credit; usually with a FICO score of 620 or higher.

a primera vista – algo que es evidente al verlo.
prima facie – at first view; something that is evident when viewed.

abandono – renunciar la posesión de propiedad sin ceder el interés de la propiedad a otra persona.
abandonment – the voluntary surrender or relinquishing of possession of real property without vesting this interest in another person, homestead.

abeja carpintera – insecto que come madera.
carpenter bee – a type of insect that eats wood.

abstener – no actuar.
forbear – not to act.

abstractor – el experto en la investigación y en la preparación de compendios.
abstractor (conveyancer) – an expert in title search and abstract preparation.

accesión – adición a la tierra por el hombre o la naturaleza.
accession – the addition to land by man or nature.

acceso para incapacitados – fácil accesibilidad a lugares y servicios para los incapacitados en establecimientos públicos, locales de vivienda, transportación y otros lugares en general.
handicap access – making public establishments, living facilities, transportation and other places and services accessible to handicapped persons.

acción de dinero sobrante – reclamo de pago archivado por el poseedor de una hipoteca secundaria en una venta judicial.
surplus money action – a claim for payment filed by a junior mortgage holder at a foreclosure sale.

acción divisora – Vea *partición*.
partition action – See *partition*.

acción para fijar validez de título – acción para validar pertenencia de terreno.
action to quiet title – action for land ownership.

accionista – el que posee acciones en una compañía de acciones.
shareholder (also called stockholder) – one who owns shares one or more share in a company stock.

aceptación – el hecho de la persona a quien se le ofrece algo, ésta la recibe con intención de retenerla, evidenciada por un hecho.
acceptance – the act of a person to whom a thing is offered or tendered by another, whereby he receives the thing with the intention of retaining it, such intention being evidenced by a sufficient act.

acre – unidad que se usa para medir terrenos.
acre – a unit of land measurement that contains 4,840 square yards or 43,560 square feet.

acrecencia – proceso por el cual hay crecimiento de tierra debido a la acumulación de piedra, arena y tierra transportada por agua.
accretion – the process of land buildup by waterborne rock, sand, and soil.

acreedor – la persona o compañía a quien se le debe dinero.
creditor – a person or firm to whom money is due.

acreedor hipotecario – partido que recibe la hipoteca; el prestamista.
mortgagee – the party receiving the mortgage, the lender.

ACRS – Vea *Sistema Acelerado de Recuperación de Costo*.
ACRS – See *Accelerated Cost Recovery System*.

activo líquido – activo que puede ser convertido en efectivo en corto plazo.
liquid asset – an asset that can be converted to cash on short notice.

acuerdo – convenio o consentimiento.
accord – agreement or consent.

acuerdo común – Vea *convenio mutuo*.
meeting of the minds (also called mutual agreement) – means that there must be agreement to the provisions of a contract by all parties involved.

ADA – Vea *Ley Sobre Estadounidenses Incapacitados*.
ADA – See *Americans with Disabilities Act*.

adaptación – la manera por la cual ciertos bienes personales se han adaptado o se han hecho especialmente para una parcela de bien raíz.
adaptation – the manner in which certain items of personalty are conformed to or made especially for a parcel of real estate.

adendum – Vea *anexo*.
addendums – See *rider*.

adición – Vea *modificación*.
addition – See *modification*.

Administración de veteranos – Departamento de la Administración de Veteranos.
VA – Veterans Administration.

administración en sitio – funciones administrativas que tienen que ser realizadas en la propiedad administrada. Vea también *administrador de propiedad certificado (CPM)*.
on-site management – refers to those property management functions that must be performed on the premises being managed. See also *property manager*.

Administración Federal de Vivienda (FHA) – agencia gubernamental que asegura a los prestamistas contra pérdidas debidas a la falta de pago.
Federal Housing Administration (FHA) – government agency that insures lenders against losses due to nonrepayment.

administración fuera de sitio – se refiere a esas funciones de administración de propiedad que se pueden realizar fuera de la propiedad administrada. Vea también *administrador de propiedad*.
off-site management – refers to those property management functions that can be performed away from the premises being manage. See also *property manager*.

administrador – (masculino) persona asignada por la corte para ejecutar un testamento.
administrator – a person appointed by a court to carry out the instructions found in a will (male).

Administrador de Bienes Raíces – designación profesional para administradores de propiedad.
Real Property Administrator – professional designation for property managers.

administrador de propiedad – la persona que supervisa todo aspecto de la operación de una propiedad y realiza tareas tal como arrendamiento, relaciones entre los inquilinos, reparación y mantenimiento del edificio, contabilidad, publicidad, y supervisión de personal y transacciones. Vea también *admin - istrador de propiedad certificado (CPM)*.
property manager – one who supervises every aspect of a property's operation and performs tasks such as renting, tenant relations, building repair and maintenance, accounting, advertising, and supervision of personnel and tradespeople. See also *certified property manager (CPM)*.

Administrador de Propiedad Certificado (CPM) – designación profesional para administrador de propiedad.
Certified Property Manager (CPM) – professional designation for property manager.

Administrador de Sistemas de Mantenimiento (SMA) – designación profesional para administradores de propiedad.
Systems Maintenance Administrator (SMA) – professional designation for property managers.

administrador residente – Vea *administración en sitio*.
resident manager – See *on-site management*.

Administrador Residente Acreditado – designación profesional para administradores de propiedad.
Accredited Resident Manager (ARM) – professional designation for property managers.

administradora – (femenina) persona asignada por la corte para ejecutar un testamento.
administrix – a person appointed by a court to carry out the instructions found in a will (feminine).

adquisición – el comprador está obligado a pagar el préstamo existente como condición de la venta.
assumption – the buyer is obligated to repay an existing loan as a condition of the sale.

adquisición – posesión o propiedad.
acquisition – to come into possession or ownership.

adquisición formal – la propiedad no será traspasada al nuevo comprador hasta que el crédito de éste sea aprobado por la Administración Federal de Vivienda o su agente.
formal assumption – the property is not conveyed to a new buyer until the new buyer's creditworthiness has been approved by the FHA or its agent.

adquisición sencilla – cuando se vende la propiedad y el préstamo lo asume el comprador sin notificación a la Administración Federal de Vivienda (FHA) o sus agentes.
simple assumption – the property is sold and the loan is assumed by the buyer without notification to the FHA or its agent.

adyacente – Vea *colindar*.
adjacent – See *abut*.

agencia – la relación creada cuando una persona (la principal) autoriza a otra (el agente) el derecho de actuar por él.
agency – a relationship created when one person (the principal) delegates to another person (the agent) the right to act on the principal's behalf.

agencia aunada a un interés – agencia que resulta cuando el agente tiene interés en la propiedad que representa.
agency coupled with an interest – an irrevocable agency in which the agent has an interest in the property as part or all of his compensation.

Agencia de Protección del Medio Ambiente (EPA) – agencia gubernamental federal encargada de la protección del medio ambiente.
Environmental Protection Agency (EPA) – the federal governmental agency in charge of protecting the environment.

agencia dividida – Vea *agencia dual*.
divided agency – See *dual agency*.

agencia dual (agencia dividida) – agencia el la cual el mismo agente al comprador y al vendedor en una transacción.
dual agency – agency in which the licensee represents both the buyer and the seller.

agencia encubierta – ocurre cuando la relación de agencia no se ha determinado claramente.
undisclosed agency – when agency relationship is not clearly identified.

agencia especial – agencia creada únicamente para la realización de hechos específicos.
special agency – an agency relationship created for the performance of specific acts only.

agencia exclusiva – relación de agencia donde se representan solamente compradores o vendedores.
exclusive agency – an agency relationship where only buyers or sellers will be represented.

agencia expresa – relación de agencia formada cuando el principal emplea un agente de bienes raíces para que actúe por él.
express agency – an agency relationship that is created when a principal employs a real estate agent to act for him.

agencia general – agencia donde el agente tiene el poder de tramitar los asuntos del principal sobre un negocio específico o en cierto sitio.
general agency – an agency wherein the agent has the power to bind the principal in a particular trade or business.

agencia implícita – agencia que resulta cuando el principal no mantiene diligencia debida sobre el agente y como resultado éste ejerce poderes no otorgados.
agency by estoppel – relationship that results when a principal fails to maintain due diligence over his agent and the agent exercises powers not granted to him.

agencia ostensible – agencia creada por el principal cuando éste hace creer a partidos terceros que una persona es su agente sin permiso y sin haberlo consultado con el agente.
ostensible agency – agency created by the principal when the principal leads third parties to believe an unaware person is his agent.

agencia por ratificación – agencia que se establece después de que se ha llevado a cabo.
agency by ratification – the establishment of an agency relationship by the principal after the agency objective has been accomplished.

agencia universal – agencia en la cual el agente tiene el poder para tramitar por el principal asuntos de todo tipo.
universal agency – an agency wherein the agent is empowered to transact matters of all types for the principal.

agente – la persona autorizada para actuar por el principal; vea también *agencia; corredor.*
agent – the person empowered to act by and on behalf of the principal. See also *agency; broker.*

agente asesor – persona que revisa solicitudes de préstamo para hacer recomendaciones al comité de préstamos referente al riesgo y conveniencia de llevar a cabo un préstamo.
underwriter – the person who reviews a loan application and makes recommendation to the loan committee concerning the risk and desirability of making the loan.

agente asociado – socio de ventas del corredor principal.
associate licensee – a salesperson that is associated with a broker.

agente de ventas – agente que procura el contrato de venta.
listing agent – the real estate agent that procured the listing agreement.

agente depositario –persona imparcial encargada de depósitos, documentos y dinero, tipicamente al cerrar contrato.
escrow agent – disinterested third party placed in charge of an escrow, typically in a closing.

agente gratuito – agente de bienes raíces al que no se compensa por sus servicios.
gratuitous agent – a real estate agent that is not compensated for his services.

agrupación – el proceso de combinar dos o más parcelas.
assemblage – the process of combining two or more parcels into one.

agua no potable – agua desperdiciada o recirculada usada en instalaciones de plomería que no es apta para consumo humano.
nonpotable water – wastewater or recycled water used in plumbing fixtures that is not safe for consumption.

agua potable – agua que se puede beber y utilizar para preparar comidas, agua pura.
potable water – water that is safe for drinking.

agua ribereña – agua de un río u otro cuerpo de agua.
riparian water – water from a river or other body of water.

agua subterranea – agua bajo la superficie de la tierra que puede ser recogida en norias, túneles, o galerías de drenaje, o que corre naturalmente a la superficie terrestre en forma de brotos, fuentes o manantiales.
groundwater – water beneath the surface of the earth that can be collected with wells, tunnels, or drainage galleries or that flows naturally to the earth's surface via seeps or springs.

ahorros reales – ahorros hechos por personas o negocios que resultan por gastar menos de la ganancia.
real savings – savings by persons and businesses that result from ending less than is earned.

AIREA – Vea *Instituto Americano de Valuadores de Bienes Raíces.*
AIREA – See *American Institute of Real Estate Appraisers, The.*

aislante de espuma urea formaldehído (UFFI) – tipo de espuma que contiene formaldehído utilizado como aislante hasta el principio de los años1980.
urea formaldehyde foam insulation (UFFI) – a type of foam containing formaldehyde used as home insulation until the early 1980s.

aislantes – materiales de baja conducción con electricidad y por lo mismo, se localizan alrededor de alambres para prevenir choque eléctrico.
insulators – materials that are poor conductors of electricity and are, therefore, placed around wires to prevent electrical shock.

ajustes – cambios.
adjustments – changes.

alquiler del terreno – renta que se paga para ocupar un solar.
ground rent – rent paid to occupy a plot of land.

aluvión – el incremento gradual por depósito de tierra vegetal transportada por agua.
alluvion – the increase of land when waterborne soil is gradually deposited.

amenaza – amenazar con violencia para obtener un contrato.
menace – threat of violence to obtain a contract.

amor y afecto – término utilizado para expresar la consideración concedida por un ser querido en un contrato.
love and affection – a term used as the consideration given by a loved one in a contract.

amortización negativa – ocurre cuando, el interés sube al pun to en que el pago mensual no es supiciente para pagar el interés vencido, y el exceso se añade al saldo que se debe, por lo tanto, aumenta el saldo del préstamo en vez de amortizar o re bajar.
negative amortization – occurs when the interest rate rises to the point that the monthly loan payment is insufficient to pay the interest due and the excess is added to the balance owed, thereby creating an increasing loan balance rather than an amortizing or decreasing loan balance.

amortizar – liquidar deuda por efectuación de pagos periódicos.
amortize – to liquidate a debt by making periodic payments.

análisis – proceso de proveer información, recomendaciones, y/o conclusiones a problemas.
analysis – the act or process of providing information, recommendations, and/or conclusions on problems.

análisis de comparativos en el mercado – Vea *método comparativo del mercado*.
comparative market analysis – See *market comparison approach*.

análisis del mercado competitivo – método de valuar casas que toma en cuenta las ventas recientes y también las casas que están en el mercado actualmente y las casas que no se vendieron.
competitive market analysis – a method of valuing homes that looks at recent home sales and at homes presently on the market plus homes that were listed but did not sell.

anexación – adaptación de bienes personales a propiedad raíz, derecho municipal de extender jurisdicción sobre propiedad contigua.
annexation – the attachment of personal property to real estate; municipality's right to extend jurisdiction over contiguous property.

anexo – cualquier anexo efectuado a un documento y hecho parte de éste por referencia.
rider – any annexation to a document made part of the document by reference.

año fiscal – período anual establecido para contabilidad.
fiscal year – a yearly period established for accounting purposes.

anualidad – serie de pagos periódicos; por ejemplo, dinero recibido de un arrendamiento de largo término.
annuity – a series of periodic payments; for example, money received in a long-term lease.

anulable – contrato que parece válido y ejecutable pero que está sujeto a una posible rescisión por uno de los partidos debido a un defecto oculto o latente.
voidable – a contract that appears valid and forcible on its face but is subject to rescission by one of the parties because of its latent defect.

aparato de plomería – aparato que requiere sistema de agua y de drenaje.
plumbing fixture – an appliance requiring a water supply and drainage system.

apartamento – referente a condominios, espacio encerrado consistente de uno o más cuartos que ocupa todo o parte de un piso en un edificio de uno o más pisos diseñado para residencia u oficina, para la operación de alguna industria, negocio, o para uso independiente, proveído que tenga salida directa a una vía pública.
apartment – in condominium housing, an enclosed space consisting of one or more rooms occupying all or part of a floor in a building of one or more floors or stories regardless of whether it be designated for a residence or an office, for the operation of any industry, business, or for any type of independent use, provided it has a direct exit to a thoroughfare or to a given space leading to a thoroughfare.

apoderado – una persona que está autorizada por otra para actuar por él.
attorney-in-fact – one who is authorized by another to act in his or her place.

APR – Vea *tasa de porcentaje anual.*
APR – See *annual percentage rate.*

apreciación – aumento en el valor de una propiedad.
appreciation – an increase in property value.

apropiación previa – Vea *doctrina de apropiación previa.*
prior appropriation – See *doctrine of prior appropriation.*

área desincorporada – áreas rurales no incorporadas a un municipio.
unincorporated area – rural areas not incorporate by a municipality.

ARM – Vea *Administrador Residente Acreditado* e *hipoteca con tasa ajustable.*
ARM – See *Accredited Resident Manager* and *adjustable rate mortgage.*

arquitectura – profesión del diseño de edificios, comunidades, y otra construcción artificial.
architecture – the profession of designing buildings, communities, and other artificial constructions.

arrendador – dueño de propiedad que alquila la propiedad por término de años, sobre reserva de renta, a otra persona conocida como el inquilino.
landlord – the owner of an estate in land who has leased the land for a term of years, on a rent reserve, to another person called the tenant.

arrendador – Vea *alquilador.*
lessor – See *landlord.*

arrendamiento – concesión de propiedad bajo arriendo.
demise – the conveyance of an estate under lease.

arrendamiento – convenio que concede el derecho para usar la propiedad por un período de tiempo.
lease – an agreement that conveys the right to use property for a period of time.

arrendamiento a largo plazo – arrendamiento de un año o más.
long-term lease – a lease for one year or longer.

arrendamiento bruto – el inquilino paga una renta fija y el arrendador paga todos los gastos de la propiedad.
gross lease – a lease of property under the terms of which the landlord pays all property charges regularly incurred through ownership and the tenant pays a fixed charge for the term of the lease.

arrendamiento con opción de compra – permite que el inquilino, por un dado período de tiempo, compre la propiedad por el precio y términos actuales.
lease with option to buy (lease-option) – allows a tenant to buy the property at present price and terms for a given period of time.

arrendamiento de pago graduado – contrato de arrendamiento que provee incrementos convenidos.
step-up rental – See *graduated rental*.

arrendamiento de terreno – el arrendamiento solamente del terreno.
ground lease – lease of land only, sometimes secured by the improvements placed on the land by the user.

arrendamiento de terreno – terreno arrendado por contrato.
land lease – land that has been leased by contract.

arrendamiento graduado – arrendamiento que provee incrementos de renta acordados.
graduated rental – a lease that provides for agreed-upon rent increases.

arrendamiento más costos – Vea *arrendamiento neto*.
triple net lease – See net lease.

arrendamiento neto – arrendamiento en el cual el inquilino paga la renta base además del mantenimiento, impuestos sobre la propiedad, y el seguro.
net lease – a commercial lease wherein the tenant pays a base rent plus maintenance, property taxes, and insurance.

arrendamiento neto – renta lograda como ganancia neta.
net rental – rent gained as clear profit.

arrendamiento neto de tierra – arrendamiento de terreno donde el inquilino construye las mejoras, paga por el mantenimiento, seguros e impuestos.
net ground lease – a lease for the land where the tenant builds the improvements, and pays for the maintenance, insurance, and taxes.

arrendamiento por porcentaje de negocio – arrendamiento de propiedad, la renta se basa sobre las ventas del inquilino; usualmente un porcentaje de los recibos brutos del negocio con provisión de renta mínima.
percentage lease – lease on property, the rental for which is based on the tenant's sales; usually a percentage of gross receipts from the business with a provision for a minimum rental.

arrendamiento principal – Vea *escritura maestra*.
master lease – See *master deed*.

arrendamiento propietario – arrendamiento emitido por una corporación cooperativa a sus accionistas.
proprietary lease – a lease issued by a cooperative corporation to its shareholders.

arrendamiento sujeto a un indicador – arrendamiento encadenado a algún indicador económico tal como inflación.
index lease – rent is tied to some economic indicator such as inflation.

arrendatario – Vea *inquilino.*
lessee – See *tenant.*

arriendo con opción – Vea *arrendamiento con opción de compra.*
lease-option – See *lease with option to buy.*

asbesto – material fibroso encontrado en rocas y en tierra.
asbestos – a fibrous material found in rocks and soil.

asegurado – el que está cubierto por el seguro.
insured – one who is covered by insurance.

asegurador – la compañía de seguros.
insurer – the insurance company.

asegurar – asegurar; asumir responsabilidad hasta el límite de una suma especificada.
underwrite – to insure; to assume liability to the extent of a specified sum.

asesor – oficial público que valúa propiedades con el propósito de imponer valor.
assessor – a public official who evaluates property for the purpose of taxation.

asociación copropietaria – una forma de condueño para propósito de negocio.
partnership – a form of co-ownership for business purposes.

asociación copropietaria general – forma de copropiedad con propósito de negocio donde todos los socios tienen voz en la administración y responsabilidad sin límite por sus deudas.
partnership (general) – a form of co-ownership for business purposes wherein all partners have a voice in its management and unlimited liability for its debts.

Asociación de Ahorros y Préstamos – fuente primaria de préstamos residenciales de bienes raíces.
savings and loan association – a primary source of residential real estate loans.

asociación de condominio – asociación para propietarios de condominios.
condominium association – a homeowner association for condominium owners.

asociación de propietarios – asociación administrativa compuesta por cada propietario de unidad en un condominio.
owners' association – an administrative association composed of each unit owner in a condominium.

asociación de propietarios de vivienda (HOA) – forma legal para que los propietarios de las unidades de condominio se gobiernen a si mismos; para controlar, regular, y mantener los elementos comunes para el bien general y beneficio de sus miembros. Gobierno pequeño por y para los propietarios de condominio. Puede ser organizado como fideicomiso o asociación desincorporada, casi siempre va a ser organizado como corporación para proveer protecciones legales normalmente otorgadas por una corporación a sus propietarios. Adicionalmente, será organizado como sociedad sin fin de lucro para evitar impuestos de ingreso sobre el dinero colectado de sus miembros. El comprador de una unidad es miembro automáticamente.
homeowners' association (HOA) – a legal framework so that condominium unit owners can govern themselves; to control, regulate, and maintain the common elements for the overall welfare and benefit of its members. A mini-government by and for condominium owners, it can be organized as a trust or unincorported association, most often it will be organized as a corporation in order to provide the legal protections normally afforded by a corporation to its owners. Additionally, it will be organized as not-for-profit so as to avoid income taxes on money collected from members. A unit purchaser is automatically a member.

asociación desincorporada sin fines de lucro – organización no incorporada, solo creada por un fideicomiso, consistiendo de tres o más personas juntas por consentimiento mutuo para un propósito común que no tiene como finalidad el lucro personal.
unincorporated non-profit association – an unincorporated organization, other than one created by a trust, consisting of three or more persons joined by mutual consent for a common, non-profit purpose.

Asociación Gubernamental Hipotecaria Nacional (Ginnie Mae) – agencia gubernamental que patrocina el programa de seguridades de respaldo hipotecario y provee subsidios para préstamos residenciales.
Government National Mortgage Association (GNMA or "Ginnie Mae") – a government agency that sponsors a mortgage-backed securities program and provides subsidies for residential loans; it is a government sponsored secondary market lending agency.

Asociación Nacional de Corredores (NAR) – asociación dominante de la industria profesional de bienes raíces en los Estados Unidos Americanos.
National Association of REALTORS® (NAR) – the dominant real estate industry trade association in the United States.

Asociación Nacional de Corredores de Bienes Raíces – Vea *realista*.
National Association of Real Estate Brokers (NAREB) – See *realtist*.

Asociación Nacional Hipotecaria Federal (Fannie Mae) – agencia que provee mercado hipotecario secundario para préstamos de bienes raíces.
Federal National Mortgage Association (FNMA) – provides a secondary market for real estate loans.

Asociaciones Federales de Ahorros y Préstamos (S&L) – también conocidas como instituciones de ahorros, ofrecen depósitos de ahorros y préstamos hipotecarios; en un principio efectuaron la mayoría de los préstamos de vivienda en el país.
Federal Savings and Loan (S&L) Associations – also known as thrifts, offer savings deposits and mortgage loans; at one time, S&Ls made the majority of the residential loans in the country.

aumento – añadir períodos sucesivos de ocupación continua para calificar para titularidad por prescripción adquisitiva.
tacking – adding successive periods of continuous occupation to qualify for title by adverse possession.

aumento de ocupación – añadir períodos sucesivos de ocupación continua para calificar para titularidad por prescripción adquisitiva.
tack on – adding successive periods of continuous occupation to qualify for title by adverse possession.

aumento de valor – el resultado de unificar dos o más parcelas para darle más valor al terreno; aumento en valor por unificación de parcelas menores.
plottage value – the result of combining two or more parcels of land so that the one large parcel has more value than the sum of the individual parcels.

aumento del valor líquido de propiedad – incremento de equidad en una propiedad debido a la reducción del balance de la hipoteca y apreciación del valor.
equity build-up – the increase of one's equity in a property due to mortgage balance reduction and price appreciation.

auténtico – genuino.
bona fide – authentic or genuine.

autoridad exclusiva de comprar – contrato utilizado por el corredor del comprador.
exclusive authority to purchase – listing utilized by buyer's brokers.

autoridad ostensible – autoridad que resulta cuando el principal le da a un tercero razón de creer que otra persona es su agente aunque esa persona está inconsciente del empleo.
ostensible authority – results when a principal gives a third party reason to believe that another person is the agent even though that person is unaware of the appointment.

autorización implícita – autorización de agencia que ocurre por costumbre en vez de convenio explícito.
implied authority – agency authority arising from industry custom, common usage, and conduct of the parties involved rather than expressed agreement.

avalúo – estimación de valor.
appraisal – an estimate of value.

avalúo completo – el acto o proceso de estimar valuación sin invocar la provisión de desviación.
complete appraisal – the act or process of estimating value without invoking the Departure Provision.

avalúo formal – avalúo independiente e imparcial que expresa por escrito la opinión de valor definido de propiedad y la describe a partir de la fecha específica, soportada por presentación y análisis relevante de información de mercado.
formal appraisal – an independently and impartially prepared written statement expressing an opinion of a defined value of an adequately describe property as of a specific date, that is supported by the presentation and analysis of relevant market information.

avalúo independiente – valuación realizada por individuo o compañía privativa sin orden de la institución prestamista.
independent appraisal – an appraisal performed by a private individual or company without the order of a lending institution.

avalúo informal – estimación de valor.
informal appraisal – an estimate of value.

avalúo limitado – proceso de estimar valor de propiedad como resultado de solicitud de Desviación Provisional.
limited appraisal – the act or process of estimating value performed under and resulting from invoking the Departure Provision.

aviso de incumplimiento – noticia pública de que un prestatario no ha cumplido.
notice of default – public notice that a borrower is in default.

aviso de lis pendens – aviso de demandas pendientes contra una propiedad.
notice of lis pendens – notice of a pending lawsuit.

avulsión – erosión de la tierra por la acción del agua.
avulsion – sudden loss or gain of land because of water or a shift in a riverbed that has been used as a boundary.

B

bajante principal de aguas negras – tubo de drenaje conectado al drenaje de la casa donde el desperdicio sale del sistema.
main soil stack – a drainage pipe that connects to the house drain where waste leaves the system.

bancarrota – insolvencia; ruina y fracaso.
bankruptcy – insolvency, ruin and failure.

banco – prestamistas hipotecarios.
bank – (1) commercial lending institution; (2) the shore of a river or stream.

banco comercial – banco que especializa en cuentas de cheques y de ahorros y préstamos de corto plazo.
commercial bank – a bank specializing in checking and savings accounts and short-term loans.

Bancos Federales de Préstamos de Vivienda – doce bancos regionales que proveen préstamos para las asociaciones de ahorros.
Federal Home Loan Banks – twelve regional banks that supply loans for savings associations.

bandera roja – señal de alarma; evento que advertiría a cualquier observador de un problema fundamental.
red flag – something that would warn a reasonably observant person of an underlying problem.

banquero hipotecario – persona que efectúa préstamos hipotecarios y luego los vende a inversionistas.
mortgage banker – a person who makes mortgage loans and then sells them to investors.

base – precio pagado por la propiedad que se usa para calcular los impuestos para la declaración fiscal.
basis – used in calculating income taxes. See also *tax basis*.

base ajustada – la base original más el costo de mejoras capitales menos depreciación permisible.
adjusted basis – the original basis plus the cost of capital improvements less any allowance for depreciation.

base de pie frontal – valuación especial para la instalación de drenaje de lluvia, contén, y cunetas por la cual le cobran al propietario por cada pie de su lote que colinda con la calle que se está mejorando.
front-foot basis – a special assessment for the installation of storm drains, curbs, and gutters where the property owner is charged for each foot of his lot that abuts the street being improved.

base económica – habilidad de una región de exportar bienes y servicios a otras regiones y recibir dinero en retorno.
economic base – the ability of a region to export goods and services to other regions and receive money in return.

base imponible – el precio pagado por la propiedad además de ciertos costos y gastos. También vea *base*.
tax basis – the price paid for a property plus certain costs and expenses. See also basis.

base monetaria – reservas legales de los bancos de la Reserva Federal.
monetary base – the legal reserves of banks at the Federal Reserve.

base original – costo original de un bien.
original basis – the original cost of an asset.

base sobre porcentaje – renta que se basa sobre las ventas del inquilino.
percentage basis – rent that is based on the tenant's sales.

beneficiario – uno por quien se crea el beneficio de fideicomiso.
beneficiary – one for whose benefit a trust is created; the lender in a deed of trust arrangement.

beneficiario – Vea *obligante*.
payee – See *obligee*.

beneficio bruto – ingreso total antes de deducir los costos.
gross profit – total income generated before deducting expenses.

beneficios de venta a plazo – provisión en el Código de Ingresos Interiores por la cual la ganancia sobre la venta de bienes de capital puede ser extendida sobre una serie de años.
installment sale benefits – provision in the Internal Revenue Code by which profit on the sale of one's capital asset can be spread over a series of years.

beneficios tributarios – ahorros por créditos en efectivo o cosas deducibles de impuestos.
tax benefits – savings by cash credits or tax deductible items.

bien ilíquido – un bien que es difícil de vender a corto plazo.
illiquid asset – an asset that may be difficult to sell on short notice.

bien real – interés en bienes raíces que es propiedad personal, tal como bienes forales.
real chattel – an interest in real estate that is personal property, such as leasehold estate.

bienal – cada dos años.
biennial – taking place once every two years.

bienes – propiedad que tiene valor.
assets – items of ownership that have value.

bienes de capital – propiedad que no está en forma de inventario que se utiliza en negocio de depreciación, que también se utiliza como notas en cuentas por cobrar adquiridas en el curso del negocio.
capital asset – property that is not stock-in-trade (inventory) used in a trade or business of a kind subject to depreciation, as well as notes in accounts receivable acquired in the course of the trade or business.

bienes estatuarios – bienes creados por ley que incluyen bienes dotales, propiedad vitalicia raíz del viudo, bienes mancomunados, y el derecho del hogar familiar.
statutory estates – estates created by law and including dower, curtesy, community property, and homestead rights.

bienes forales – propiedad arrendataria.
nonfreehold estate – a leasehold estate.

bienes forales – propiedad por la cual hay posesión pero no hay pertenencia.
leasehold estate – an estate in land where there is possession but not ownership.

bienes intangibles por heredar – cualquier cosa, sujeto de propiedad que es heredable e intangible o visible.
incorporeal hereditaments – anything, the subject of property, which is inheritable and not tangible or visible.

bienes mancomunados de control exclusivo – propiedad común que está sujeta al control exclusivo, administración o disposición solo de un esposo aunque mantiene todas sus características de bienes mancomunados.
sole control community property – community property that is subject to the

sole control, management, or disposition of a single spouse that maintains all of its characteristics of community property.

bienes muebles – artículos de propiedad personal.
chattel – an article of personal or moveable property.

bienes muebles – cosas temporarias y movibles distinguidas a bienes raíces.
personalty – See *personal property*.

bienes muebles – posesiones y propiedad personal.
good and chattels – See *chattel*.

bienes raíces – terreno y sus mejoras en el sentido físico, así como el derecho de pertenencia o de utilización.
real estate – any land and its improvements in a physical sense, as well as the rights to own or use both.

bilateral contract – results when a promise is exchanged for a promise.
contrato bilateral – resulta cuando una promesa se cambia por otra promesa.

boca de limpieza – tubería con tapón removible para asistir en desalojar obstrucciones.
cleanout – a pipe fitted with a removable plug to assist in dislodging a pipe obstruction.

bodega – edificio para almacenar mercancía.
warehouse – a building used for storing merchandise.

boicot – cuando dos o más personas conspiran para restringir competición.
boycotting – refusing to do business with another to eliminate competition.

BOMI – Vea Instituto de Administradores y Propietarios de Edificios.
BOMI – See *Building Owners and Managers Institute*.

bono municipal – fuente de préstamos residenciales financiada por la venta de bonos municipales.
municipal bond – source of home loans that in turn is financed by the sale of municipal bonds.

bonos de tesorería – bonos de $1,000 o más producientes de interés emitidos por el gobierno estadounidense que maduran en 10 años o menos.
treasury bonds – interest-bearing bonds of $1,000 or more issued by the u.s. government and that mature in 10 to 30 years.

BTU – Vea unidad térmica inglesa.
BTU – See *British Thermal Unit*.

bullet loan – comúnmente conocido como préstamo de saldo mayor con multas severas por prepagar el saldo.
bullet loan – commonly known as a balloon mortgage with severe prepayment penalties.

C

cable para entrada de servicio – uno o varios conductores, con o sin cobertura, utilizados para servicio de entrada sobre la superficie.
service entrance (SE) cable – a single conductor or several conductors, with or without covering, used for aboveground service entrance.

cable SE – Vea *cable para entrada de servicio.*
SE cable – See *service entrance cable.*

cadena de agrimensor – medida de agrimensura que 66 pies.
chain – a surveyor's measurement that is 66 feet long.

cadena de Gunter – en medir terreno, una cadena de Gunter equivale 7.9 pulgadas.
link – in land measurements, a link equals 7.9 inches.

cadena de título – encadenamiento de la pertenencia de propiedad que conecta al propietario presente a la procedencia original de título.
chain of title – the linkage of property ownership that connects the present owner to the original source of title.

caja de distribución – parte del sistema séptico que distribuye el flujo del tanque séptico proporcionadamente al campo de absorción o pozos absorbentes.
distribution box – a part of a septic system that distributes the flow from the septic tank evenly to the absorption field or seepage pits.

caja fuerte – caja fuerte localizada en la propiedad de venta. Agentes de bienes raíces las usan para permitir acceso conveniente a la propiedad a otros agentes.
lockbox – a strongbox kept on or near the premises for the keys to the property for sale. Real estate agents use lockboxes to allow other agents convenient access to the listed property.

cajas de distribución – contienen alambrado y se utilizan para proveer el espacio necesario para efectuar conexiones eléctricas.
junction boxes – contain wiring and are used to provide the necessary space for making electrical connections.

cal – piedra sedimentaria consistente de calcio y magnesio.
limestone – a sedimentary rock consisting of calcium and magnesium.

calle cerrada – calle cerrada en un extremo con retorno.
cul de sac – a street closed at one end with a circular turnaround.

calor radiante – transferencia calorífica por radiación.
radiant heat – heat transferred by radiation.

cambio de zonificación – cambio de zonificación de terreno de alta densidad a baja densidad
downzoning – rezoning of land from a higher-density use to a lower-density use.

cambio demorado – cambio no simultaneo de impuesto diferido.
delayed exchange – a nonsimultaneous tax-deferred trade.

cambio libre de impuestos – Vea *cambio para diferir impuesto*. **tax-free exchange** – See tax-deferred exchange.

cambio para diferir impuesto – venta de una propiedad en cambio por otra parcela de bien raíz para afectar una ganancia no imponible.
tax deferred exchange – provision in tax law that allows for the exchange of "like kind" property; a sale of real property in exchange for another parcel of real estate, to affect a non-taxable gain.

campo electromagnético – ocurre cuando electricidad pasa por alambre; hay dos campos separados, un campo eléctrico y un campo magnético.
electromagnetic field – occurs anytime electricity flows through a wire; there are two separate fields—an electric field and a magnetic field.

cantidad financiada – la cantidad de crédito proveído al prestatario.
amount financed – amount of credit provided to the borrower.

cantidad merecida – acción bajo ley común, basada sobre la promesa implícita de parte del demandado de pagarle al demandante lo que razonablemente merece por su trabajo.
quantum meruit – an action found at common law founded on the implied promise on the part of the defendant to pay the plaintiff as much as he reasonably deserved to have for his labor.

cantidad realizada – el precio de venta menos los costos de la venta.
amount realized – selling price less selling expenses.

capa freática – agua que corre al nivel freático debajo del lecho de roca.
aquifer – below ground-level rock bed over which water flows.

capitalizar – convertir ingresos futuros a valor actual.
capitalize – to convert future income to current value.

características de la tierra – fija, inmueble, indestructible, modificada, falta de homogeneidad, escasa, situada.
characteristics of land – fixity, immobility, indestructibility, modification, nonhomogeneity, scarcity, and situs.

características de valor – demanda , escasez, transferible, y utilidad.
characteristics of value – demand, scarcity, transferability, and utility.

cargo fiduciario automático – el fiduciario se nombra en la escritura de fideicomiso, pero no se le notifica de la asignación de cargos efectuados hasta que se presente la necesidad.
automatic form of trusteeship – the trustee is named in the deed of trust, but is not personally notified of the appointment until called upon.

cargo tardío – cargo efectuado por pago tardío.
late charge – a charge for a late payment.

carta de avalúo – reporte de avalúo en forma de carta de negocio.
appraisal letter – a valuation report in the form of a business letter.

carta de compromiso de préstamo – acuerdo por escrito por el que el prestamista se compromete para efectuar el préstamo.
loan commitment letter – a written agreement that a lender will make a loan.

carta de crédito – carta de obligación del banco.
letter of credit – a bank letter of obligation.

carta de donación – carta que declara que el dinero concedido no será pagado; que es donación verdadera.
gift letter – a letter stating that the money given is not to be repaid; it is a true gift.

carta de intención – documento que expresa intento mutuo pero sin responsabilidad u obligación.
letter of intent – a document that expresses mutual intent but without liability or obligation.

carta de personería – autorización escrita para que otra persona actúe por uno.
power of attorney – a written authorization to another to act on one's behalf.

carta informativa del acreedor hipotecario – documento preparado por el prestamista que muestra el saldo de un préstamo existente.
mortgagee's information letter – a document prepared by a lender that shows the balance due on an existing loan.

casas manufacturadas – en 1976 el Departamento de Vivienda y de Desarrollo Urbano impuso el reemplazo del término "manufacturado" por el de "casa móvil."
manufactured housing – the 1976 Department of Housing and Urban Development imposed replacement of "mobile home."

causa de procuración – el esfuerzo del agente de realizar los resultados deseados.
procuring cause – the claim made by a buyer's real estate agent that the foundation for negotiation and the consummation of the sale would not have taken place without his or her efforts.

causa lícita – requisito que consideración sea parte del contrato.
legal consideration – the requirement that consideration be present in a contract.

causa valiosa – consideración sin valor monetario, tal como amor y afección.
good consideration – consideration without monetary value, such as love and affection.

causa valiosa – dinero, propiedad, servicios, promesas de no actuar, o cualquier cosa de valor.
valuable consideration – money, property, services, forbearance, or anything worth money.

caveat emptor – al riesgo del comprador.
caveat emptor – let the buyer beware.

CC&Rs – Vea *convenios, condiciones, y restricciones.*
CC&Rs – See *covenants, conditions, and restrictions.*

CD – Vea *certificado de depósito.*
CD – See *certificate of deposit.*

ceder – traspasarle a otra persona derechos bajo un contracto.
assign – to transfer to another one's rights under a contract.

células de elástico bajo presión – tipo de almacenaje de agua de noria que incluye células con capacidad de tres galones. La célula está compuesta de un cilindro de metal con forro elástico por dentro. Al entregar la bomba agua a la célula bajo presión, el forro elástico se compresa al llenarse el cilindro. Luego, cuando se abre la llave, el agua es forzada fuera de la célula por la presión proveída por la expansión del forro. También vea *tanque de almacenaje de agua de noria.*

elastic pressure cells – a type of well-water storage includes cells that have a capacity of about three gallons. A cell is composed of a metal cylinder with an elastic liner on the inside. As the pump delivers water under pressure to the cell, the elastic liner is compressed as the cylinder is filled. Then, when a faucet is turned on, the water is forced out of the cell by the pressure provided by the expanding liner. See also *well-water storage tank.*

centro comercial – un edificio que consiste en varias unidades convenientemente colocadas cerca de arterias principales.

strip center – a building consisting of a number of units (bays) conveniently located near main arteries.

centro regional de compras – complejo grande que aloja varias tiendas nacionales de menudeo con mezcla extensa de tiendas que atrae consumidores de grandes distancias.

regional shopping center – a large complex housing several national retail stores with a broad mix of shops that draw customers from a great distance.

centro de compras vecindario – varios edificios agrupados con 15 o más tiendas de menudeo; fácilmente accesible al vecindario cercano.

neighborhood shopping center – several buildings grouped together with 15 or more retail bays; easily accessible to the nearby neighborhood.

CERCLA – Vea *Ley Comprensiva a la Respuesta del Medio Ambiente, Compensación y Responsabilidad de 1980.*

CERCLA – See *Comprehensive Environmental Response, Compensation, and Liability Act of 1980.*

certificado de asociación copropietaria limitada – certificado que se tiene que archivar en la secretaría del estado y que revela ciertos hechos referente a la asociación copropietaria limitada.

certificate of limited partnership – a certificate that must be filed with the Secretary of State that discloses certain facts concerning the limited partnership.

certificado de depósito – compromiso del ahorrador de dejar los fondos en depósito por un período específico.

certificate of deposit – a saver's commitment to leave money on deposit for a specific period of time.

certificado de impuesto – documento emitido en una venta por impuestos intitulando al comprador de una escritura en fecha futura si no se redime la propiedad.
tax certificate – a document issued at a tax sale that entitles the purchaser to a deed at a later date if the property is not redeemed.

certificado de notario – declaración jurada por la persona que firmó el documento declarando que la información contenida en el documento es verdadera.

certificado de participación – instrumento del mercado secundario hipotecario por el cual el inversionista puede comprar un interés indiviso en un consorcio de hipotecas.
participation certificate (PC) – a secondary mortgage market instrument whereby an investor can purchase an undivided interest in a pool of mortgages.

certificado de reducción – documento preparado por el prestamista demostrando el saldo del préstamo existente.
certificate of reduction – a document prepared by a lender showing the remaining balance on an existing loan.

certificado de reventa – certificado de revelación de elementos comunes para condominios.
resale certificate – common element disclosure certificate for condominiums.

certificado de saldo – documento en que el prestatario verifica la tasa de interés y la cantidad que se debe.
estoppel certificate – a document in which a borrower verifies the amount still owed and the interest rate.

certificado de tenencia – documento circulado por el gobierno que declara que la estructura satisface los requerimientos de los códigos de edificios y de zonificación local y que está en condiciones de uso.
certificate of occupancy – a government-issued document that states a structure meets local zoning and building code requirements and is ready for use.

certificado de título – opinión de un abogado en cuanto a quien le pertenece una parcela de terreno; un certificado de registro de títulos que demuestra pertenencia reconocida por un tribunal de derecho.
certificate of title – an opinion by an attorney as to who owns a parcel of land; a Torrens certificate that shows ownership as recognized by a court of law.

certificado de valor razonable (CRV) – certificado que refleja el valor estimado de la propiedad determinada por el valuador de la Administración de Veteranos.
certificate of reasonable value (CRV) – certificate that reflects the estimated value of property as determined by the Veteran's Administration staff appraiser.

certificado de venta – certificado que recibe el comprador que le otorga la escritura oficial si es que no hay redención.
certificate of sale – a certificate the high bidder receives entitling him to a referee's or sheriff's deed if no redemption is made.

certificados que otorgan beneficios – certificados que otorgan principal hipotecario y pagos de interés a los inversionistas.
pass-through securities – certificates that pass mortgage principal and interest payments on to investors.

cesión – traspaso bajo contrato de derechos de una persona a otra.
assignment – the total transfer of one's rights under a contract to another.

cesión – traspaso de propiedad de una persona a otra.
conveyance – the transfer of property from one person to another.

cesión de rentas – establece el derecho del prestamista de tomar posesión y colectar rentas en el evento de incumplimiento del préstamo por parte del prestatario.
assignment of rents – establishes the lender's right to take possession and collect rents in the event of loan default.

cesionario – uno a quien se le transfiere derecho o propiedad.
assignee – one to whom a right or property is transferred.

cesionista – el que asigna o cede el derecho, título, o interés a otro.
assignor – one who assigns a right, title, or interest to another.

cheque bancario – cheque efectuado por el banco sobre sus depósitos y firmado por el cajero.
cashier's check – a check drawn by a bank on its own funds and signed by its cashier.

cierre – el acto de finalizar la transacción de bienes raíces.
closing – See title closing.

cierre – el proceso de consumación de la transacción de bienes raíces.
settlement – See title closing.

cierre de préstamo – el cierre, o arreglo final, de un préstamo o refinanciamiento de un préstamo.
loan closing – the closing, or final settlement, of a loan or refinancing of a loan.

cierre depositario – el depósito de documentos y fondos con una tercera imparcial con instrucciones para conducir el cierre, de contrato.
escrow closing – the deposit of documents and funds with a neutral third party along with instructions as to how to conduct the closing.

cierre depositario – un cierre donde los partidos firman sus documentos y los encargan al agente depositario.
closing into escrow – a closing where all parties sign their documents and entrust them to the escrow agent.

cierre esencialmente completo – el cierre que está esencialmente completo excepto por la distribución de fondos y la entrega de documentos.
dry closing – a closing that is essentially complete except for disbursement of funds and delivery of documents.

circuito – camino recorrido por electricidad.
circuit – path that electricity travels.

citación – citación legal que requiere presencia en la corte para dar testimonio.
subpoena – a legal summons requiring court appearance to give testimony.

citación – notificación de presentarse en corte.
summons – notification to appear in court.

clase protegida – clase de personas que por ley son protegidas contra discriminación.
protected class – a class of people that by law are protected from discrimination.

cláusula de participación – Vea *cláusula escalatoria*.
participation clause – See *escalation clause*.

cláusula garantizadora de deudas – Vea *cláusula de futuro anticipado*.
dragnet clause – See *future advance clause*.

cláusula "habendum" – cláusula en escrituras, "tener y poseer" consiste una parte de las palabras de traspaso.
habendum clause – the "To have and to hold" clause found in deeds; part of the words of conveyance.

cláusula a la vista (cláusula de vencimiento por venta) – cláusula en un pagaré o hipoteca que le da al prestamista el derecho de exigir el saldo entero del préstamo si la propiedad se vende o si se transfiere.
call clause (due on sale clause) – a clause in a note or mortgage that gives the lender the right to call the entire loan balance due if the property is sold or otherwise conveyed.

cláusula de contingencia – cláusula que expresa la posibilidad condicional de algo incierto.
contingency clause – a clause expressing a possibility conditional on something uncertain.

cláusula de enajenación – cláusula en un pagaré o en una hipoteca que le otorga al prestamista el derecho de exigir el saldo entero del préstamo si la propiedad se vende o si se transfiere. También se refiere como *cláusula de vencimiento por venta* o *cláusula a la vista*.
non-assumption clause – a clause in a note or mortgage that gives the lender the right to call the entire loan balance due if the property is sold or otherwise conveyed (also call an alienation clause or a due on-sale clause).

cláusula de enajenación – cláusula que requiere el pago inmediato del préstamo si se transfiere la propiedad.
alienation clause – a clause in a note or mortgage that gives the lender the right to call the entire loan balance due if the property is sold or otherwise conveyed.

cláusula de futuro anticipado – cláusula que garantiza todas las deudas del hipotecante que a cualquier momento serán debidas al hipotecario.
future advance clause – a clause that secures all items of indebtedness of a mortgagor that shall at any time be owing to the mortgagee.

cláusula de opción – otorga el derecho de comprar o arrendar propiedad en un tiempo futuro a precio predeterminado.
option clause – gives the right at some future time to purchase or lease a property at a predetermined price.

cláusula de propiedad adicional – provisión en la hipoteca para que ésta sirva como garantía adicional y sea adquirida y anexada al bien raíz.
additional property clause – provision in a mortgage instrument providing for the mortgage to serve as additional security for any additional property to be acquired that will be attached to the real estate.

cláusula de traspaso – cláusula donde el donador declara que la intención del documento es la de traspasar propiedad al donatario; esta cláusula contiene una parte de las palabras de traspaso.
granting clause – the clause where the grantor states that the intent of the document is to pass ownership to the grantee; part of the words of conveyance.

cláusula de vencimiento por venta – Vea *cláusula de enajenación, cláusula a la vista.*
due-on-sale clause – See *alienation clause.*

cláusula escalatoria – provisión en un contrato de arrendamiento para hacer ajustes ascendentes y descendentes.
escalation clause – provision in a lease for upward and downward rent adjustments.

cláusula protectora de derechos y privilegios – provisión que no permite que nuevas reglas afecten los derechos y privilegios anteriormente otorgados.
grandfather clause – a legal provision that exempts people or businesses from new regulations affecting prior rights or privileges.

cláusula resolutoria – cláusula hipotecaria que afirma que la hipoteca ha sido cancelada si el pagaré acompañante se paga a tiempo.
defeasance clause – a mortgage clause that states the mortgage is defeated if the accompanying note is repaid on time.

cláusula testimonial – declaración en un documento que lee, "En testigo de lo cual los partidos a esto fijan firmas y sellos" o una frase similar.
testimony clause – a declaration in a document that reads, "In witness whereof the parties hereto set their hands and seals" or a similar phrase.

cláusulas federales – cláusulas federales requeridas en contratos de bienes raíces.
federal clauses – refers to government-required clauses in real estate contracts.

cliente – el principal del corredor.
client – the broker's principal.

coacción – la aplicación de fuerza para obtener un convenio.
duress – the application of force to obtain an agreement.

cobertura de pagos médicos – póliza de propietario residencial que cubre el costo de tratamiento de lesiones menores.
medical payments coverage – a homeowner's policy that covers the cost of treating minor injuries.

cobro inmediato del saldo – (1) derecho del prestamista de requerir pago anticipado del saldo del préstamo; (2) el derecho de comprar al precio y términos actuales por un período de tiempo fijo. También vea *cláusula de enajenación.*
call – (1) a lender's right to require early repayment of the loan balance; (2) the right to buy at present price and terms for a fixed period of time. See also *alienation clause.*

codicilo – un suplemento o modificación por escrito a un testamento existente.
codicil – a written supplement or amendment to an existing will.

Código Anotado de Los Estados Unidos – volúmenes que contienen los estatutos federales, fallos, y decisiones tomadas por agencias gubernamentales, interpretando la ley y reglamentos bajo su jurisdicción.
U.S. Code Annotated – volumes that contain the annotated federal statutes, rulings, decisions rendered, and positions taken by governmental agencies, interpreting law and regulations under their jurisdictions.

Código Comercial Uniforme – este código requiere que la venta de bienes personales que exceden un valor de $500 se lleve a cabo en forma escrita.
Uniform Commercial Code – code that requires that the sale of personal property with value in excess of $500 be in writing.

código de ética – reglamento que determina las relaciones de los corredores (REALTOR®'s) con sus clientes, con otros agentes de bienes raíces y con el público.
code of ethics – articles that pertain to the REALTOR®'s relation to clients, other real estate agents, and the public.

Código de Ingresos Interiores de 1986 – leyes que codifican y redactan levantamiento de impuestos, colección y ejecución de las leyes de impuestos federales.
Internal Revenue Code of 1986 – body of laws that codify and delineate the levying, collecting, and enforcing of federal tax laws.

Código Nacional Eléctrico – estandar nacional para la instalación y servicio de electricidad.
National Electric Code – national standard for electrical installation and service.

COFI – Vea *Índice del Costo de Fondos.*
COFI – See *Cost of Fund Index.*

colgante de servicio – cables de entrada sobre superficie del poste más cercano conectados a los conductores de servicio de entrada de la casa o del edificio.
service drop – aboveground cables that come from the nearest pole connecting to the service entrance conductors of the house or building.

COLI – Vea *Índice del Costo de Vida.*
COLI – See *Cost of Living Index.*

colindar – estar adyacente; tocar.
abut – to be adjacent; touch or border.

colusión – conspiración con fines fraudulentos.
collusion – a conspiracy for fraudulent purposes.

comisión de bienes raíces – la directiva nombrada por el gobernador para aconsejar y establecer política respecto a procedimientos de transacciones y licencias de bienes raíces.
real estate commission – a state board that advises and sets policies regarding real estate licenses and transaction procedures; the fee paid to a broker.

comisión de cien por ciento – arreglo donde el socio de ventas paga directamente por sus gastos de hacer negocio en vez de compartir ingresos de honorarios con el corredor.
hundred percent commission – an arrangement whereby the salesperson pays for office overhead directly rather than splitting commission income with the broker. See also *one hundred percent commission.*

comisión de cien por ciento – arreglo por el cual el agente de ventas paga por los gastos generales directamente en vez de dividir su comisión con su corredor.
one hundred percent commission – an arrangement whereby the salesperson pays for office overhead directly rather than splitting commission income with his or her broker. See also *hundred percent commission.*

Comisión de Intercambio de Valores – agencia gubernamental que vigila y autoriza reglas y reglamentos para el respaldo de las Leyes de Seguridad e Intercambios de Valores de 1933 y 1934.
Securities and Exchange Commission – agency of the government that oversees and passes rules and regulations in furtherance of the Securities and Exchange Acts of 1933 and 1934.

Comisión de la Reserva Federal – comisión gobernante del banco central de la nación.
Federal Reserve Board – the governing board of the nation's central bank.

Comisión del Banco Federal de Préstamos de Vivienda (FHLBB) – el nombre previo de la agencia reguladora y supervisora para instituciones federales de ahorros; esta agencia ahora se conoce como Oficina Supervisora de Ahorros.
Federal Home Loan Bank Board (FHLBB) – the former name for the regulatory and supervisory agency for federally chartered savings institutions; this agency is now called Office of Thrift Supervision.

comisionado de bienes raíces – la persona nombrada por el gobernador para implementar y realizar leyes legisladas pertenecientes a bienes raíces.
real estate commissioner – a person appointed by the governor to implement and carry out laws enacted by the legislature that pertain to real estate.

comisionados de zonificación – aquellos nombrados por el concilio de la ciudad para revisar y ejecutar las ordenanzas de zonificación urbana.
zoning commissioners – those appointed by a city council to review and enforce the city's zoning ordinance.

como está – se dice de una propiedad que se vende en su presente condición sin provisión de garantía de calidad por el propietario.
as-is – said of property offered for sale in its present condition with no guarantee or warranty of quality provided by the seller.

compañía administradora – compañía que aconseja a la mesa directiva de condominio y toma responsabilidad sobre la administración diaria.
management company – a company that advises the condominium board and takes care of day-to-day tasks.

compañía de responsabilidad limitada – una compañía que consiste de miembros o administradores que se gobierna por sus reglamentos interiores.
limited liability company – a form of business organization, combining the most favorable attributes of a partnership and a corporation, and consisting of members or managers that is governed by its by-laws.

compañía de títulos – compañía que especializa en el manejo y cierre de transacciones de bienes raíces.
escrow company – a firm that specializes in handling the closing of a transaction.

comparables – ventas de propiedades similares a la propiedad sujeta que se han vendido recientemente.
comparables– properties similar to the subject property that are used to estimate the value of the subject property.

compendio – sumario de todos los documentos registrados afectando el título de una parcela de terreno.
abstract – a summary of all recorded documents affecting title to a given parcel of land.

compendio de juicio – documento archivado referente al juicio efectuado por la corte de jurisdicción creando un gravamen general sobre todos los bienes raíces del deudor en ese condado.
abstract of judgment – a document filed for record pursuant to a judgment by a court of competent jurisdiction that creates a general lien on all the judgment debtor's real estate in that county.

compendio del título – el sumario historial completo de todos los documentos registrados que afectan el título.
abstract of title – a complete historical summary of all recorded documents affecting the title of a property.

compensación – para corredores y vendedores.
compensation – for brokers and salespersons.

compensación justa – valor de mercado de propiedad como compensación por embargo gubernamental.
just compensation – fair market value of a property as compensation for a "taking."

compra y venta simultánea de propiedad – término de bienes raíces que indica la compra y venta inmediatamente de una propiedad debido a una fácil ganancia.
flip – a real estate term that indicates the buying of real estate expects to resell it immediately at a profit.

comprador – consumidor.
vendee – the buyer.

comprador auténtico – comprador que adquiere propiedad sin noticia de defectos en el título.
bona fide purchaser – a purchaser who acquires property without notice of any defects in title.

comprador calificado – comprador que ha pasado por el proceso de calificación para un préstamo.
qualified buyer – a buyer that has gone through the process of being qualified for a loan.

comprador listo, dispuesto y capaz – el comprador que está listo para comprar al precio y términos aceptables al dueño.
ready, willing, and able buyer – a buyer who is ready to buy at price and terms acceptable to the owner.

comprador no identificado – Vea *testaferro*.
dummy – See *straw man*.

compresor – componente de aire condicionado que causa el flujo de refrigerante de una parte del sistema a otro.
compressor – an air conditioner component that creates a flow of refrigerant from one part of the system to the other.

comprobador – el individual u organización que prueba la obediencia de las leyes de alojamiento equitativo.
tester – an individual or organization that responds to advertising and visits real estate offices to test for compliance with fair housing laws.

compromiso de asegurar el título – obliga a la compañía de seguros de título a emitir una póliza de título cuando se satisfacen los requerimientos curativos.
title commitment – a statement of the current condition of title for a parcel of land; obligates the title insurance company to issue a policy of title when curative requirement have been satisfied.

conceder – acto de conceder propiedad.
grant – the act of conveying ownership.

concesión – Vea *concesión de renta*.
concession – See *rent concession*.

concesión de renta – el propietario mantiene la renta al mismo nivel, pero ofrece algún paleativo por atraer a posibles nuevos inquilinos.
rent concession – the property owner keeps the rents at the same level, but offers a premium to entice a prospective tenant to move in.

concesión de tierra – concesión original de tierra otorgada por el soberano (se remonta a los tiempos de la soberania española o francesa).
patent – original land grant from the sovereign power.

concesión de tierras – tierra concedida a alguien.
land grant – land granted to someone.

concesión expresa – método de formar servidumbre.
express grant – method of creating an easement.

concesión pública – el transferir de terreno por el gobierno a un individual privativo.
public grant – transfer of land by a government body to a private individual.

concesionario – tenedor de licencia del gobierno o de otra agencia que permite que la persona se dedique a una profesión de acuerdo con ciertas reglas, tal como ventas de bienes raíces.
licensee – one who holds a license from a government or other agency which permits a person to pursue some occupation according to certain standards, such as real estate sales.

concesionario de opción – partido que concede la opción.
optionor – the party giving the option.

condado – división territorial y unidad de gobierno local.
county – a territorial division of and unit of local government.

condenación – acción legal de tomar propiedad bajo el poder de dominio eminente.
condemnation – the legal action of taking property under the power of eminent domain.

condenación inversa – acción legal en la cual el propietario demanda que una agencia pública compre su terreno.
inverse condemnation – a legal action in which an owner demands that a public agency buy his land.

condensador – el componente de aire condicionado que liquida el gas refrigerante al enfriarlo.
condenser – an air conditioner component that liquefies the refrigerant gas by cooling it.

condominio – propiedad individual de porciones separadas de un edificio y la pertenencia colectiva de los elementos comunes.
condominium – individual ownership of single units or apartments in a multiple-unit structure or structures with common elements.

condominio con derecho de supervivencia – forma de pertenencia propietaria que da importancia al derecho absoluto del superviviente.
joint tenancy – form of property co-ownership featuring right of survivorship.

condominios de pertenencia temporaria – pertenencia de condominio con pleno dominio exclusivo por un período en el cual el propietario tiene posesión. Es diferente al condominio de tiempo compartido porque éste, de dominio absoluto, da posesión por un período de tiempo y no cambia de año a año.
interval ownership condominiums – ownership of a condominium by exclusive fee title for a period in which the owner is entitled to possession. Unlike timesharing condominiums, the fee title only vests for a period of time and does not change from year to year.

condominios de tiempo compartido – condominios pertenecientes entre varios coinquilinos que tienen el derecho, por convenio contractual entre ellos, de utilizar el condominio solo por cierto período de tiempo (usualmente de dos a cuatro semanas). Este período de tiempo puede cambiar de año a año dependiendo del arreglo contractual de los coinquilinos.
timeshare condominiums – condominiums that are owned among several co-tenants who have the right, by contractual agreement with each other, to use the condominium only for a certain time period (usually from two to four weeks). This time period may change from year to year depending upon the arrangement of the co-tenants' contractual agreement.

conducción – práctica ilegal de dirigir a los que buscan vivienda a vecindarios particulares a base de raza, color, religión, sexo, origen nacional, incapacidad, o alojamiento solo para adultos.
steering – the illegal practice of directing home seekers to particular neighbor-hoods based on race, color, religion, sex, national origin, or handicapped or adults-only status.

conducto – tubería de acero o de plástico por la cual corre alambre eléctrico.
conduit – a steel or plastic tube through which electrical wires are run.

conducto eléctrico – utilizado para soportar, aislar y proteger los alam bres eléctricos.
raceway – used to support, enclose, and protect electrical wires.

conductores – alambres por los cuales se mueve electricidad; buenos conductores tienen baja resistencia al flujo de electricidad.
conductors – wires that electricity moves through; good conductors have little resistance to the flow of electricity.

conductores de servicio eléctrico subterráneo – conductores instalados entre los transformadores y los contadores para servicio subterráneo.
service lateral conductors – conductors installed between the transformers and the meters for underground service.

conectador – punto en un sistema de canalización eléctrica donde se toma corriente para suministrarla a los aparatos.
outlet – a point on a wiring system where current is taken to supply equipment.

confirmado – cuando el registro de avalúos se aprueba.
confirmed – when the assessment roll is approved.

consejo de copropietarios – todos los copropietarios de un proyecto de condominios.
council of co-owners – all of the co-owners of a condominium project.

consentimiento mutuo – Vea *convenio mutuo.*
mutual consent – See *mutual agreement.*

consideración – hecho o promesa que se da en cambio por algo; algo de valor, tal como dinero o propiedad, que se le da a alguien para inducir su asociación en un contrato.
consideration – an act or promise given in exchange for something; anything of value, such as money or property, given to induce another to enter into a contract.

consideración crediticia – indicación del riesgo involucrado al otorgar crédito a una persona o a una compañía.
credit rating – an indication of the risk involved when giving credit to a person or firm.

consorcio a ciegas – consorcio de inversiones en el cual las propiedades se compran después que los inversionistas han invertido su dinero.
blind pool – an investment pool wherein properties are purchased after investors have already invested their money.

consorcio de valores hipotecarios – fondo común de préstamos hipotecarios en el cual uno puede invertir.
mortgage pool – a common fund of mortgage loans in which one can invest.

consumidor – persona con quien negocia el corredor y el principal; tercer.
customer – a person with whom the broker and principal negotiate; third party.

contingencia – dependiente sobre el cumplimiento de una condición.
contingency – dependence on the fulfillment of a condition.

contraoferta – oferta hecha en contestación a la oferta original.
counteroffer – an offer made in response to an offer.

contratista – Vea *contratista independiente*.
contractor – See *independent contractor*.

contratista independiente – uno que contrata para hacer trabajo de acuerdo con sus propios métodos y es responsable a su empleador solamente por los resultados de ese trabajo.
independent contractor – one who contracts to do work according to his own methods, tools and equipment, and is responsible to his employer only for the results of that work.

contratista original – contratista que tiene relación contractual directa con el dueño de la propiedad o su agente.
original contractor – a contractor who has the direct contractual relationship with the owner of the property or his agent.

contrato – convenio legal ejecutable de cumplir o no cumplir con algo específico.
contract – a legally enforceable agreement to do (or not to do) a particular thing.

contrato a plazo – Vea *contrato por escritura*.
land contract – See *installment contract*.

contrato a plazo – método de vender y financiar propiedad en el cual el vendedor retiene el título, pero el comprador toma posesión mientras hace los pagos.
installment contract – a method of selling and financing property whereby the
seller retains title but the buyer takes possession while making the payments.

contrato a plazo de terreno – contrato ejecutorio para la venta de bienes
raíces, que usualmente dura por un término de años.
installment land contract – an executory contract for sale of real estate, which
usually lasts for a term of years.

contrato anulable – contrato que obliga a un partido pero que le da el derecho
de salirse al otro.
voidable contract – a contract that binds one party but gives the other the right
to withdraw.

contrato de administración – contrato que detalla las responsabilidades del
dueño y las de la administración de la propiedad.
management contract – a contract detailing responsibilities of the owner and
the manager of a property.

contrato de buena fe – contrato para la venta o compra de bienes raíces en el
cual se requiere que el comprador presente un depósito de buena fe para
demostrar el interés en cumplir las obligaciones contractuales
earnest money contract – a contract for the sale or purchase of real estate in
which the purchaser is required to tender earnest money to evidence his good
faith in completing contractual obligations.

contrato de compraventa – Vea *contrato preliminar.*
purchase contract – See *binder.*

contrato de compraventa – Vea *Ley Sobre Fraudes.*
sales contract – See *Statue of Frauds.*

contrato de preinspección – contrato que protege al inspector y al cliente.
Explica, en términos generales, el alcance de la inspección (lo que se incluye y
lo que no se incluye), el costo, y los procedimientos para tratar futuras controversias.
pre-inspection agreement – a contract that protects both the home inspector
and the client. It explains, in general terms, the scope of the inspection (what is
included and what is not), the cost, and the procedures to address any dispute
that may arise.

contrato de venta abierto – contrato que no le concede al corredor derecho
exclusivo para procurar comprador.
open listing – a listing that gives a broker a nonexclusive right to find a buyer.

contrato de venta de agencia abierta – autorización no exclusiva otorgada por el propietario al agente de bienes raíces para procurar comprador.
open agency listing – an authorization given by a property owner to a real estate agent wherein the agent is given the nonexclusive right to secure a purchaser.

contrato de venta de agencia exclusiva – contrato donde el propietario reserva el derecho de vender la propiedad por su cuenta; pero acuerda no contratar con otro corredor durante el período del contrato.
exclusive agency listing – a contract giving one agent the right to sell property for a specified time, but reserving the right of the owner to sell the property himself without the payment of the commission.

contrato de venta de beneficio neto – contrato en el cual los honorarios son la diferencia entre el precio de venta y el precio mínimo determinado por el propietario.
net listing – a listing wherein the commission is the difference between the selling price and a minimum price set by the seller.

centro de compras vecindario – varios edificios agrupados con 15 o más tiendas de menudeo; fácilmente accesible al vecindario cercano.
nonexclusive listing – a listing where more than one person can sell the property.

contrato de ventas condicionales – Vea *contrato a plazo*.
conditional sales contract – See *installment contract*.

contrato dual – dos contratos escritos con separados partidos y separado financiamiento con el fin de obtener un préstamo más grande; práctica fraudulenta.
dual contract – two contracts written with different teams and financing in an attempt to obtain a larger loan; a fraudulent practice.

contrato ejecutado – contrato terminado. Ya nada más necesita hacerse entre los partidos. La transacción se llevó a cabo en ese momento, así como cuando un artículo se vende, se paga y se entrega al momento.
executed contract – one in which nothing remains to be done by either party and the transaction is completed at the moment when the arrangement is made, as when an article is sold and delivered, and payment therefore is made on the spot.

contrato ejecutorio – contrato ejecutorio para el traspaso de propiedad raíz.
installment sale contracts – executory contracts for the conveyance of real property.

contrato ejecutorio – contrato en el cual aún hay que llevar a cabo una operación en el futuro.
executory contract – a contract in which some future act is to be done.

contrato explícito – contrato realizado por escrito u oralmente.
express contract – a contract made orally or in writing.

contrato implícito – contrato creado por las acciones de los partidos involucrados.
implied contract – a contract created by the actions of the parties involved.

contrato inejecutable – contrato imposible de hacer cumplir.
unenforceable contract – a contract whose enforcement is barred by the statute of limitations or the doctrine of laches.

contrato inválido – contrato sin efecto obligatorio sobre los partidos que lo crearon.
void contract – a contract that has no binding effect on the parties who made it.

contrato oral – Vea *contrato explícito*.
oral contract – See *express contract*.

contrato para vender con costo avanzado – contrato de venta donde el corredor le cobra al propietario por adelantado gastos publicitarios en los que tuvo que incurrir para vender la propiedad.
advance cost listing – a listing wherein the seller is charged for the out-of-pocket costs of marketing the property.

contrato para vender con cuota avanzada – contrato de venta donde el corredor le cobra al propietario por hora y por gastos efectuados.
advance fee listing – a listing wherein the broker charges an hourly fee and for the out-of-pocket expenses.

contrato para vender propiedad raíz – contrato que se utiliza con el propósito de vender bienes raíces.
real property sales contract – a contract for the purpose of selling real estate.

contrato para venta – contrato por el cual se emplea un corredor para realizar servicios de bienes raíces.
listing – a contract wherein a broker is employed to find a buyer or tenant and perform other real estate brokerage services.

contrato para venta – contrato que autoriza al corredor a vender, comprar, o arrendar propiedad raíz por otro, y le otorga al agente el derecho de colectar honorarios si la propiedad se vende a través de sus esfuerzos.
listing agreement – a contract authorizing a broker to sell, buy, or lease real property on behalf of another, and giving the agent the right to collect a commission if the property is sold through his efforts.

contrato para venta – convenio de venta entre dos o más partidos que se puede ejecutar legalmente.
contract for sale – an enforceable sale agreement between two or more parties.

contrato para venta de bienes raíces – Vea *contrato para venta*.
real estate listing – See *listing*.

contrato por escritura – método de vender y financiar propiedad donde el comprador obtiene posesión, pero el propietario mantiene custodia del título. También vea *contrato a plazo*.
contract for deed – See *installment land contract*.

contrato preliminar – contrato corto de compra utilizado para garantizar una transacción de bienes raíces hasta que se firme un contrato más formal.
binder – a short purchase contract used to secure a real estate transaction until a more formal contract can be signed.

contrato unilateral – resulta cuando una promesa se hace por cambio de un desempeño.
unilateral contract – results when a promise is exchanged for performance.

contrato válido – contrato que satisface todos los requisitos de la ley, es obligatorio sobre los partidos, y que se puede hacer cumplir por la corte.
valid contract – one that meets all requirements of law, is binding upon its parties, and is enforceable in a court of law.

contribuyentes elegibles – contribuyentes que tienen la habilidad de neutralizar sus ingresos activos con pérdidas pasivas.
eligible taxpayers – taxpayers who have the ability to offset their active income with passive losses.

control de renta – restricciones impuestas por el gobierno sobre la cantidad de renta que el propietario puede cobrar.
rent control – government-imposed restrictions on the amount of rent a property owner can charge.

control sobre el uso de la tierra – cualquier restricción legal que controla como puede ser usada una parcela de terreno.
land-use control – any legal restriction that controls how a parcel of land may be used.

convenio – acuerdo, garantía o promesa escrita.
covenant – a written agreement or promise.

convenio contra impedimentos – garantiza que no hay otro gravamen aparte de los que aparecen en la escritura.
covenant against encumbrances – grantor warrants that there are no encumbrances other than those stated in the deed.

convenio de arriendo con compra postergada, tardada – acuerdo de arrendar propiedad raíz y comprarla después.
lease-purchase agreement – an agreement to lease real property and purchase it later.

convenio de cesionista – el cesionista garantiza que él es el propietario.
covenant of seizin – grantor warrants that he or she is the owner.

convenio de compraventa – oferta de compra que se convierte en contrato obligatorio cuando se acepta por el propietario.
purchase agreement – a written contract to purchase real estate.

convenio de depósito – convenio donde el propietario traspasa su interés en el contrato al intermediario calificado.
escrow agreement – an agreement where the seller assigns his interest in the contract to the qualified intermediary.

convenio de garantía – forma de hipotecaria de bienes muebles.
security agreement – a form of chattel mortgage.

convenio de sociedad limitada – convenio que establece los detalles y acuerdos de los socios generales y socios limitados en un convenio de sociedad limitada.
limited partnership agreement – the agreement that sets forth the details and agreements of the general and limited partners to a limited partnership agreement.

convenio de venta – Vea *contrato a plazo.*
agreement of sale – See *installment contract.*

convenio mutuo (consentimiento mutuo) – se refiere al tener que haber convenio sobre las provisiones del contrato por todos los partidos involucrados.
mutual agreement (also called mutual consent) – an agreement to the provisions of the contract by all parties involved.

convenio prenupcial – acuerdo hecho entre un hombre y una mujer antes de casarse referente a la designación de propiedad separada y común.
prenuptial agreement – agreement made between a man and woman prior to their marriage concerning the designation of separate and community property.

convenios de escritura – Vea *restricciones de escritura*.
deed covenants – See *deed restrictions*.

convenios restrictivos – cláusulas en las escrituras y en contratos de arrendamiento para controlar como propietarios futuros se permitirán o no se permitirán usar la propiedad.
restrictive covenants – clauses placed in deeds and leases to control how future owners and lessees may or may not use the property.

convenios tripartitas – convenios de prestar dinero involucrando al prestamista de financiamiento de construcción, el prestamista permanente y el prestatario. Cada uno promete encargarse de una cierta fase de financiamiento del proyecto de construcción.
tri-party agreements – agreements to loan money involving the construction financing lender, the permanent lender, and the borrower. Each promises to undertake a certain phase of financing a construction project.

convenios, condiciones y restricciones – restricciones de escrituras y de arrendamientos privadamente impuestas.
covenants, conditions, and restrictions – privately imposed deed and lease restrictions.

conversión – cuando el agente utiliza dinero perteneciente a otros.
conversion – an agent's personal use of money belonging to others.

co-op – Vea *cooperativa*.
co-op – See *cooperative*.

cooperadores – accionistas individuales en una cooperativa.
cooperators – individual shareholders in a cooperative.

cooperativa – terreno y edificio propio o arrendado por una corporación cual le arrienda espacio a sus accionistas; pertenencia de acciones en una cooperativa que autoriza al propietario de utilizar, rentar o vender un apartamento específico.
cooperative – land and building owned or leased by a corporation, which in turn leases space to its shareholders; ownership of shares in a cooperative venture that entitles the owner to use, rent, or sell a specific apartment unit.

coparticipación de contratantes – la conexión o relación que existe entre dos o más contratantes.
privity of contract – the connection or relationship that exists between two or more contracting parties.

copropietario – en condominios, una persona, firma, corporación, asociación copropietaria, asociación, fideicomiso, u otra entidad legal, o cualquier com binación de esto, a quien le pertenece un apartamento o apartamentos dentro del condominio.
co-owner – in condominiums, a person, firm, corporation, partnership, association, trust, or other legal entity, or any combination thereof, who owns an apartment or apartments within the condominium project.

corporación – negocio propio de accionistas.
corporation – a business owned by stockholders; a legal entity recognized by law with tax rates separate from individual income tax rates.

Corporación Aseguradora de Garantía Hipotecaria – aseguradora de hipoteca privada que provee numerosos productos y servicios a la habilidad de prestamistas hipotecarios para satisfacer las necesidades de préstamos residenciales.
Mortgage Guarantee Insurance Corporation (MGIC) – a private mortgage insurer that provides numerous products and services to mortgage lenders' ability to meet the home loan needs.

corporación extranjera – corporación organizada bajo las leyes de otro estado o país aparte del estado o país donde está haciendo negocio.
foreign corporation – a corporation organized under the laws of another state or country other than the state or country than that in which it is doing business.

Corporación Federal Aseguradora de Ahorros y Préstamos (FSLIC) – compañía extinta que aseguraba los depósitos de Asociaciones de Ahorros y Préstamos.
Federal Savings and Loan Insurance Corporation (FSLIC) – now defunct; deposit insured Savings and Loan Associations.

Corporación Federal Aseguradora de Depósitos (FDIC) – agencia federal que asegura depósitos en bancos comerciales.
Federal Deposit Insurance Corporation (FDIC) – a federal agency that insures deposits in commercial banks.

Corporación Federal de Préstamos Hipotecarios Para Vivienda (Freddie Mac) – agencia que provee la facilidad del mercado hipotecario secundario para las asociaciones de ahorros y préstamos.
Federal Home Loan Mortgage Corporation (FHLMC or "Freddie Mac") – agency providing a secondary mortgage market facility for savings and loan associations.

Corporación Federal Hipotecaria de Agricultura (Farmer Mac) – provee mercado secundario hipotecario para préstamos agrícolas.
Federal Agricultural Mortgage Corporation (Farmer Mac) – provides a secondary mortgage market for farm real estate loans.

Corporación S – permite responsabilidad limitada con el beneficio de ganancias y pérdidas.
S Corporation – allows limited liability with profit-and-loss pass through.

corporación sin fines de lucro – corporación establecida con fines distintos a los de lucro.
nonprofit corporation – a corporation that is established to not make a profit.

corpóreo – material, tangible.
corporeal – material, tangible.

corpus – bienes fideicomisos, el cuerpo de un fideicomiso.
corpus – trust assets, the body of a trust.

corre con la tierra – terreno que se traspasa con el título en cualquier escritura subsiguiente.
running with the land – land that moves with the title in any subsequent deed.

corredor – la marca registrada perteneciente a la Asociación Nacional de Corredores para el uso de sus miembros.
REALTOR® – a registered trademark owned by the National Association of REALTORS® for use by its members.

corredor – una persona o entidad legal licenciada para actuar independientemente en conducir negocios de bienes raíces.
broker – a person or legal entity licensed to act independently in conducting a real estate brokerage business.

corredor asociado – corredor asociado con el corredor principal.
associate broker – a broker that is associated with a designated broker.

corredor cooperativo – corredor que al actuar como agente del corredor de ventas, procura el comprador.
cooperating broker – a broker who, acting as an agent of the listing broker, procures a buyer.

corredor de bienes raíces – persona licenciada para actuar independientemente en conducir negocio de corretaje de bienes raíces.
real estate broker – a person licensed to act independently in conducting a real estate brokerage business.

corredor de cobranza fija – el corredor que por precio fijo lista la propiedad y le asiste al propietario en venderla.
flat-fee broker – a broker who for a fixed price will list a property and help the owner sell it.

corredor de descuento – corredor que provee servicio completo pero cobra comisiones más bajas que las comisiones prevalecientes en su comunidad.
discount broker – a full-service broker who charges less than the prevailing commission rates in that community.

corredor de descuento – término que se refiere a corredores de bienes raíces que cobran menos que la mayoría de los corredores en esa área.
bargain broker – a term that refers to real estate brokers who charge less than most competing brokers in their area.

corredor designado, administrativo – Vea *corredor principal*.
supervisory broker – See *principal broker*.

corredor designado – corredor principal en un establecimiento de bienes raíces. También vea *corredor principal*.
designated broker – the principal broker in a real estate establishment.

corredor hipotecario – persona que junta a los prestatarios con los prestamistas, un corredor de préstamas.
mortgage broker – a person who brings borrowers and lenders together.

corredor participante – también conocido como co-corredor, otro corredor, corredor vendedor, el corredor que procura el comprador.
participating broker – also known as the co-broker, other broker, selling broker; the broker that procures the buyer.

corredor principal – Vea *corredor designado*.
principal broker – the broker in charge of a real estate office.

corredor representante del comprador – corredor que representa el comprador en vez del vendedor.
buyer's broker – a real estate licensee who represents the buyer rather than the seller.

corredor vendedor – Vea *corredor representante del comprador*.
selling broker – See *buyer's broker*.

correr sobre la superficie – la pérdida de agua de una área por correr sobre la superficie de la tierra.
surface runoff – the loss of water from an area by its flow over the land's surface.

corretaje – convenio por cual el cliente le paga al corredor por efectuar transacciones de bienes raíces.
brokerage – an agreement in which a client pays a broker to carry out a real estate transaction.

corriente eléctrica – flujo de electrones por un conductor tal como alambre de cobre.
electric current – the flow of electrons along a conductor such as a copper wire.

cortacircuitos – desenganchan y desconectan el poder eléctrico de un circuito si la corriente incrementa más de la capacidad del sistema.
circuit breakers – trip and switch off the electrical power for a given circuit if the current increases beyond the capacity of the system.

corte de distrito – corte estatal cuya jurisdicción está dentro del distrito definido por ley y generalmente es más grande que el distrito de condado. Su jurisdicción es, mayormente similar a la del condado, pero no hay límite sobre la cantidad que se puede litigar.
district courts – state courts whose jurisdiction is within a statutorily defined district that is generally larger than that of the county. Its jurisdiction is, for the most part, similar to that of county courts, but there is no dollar limit on the amount that can be litigated.

Corte Suprema de los Estados Unidos – la corte más alta a la cual casos se pueden apelar en los Estados Unidos Americanos.
Supreme Court of the United States – the highest court to which any cases can be appealed in the United States.

cortes de distrito estatal – cortes civiles estatales con jurisdicción sin límite de montos.
state district courts – state civil courts with no dollar-limit jurisdiction.

corte federal de distrito – corte de los Estado Unidos; cada una tiene jurisdicción territorial sobre un distrito, el cual puede incluir todo un estado o solamente parte de un estado.
federal district courts – courts of the United States, each having a territorial jurisdiction over a district, which may include a whole state or only a part of the state.

cosa fija – objeto personal que ha sido anexo al bien raíz tal como para convertirse en bien raíz.
fixture – an item of personalty that has been attached to real estate such that it becomes real estate.

cosecha – siembra anual que requiere cultivación.
emblement – annual planting that requires cultivation.

coseguro – el asegurador y el asegurado comparten el riesgo del seguro; calculado sobre la cantidad de la póliza y el porcentaje del valor verdadero de seguro.
co-insurance – the insurer and the insured share the insurance risk; calculated on the policy amount and the percent of the actual insured values.

cosignatario – copartícipe de firma de un instrumento negociable.
cosigner – a joint signer of a negotiable instrument.

costo de reposición – el costo, a precios actuales usando los métodos actuales de construcción, de construir una mejora teniendo la misma utilidad o utilidad equivalente tal como la propiedad sujeta.
replacement cost – the cost, at today's prices and using today's construction methods, of building an improvement having the same or equivalent usefulness as the subject property.

costo de reproducción – el costo, a precios actuales usando los métodos actuales de construcción, de construir una mejora teniendo la misma utilidad que la que se está valuando.
reproduction cost – the cost, at today's prices and using today's construction methods, of building an improvement having the same usefulness as the one being appraised.

costo incurrido – Vea *sunk cost.*
Fixed cost – See *sunk cost.*

costos de cierre – costos pagados por el comprador y el vendedor al finalizar la transacción de bienes raíces.
closing costs – the costs paid by the buyer and the seller when finalizing a real estate transaction.

costos prepagados – elementos pagados con anticipación, tal como impuestos y seguros que se pagan mensualmente junto con el pago del principal y del interés.
prepaid items – items paid in advance, such as taxes and insurance that are paid monthly with the principle and interest payment.

CPI – Vea *Índice de Precio al Consumidor.*
CPI – See *Consumer Price Index.*

CPM – Vea *Administrador de Propiedad Certificado.*
CPM – See *certified property manager.*

crédito – la reputación de la persona o compañía sobre el pago de las cuentas cuando se vencen.
credit – the reputation of a person or firm for the paying of bills when due.

crédito escaso – significa que dinero para préstamos está escaso y es difícil conseguir préstamos.
tight money – loan money is in short supply and loans are hard to get.

crédito sobre los impuestos de inversión – crédito aplicable dólar por dólar contra impuestos sobre inversión.
investment tax credit – a dollar for dollar credit applicable against taxes due on an investment.

crédito tributario – reduce ahorros de impuestos dólar por dólar.
tax credit – reduces tax savings dollar for dollar.

CRV – Vea *certificado de valor razonable.*
CRV – See *certificate of reasonable value.*

cuadra – Vea *plano registrado.*
block – See *recorded plat.*

cuadrícula de coordenadas cartográficas – puntos de levantamiento designados por el estado a los cuales los levantamientos de medidas y límites pueden hacer referencia.
grid system – state-sponsored survey points to which metes and bounds surveys can be referenced.

cuasijudicial – Vea *recuperación cuasicontrctual.*
quasi-judicial – See *quasi-contractual recovery.*

cuenta de reserva – una cuenta en la que el prestamista deposita pagos de impuesto y de seguros; también se refiere como *cuenta para depósitos en garantía.*
impound account – an account into which the lender places monthly tax and insurance payments; also called an escrow account.

cuenta de reserva (cuenta de depósito) – la cantidad de dinero cobrado cada mes por el prestamista para pagar impuestos y seguros de propiedad.
reserve account (impound account) – an amount of money collected by a lender each month and reserved in an account so as to have enough to pay for property taxes and property insurance when they become due.

cuenta depositaria para pagar el préstamo – una cuenta depositaria que se abre con el propósito de pagar el préstamo.
loan escrow – an escrow account opened for the purpose of repaying a loan.

cuenta fiduciaria – una cuenta separada para depositar el dinero de los clientes.
trust account – a separate account for holding clients' and customers' money.

cuenta para depósitos en garantía – una cuenta bancaria separada para depositar el dinero de los clientes. Vea también *cuenta de reserva.*
escrow account – a separate account for holding clients' and customers' money. See also impound account.

cuentas por cobrar – reclamo contra el deudor por la venta de bienes o servicios.
accounts receivable – a claim against a debtor for the sale of goods or services.

cuentas por pagar – pasivo del acreedor por compras de bienes o servicios.
accounts payable – a liability to a creditor for purchases of goods or services.

cumplimiento – se espera que el principal haga lo que sea razonable para realizar el propósito de la agencia, tal como referir preguntas por compradores venideros al corredor.
performance – principal is expected to do whatever he reasonably can to accomplish the purpose of the agency, such as referring inquires by prospective buyers to the broker.

cumplimiento específico – realización del contrato de acuerdo a los términos convenidos específicos.
specific performance – contract performance according to the precise terms agreed upon.

cuadrángulo – a 24-by-24 mile area created by guide meridians and correction lines in the rectangular survey system.
check – área de 24 por 24 millas formada por guías meridianas y líneas de corrección en el sistema de levantamiento rectangular.

cuota de compromiso – cuota que se paga al prestamista para asegurar o comprometer fondos para una fecha futura.
commitment fee – a fee paid to a lender to commit funds that would be advanced at a future date.

cuota de fondos – cargo de la Administración de Veteranos (VA) para garantizar un préstamo
funding fee – a charge by the VA to guarantee a loan.

cuota de impuesto – tasa de impuestos al valor agregado, expresada en dólares por cien, impuesta por oficiales elegidos.
tax rate – rate for ad valorem taxes, expressed as dollars per hundred, set by elected officials.

cuota de iniciación – cuota para hacer un préstamo.
origination fee – See *loan origination fee*.

cuota de iniciación de un préstamo – gastos que incurre el prestamista en procesar el préstamo hipotecario.
loan origination fee – the amount a lender charges for processing a mortgage loan.

cuota de libertad parcial – cuotas pagadas al prestamista para obtener una liberación parcial de la hipoteca de la propiedad garantizada por un pagaré.
partial release fees – fees paid to the lender for a partial release of property, which is secured by a note.

cuota de recomendación – cuota recibida por recomendar un negocio o servicio.
referral fee – a fee that is received for referring and recommending a business or a service.

cuota de registro – cuota pagada a la oficina de gobierno o a la corte por el registro de documentos de bienes raíces.
recording fee – a fee paid at a government office or courthouse for the recording of real estate documents.

cuota de retribución – porcentaje de retribución de inversión.
rate of return – the return percentage of an investment.

cuotas de asociación – cobros pagados por el dueño de un condominio o unidad a la asociación de propietarios para mantenimiento de las áreas comunes.
association dues – fees paid by a condominium or planned unit development owner to the owner's association for upkeep of the common elements.

cuotas de corretaje hipotecario – cuotas que se pagan al corredor hipotecario por localizar y obtener fondos para el prestatario.
loan brokerage fees – fees paid to a mortgage broker for locating and obtaining funds for a borrower.

cuotas para mantenimiento – cuotas pagadas por los propietarios de condominios y de (PUD) desarrollos de unidades planeados a la asociación de propietarios para el mantenimiento de los elementos comunes.
maintenance fees – See *association dues*.

D

daño de propiedad – efecto sobre contratos.
property damage – effect on contracts.

daño legal – injusticia procesable, violación de un derecho legal.
tort – an actionable wrong, a violation of a legal right.

daños – el equivalente en dinero estimado por pérdida o avería sostenida.
damages – the estimated money equivalent for loss or injury sustained.

daños consecuentes – recompensa al propietario al que no han despojado del terreno pero que ha sido afectado por la condenación de una propiedad cercana.
consequential damages – an award to a property owner whose land is not taken but which suffers because of a nearby public land use.

daños de parcelación – compensación pagada por la pérdida de valor de mercado que resulta por la división de una propiedad durante el procedimiento de condenación.
severance damages – compensation paid for the loss in market value that results from splitting up a property in a condemnation proceeding.

daños liquidados – cantidad de dinero especificado en un contrato como compensación que será pagada si el contrato no se cumple satisfactoriamente.
liquidated damages – an amount of money specified in a contract as com pensation to be paid if the contract is not satisfactorily completed.

daños monetarios – compensación en lugar de cumplir con el contrato.
money damages – compensation paid in lieu of contract performance.

daños punitivos – beneficio o recompensa otorgada por la corte como compensación por daño psicológico y angustia sufrida.
punitive damages – damages awarded by a court for mental suffering and anguish.

daños triples – pago de daños por triplicado debido a daño económico sufrido, derecho que es concedido por la corte.
treble damages – court awarded damages of three times the actual amount.

dato – algún punto, línea, o superficie desde cual se mide una distancia, altura vertical o profundidad.
datum – any point, line, or surface from which a distance, vertical height, or depth is measured.

debida diligencia – tener cuidado en realizar nuestras obligaciones con el cliente.
due diligence – care in performing one's duties for a client.

débito – cargar como deuda.
debit – to charge as a debt.

decibel – unidad para medir energía de sonido o de fuerza.
decibel – a unit for measuring sound energy or power.

declaración – Vea *escritura maestra*.
declaration – See *master deed*.

declaración de agencia – forma revelando al comprador que el corredor representa al vendedor en todas las transacciones solo que el comprador decida emplear al corredor como su representante. Esta revelación se tiene que hacer muy temprano en la transacción, usualmente al punto de primer contacto significativo con el comprador (esto es, al obtener información específica del comprador referente a su capacidad financiera, tocante la propiedad que quiere comprar, u otra información que se considere confidencial. Existen formas similares si se desarrolla una situación donde el comprador decide que él desea representación del corredor o si el corredor representa al comprador y el comprador solicita que el corredor presente una oferta sobre una de sus propiedades de venta (del corredor).
agency disclosure – a form disclosing to the buyer that the broker represent the seller in all transactions unless the buyer chooses to hire that broker for representation. The disclosure must be made very early in the transaction, usually at the point of first significant contact with the buyer (i.e., obtaining specific information from the buyer as to his or her financial capacity, as to the

property he or she wants to purchase, or other information that may be deemed confidential. Similar forms exist if a situation develops where the buyer decides that he or she wants representation from the broker or if the broker represents the buyer and the buyer requests that the broker submit an offer on one of his or her own listings.

declaración de beneficiario – declaración del embargador referente al saldo del pagaré de la escritura fiduciaria.
beneficiary statement – a lienholder's statement as to the unpaid balance on a trust deed note.

declaración de cierre – contabilidad de fondos al comprador y al vendedor al final de la transacción de bienes raíces.
settlement statement – an accounting statement at settlement that shows each item charged or credited, to whom and for how much.

declaración de cierre del vendedor – informe contable del dinero del vendedor en el cierre de la operación de compraventa.
seller's closing statement – an accounting of the seller's money at settlement.

declaración de condominio – documento que convierte una parcela de terreno en una subdivisión de condominios.
condominium declaration – a document that converts a given parcel of land into a condominium subdivision.

declaración de financiamiento – documento sobre deuda garantizada por bienes muebles registrado en la corte del condado o la Secretaría del Estado.
financing statement – evidence of indebtedness secured by chattel and filed on record in the county courthouse or Secretary of State's office.

declaración de saldo – declaración por parte del dueño o del embargador en relación al saldo del gravamen existente.
offset statement – a statement by an owner or lienholder as to the balance due on existing lien.

declaración jurada – declaración impresa o escrita a mano, o declaración voluntaria de hechos y confirmada por juramento del interesado, tomada ante la autoridad que puede administrarla.
affidavit – a written or printed declaration or statement of facts made voluntarily, and confirmed by the oath or affirmation of the party making it, taken before an officer having authority to administer such an oath.

declaración jurada del propietario sobre el título – documento proveído en el cierre por el propietario declarando que desde que se hizo la investigación de título, él no ha cometido ningún hecho para afectar el título.
seller's affidavit of title – a document provided by the seller at the settlement meeting stating that he has done nothing to encumber title since the title search was made.

declaración para registrar bienes muebles – declaración de financiamiento evidenciando el hecho que el bien mueble es o va a ser fijo al bien raíz.
fixture filing – financing statement evidencing the fact that the chattel is or is to become fixtures.

declaración pro forma – declaración anual de proyecciones que muestra ingresos anticipados, costos operativos, e ingresos operativos netos.
pro forma statement – a projected annual operating statement that shows expected income, operating expenses, and net operating income.

declaración revelatoria – formato proporcionado al vendedor por el agente de bienes raíces. El formato pregunta al propietario que aporte información detallada relativa a la propiedad.
disclosure statement – a form generally furnished to the seller by a real estate agent, the form asks the seller to disclose detailed information regarding the property.

declaración sobre la condición de la propiedad – información de acuerdo a la ley que se debe otorgar al comprador en subdivisiones.
property disclosure statement – government-required information that must be given to purchasers in subdivisions.

declaración uniforme de cierre – desglose completo y detallado de los cargos asumidos por el comprador y el vendedor al cierre de la operación.
uniform settlement statement – complete settlement charges for both the buyer and the seller.

dedicación – cesión voluntaria al público de propiedad privativa.
dedication – the voluntary conveyance of private land to the public.

dedicación estatuaria – traspaso a través de la aprobación y registro de un mapa de subdivisión.
statutory dedication – conveyance through the approval and recordation of a subdivision map.

dedicación por ley común – resulta cuando los actos o palabras del propietario muestran intención de conceder terreno al gobierno.
common law dedication – results when a landowner's acts or words show intent to convey land to the government.

defecto oculto – defecto oculto o encubierto en una propiedad que no puede ser descubierto por una observación o inspección ordinaria.
latent defect – a hidden or concealed defect that cannot be discovered by ordinary observation or inspection.

defecto titular – Vea *nube sobre título*.
title defect – See cloud on the title.

demanda – necesidad o deseo acoplado con el poder de comprar para realizarlo.
demand – a need or desire coupled with the purchasing power to fill it.

demanda titular – audiencias ordenadas por la corte para determinar la pertenencia de terreno.
quiet title suit – court-ordered hearings held to determine land ownership.

demandante – la persona que demanda.
plaintiff – the person who sues.

demostración de casa, casa abierta – enseñar casa de venta por varias horas con el agente presente y con invitación al público.
open house – the showing of a house for promotional purposes.

densidad – el promedio de habitantes y vivienda por unidad de área.
density – the average number of inhabitants and dwellings per unit of area.

dentro del estado – procedimientos y transacciones que toman lugar enteramente dentro de límites de un estado.
intrastate – alludes to procedures and transactions which take place entirely within the boundaries of a particular state.

departamento de bienes raíces – oficina estatal responsable por asuntos tales como exámenes para obtener la licencia, emisión de licencias, y cumplimiento con las leyes sobre licencias estatales y de subdivisión.
real estate department – a state office responsible for such matters as license examinations, license issuance, and compliance with state license and subdivision laws.

Departamento de Vivienda y de Desarrollo Urbano – agencia gubernamental responsable por crear oportunidades para pertenencia residencial, proveer asistencia a personas de bajos ingresos, crear, rehabilitar y mantener vivienda nacional para los que no tienen medios o recursos de comprar, ejecutar leyes nacionales, asistir a los desalojados, estimular desarrollo económico en vecindades de bajo ingreso, y asistir comunidades locales satisfacer sus necesidades de desarrollo.

Department of Housing and Urban Development (HUD) – government agency responsible for creating opportunities for homeownership, providing assistance for low-income persons, working to create, rehabilitate and maintain the nation's affordable housing, enforcing housing laws, helping homeless, spurring economic growth in distressed neighborhoods, and helping local communities meet their development needs.

depósito – almacenaje de agua de noria generalmente utilizado cuando se necesita agua de manera continua pero en pequeñas cantidades.
reservoir – a type of well-water storage that is generally used when a continuous but small supply of water is needed.

depósito – depósito de buena fe conjunto con la oferta de compra de la propiedad.
deposit – earnest money tendered in conjunction with an offer to purchase real property.

depósito – depósito de instrumentos y/o fondos con instrucciones a un tercero de llevar a cabo las provisiones de un convenio o contrato.
escrow – the deposit of instruments and/or funds with instruction to a third party to carry out the provisions of an agreement or contract.

depósito de buena fe – dinero que acompaña la oferta de compra como evidencia de buena fe.
earnest money – money that accompanies an offer to purchase as evidence of good faith.

depósito de garantía – depósito contra el cual el administrador puede deducir renta debida o daño al edificio.
security deposit – a deposit against which the manager can deduct for unpaid rent or damage to a building.

depreciación – pérdida de valor debido a la deterioración y desuso.
depreciation – loss in value due to deterioration and obsolescence.

depreciación acelerada – cualquier método de depreciación que se realiza más rápido que el método de depreciación lineal.
accelerated depreciation – any method of depreciation that achieves a faster rate of depreciation than straight-line.

depreciación curable – depreciación que se puede remediar a costo razonable.
curable depreciation – depreciation that can be fixed at reasonable cost.

depreciación fícticia – deducciones de depreciación permitidas por la le y de impuestos.
fictional depreciation – depreciation deductions as allowed by tax law.

depreciación incurable – depreciación que no tiene remedio y que se tiene que tolerar.
incurable depreciation – depreciation that cannot be fixed and simply must be lived with.

depreciación linear – depreciación en cantidades iguales anuales sobre la vida del bien.
straight-line depreciation – depreciation in equal amounts each year over the life of the asset.

derecho – la cantidad de préstamo al que un veterano tiene derecho y tiene autorización para tomar.
entitlement – the loan amount a veteran is entitled to or eligible to borrow.

derecho aéreo – el derecho de ocupar y usar el espacio de aire sobre la superficie de una parcela.
air right – the right to occupy and use the airspace above the surface of a parcel of land.

derecho común – decisiones tribunales individuales.
case law – individual court decisions.

derecho de acceso – el derecho de utilizar.
access right – the right to use.

derecho de agua – derecho de usar agua sobre, debajo o que colinda con una parcela de terreno.
water right – the right to use water on or below or bordering a parcel of land.

derecho de desarrollo transferible (TDR) – medio legal por el cual el derecho para desarrollar una parcela particular de terreno puede ser transferido a otra parcela.
transferable development right (TDR) – a legal means by which the right to develop a particular parcel of land can be transferred to another parcel.

derecho de entrada – derecho del dueño de la propiedad de utilizar la superficie de un pedazo de terreno para tener acceso a su terreno.
surface right of entry – surface right for the purpose of entering land.

derecho de primera oferta – Vea *derecho de primera opción*.
first refusal – See *right of first refusal*.

derecho de primera opción – derecho de hacer una oferta igual o mejor antes de que la propiedad se venda a otra persona.
right of first refusal – the right to match or better an offer before the property is sold to someone else.

derecho de redención – derecho que tiene el comprador antes del juicio hipotecario de repagar el balance en atraso del préstamo hipotecario.
equity of redemption – the borrower's right prior to foreclosure to repay the balance due on a delinquent mortgage loan.

derecho de redención estatuario – derecho que tiene el prestatario de recuperar su propiedad aún después de la venta judicial pagando el saldo del préstamo que aún debe.
statutory right of redemption – the right of a borrower after a foreclosure sale to reclaim his property by repaying the defaulted loan.

derecho de reentrada – el derecho de resumir la posesión de terreno conforme al derecho que un partido reservó para sí mismo cuando otorgó su posesión o interés previo.
right of reentry – the right to resume the possession of lands in pursuance of a right that a party reserved to himself when he gave up his former possession or interest.

derecho de reversión – (1) el derecho de retomar posesión de una propiedad alquilada en algún tiempo futuro; (2) lo remanente de la propiedad, usualmente el dominio restante del otorgador y sus herederos después de la terminación del interés que se ha otorgado.
reversionary interest – (1) the right to retake possession of a leased property at some future time; (2) the residue of the estate-usually the fee left to the grantor and his heirs after the termination of a particular state that has been granted.

derecho de superficie – el derecho de usar la superficie de una parcela de terreno.
surface right – the right of the property owner to use the surface of a parcel of land. See also *dominant estate*.

derecho de supervivencia – característica de condominio por la cual los tenientes condominios automáticamente adquieren el derecho, título, e interés del condominio difunto.
right of survivorship – a feature of joint tenancy whereby the surviving joint tenant automatically acquires all the right, title, and interest of the deceased joint tenant.

derecho de supervivencia – una característica de condominio por la cual los tenientes condominios automáticamente adquieren el derecho, título, e interés del condominio difunto.
survivorship, right of – a feature of joint tenancy whereby the surviving joint tenant automatically acquires all the rights, title, and interest of the deceased joint tenant. See also *joint tenancy.*

derecho de usar – derecho contractual de ocupar una unidad de vivienda de tiempo compartido.
right-to-use – a contractual right to occupy a living unit at a timeshare resort.

derecho exclusivo para vender – contrato que le da al corredor el derecho de colectar comisión sin tomar en cuenta quien venda la propiedad durante el período del contrato.
exclusive right to sell – a listing agreement that gives the broker the right to collect a commission no matter who sells the property during the listing period.

derecho litoral – reclamo lícito del propietario de utilizar y disfrutar del agua de un lago o mar que fronteriza su terreno.
littoral right – the lawful claim of a landowner to use and enjoy the water of a lake or sea bordering the land.

derecho subterráneo – derecho de usar la tierra debajo de la superficie.
subsurface right – the right of the owner to use land below the earth's surface.

derechos de cancelación – derecho del comprador o del vendedor de anular; intento explícito para retirarse de la transacción.
cancellation rights – right of the buyer or seller to nullify or void; express intent to withdraw from a transaction.

derechos de mineraje – pago al propietario o al arrendador de la propiedad usualmente involucrando una parte del producto o ganancia sobre el producto extraído de la propiedad del otorgante o arrendador.
royalty – a payment to the owner or lessor of property usually involving a share of the product or profit made on that product extracted from the grantor's or lessor's property.

derechos incorporales, incorpóreos, intangibles – derechos sin posesión en bienes raíces tal y como servidumbres.
incorporeal rights – a right without possession in real estate such as an easement.

derechos ribereños – el derecho del propietario de usar y disfrutar el agua que linda su terreno.
riparian right – the right of a landowner whose land borders a river or stream to use and enjoy that water.

desalojamiento actual – aviso de desalojo que se entrega al inquilino para que éste cumpla con el contrato o desocupe la propiedad.
actual eviction – the landlord serves notice on the tenant to comply with the lease contract or vacate.

desalojamiento en represalia – cuando el propietario desaloja al inquilino porque éste se ha quejado con las autoridades sobre la propiedad.
retaliatory eviction – landlord evicts tenant because tenant has complained to authorities about the premises.

desalojo – el hecho de privar a una persona de posesión del terreno o vivienda que él ha ocupado de acuerdo a un juicio de la corte a la compete su jurisdicción.
eviction – the act of depriving a person of a possession of land that he has held pursuant to the judgment of the court of competent jurisdiction.

desalojo indirecto – Vea *desalojo sobrentendido*.
partial eviction – See *constructive eviction*.

desalojo sobrentendido – el inquilino rompe el contrato de arrendamiento porque el propietario no mantiene el establecimiento en condición habitable.
constructive eviction – tenant breaks the lease because the landlord does not keep the premises habitable.

desarrollador – individuo o empresa que le da valor al terreno al construir mejoras sobre el terreno.
developer – an individual who adds to the value of land by erecting improvements upon the land.

desarrollo de unidad planeado (PUD) – unidad habitacional de vivienda usualmente de dos o tres pisos y paredes compartidas; usualmente localizadas en Desarrollos de Unidades Planeados (PUDs).
townhouse – a dwelling unit usually with two or three floors and shared walls; usually found in PUDs.

desarrollo de unidades planeado (PUD) – casas individuales propias con pertenencia colectiva de las áreas comunes.
planned unit development (PUD) – individually owned lots and houses with community ownership of common areas.

descargo de gravamen – descargo de gravamen porque se pagó el préstamo.
lien release – the releasing of a lien due to payment of the loan.

descendencia y distribución – herencia.
descent and distribution – heirship.

descendientes – los designados por ley de recibir la propiedad del difunto al no haber testamento.
distributees – those designated by law to receive the property of the deceased when there is no will.

descripción legal – descripción reconocida por ley suficiente para localizar e identificar propiedad sin necesidad de testimonio oral.
legal description – a description recognized by law that is sufficient to locate and identify property without oral testimony.

descripciones de terreno – hay seis métodos comunes utilizados para describir la localidad de terreno: (1) referencia informal, (2) medidas y límites, (3) sistema de levantamiento rectangular, (4) plano registrado, (5) número de valuación de parcela y, (6) referencia a otros documentos en vez de mapas.
land descriptions – six commonly used methods of describing the location of land: (1) informal reference, (2) metes and bounds, (3) rectangular survey system, (4) recorded plat, (5) assessor's parcel number, and (6) reference to documents other than maps.

descuento – pago de interés adelantado; interés prepagado.
discount – a payment of interest in advance; prepaid interest.

descuento – rebaja.
rebate – a discount.

desperdicio – abuso o uso destructivo de propiedad.
waste – abuse or destructive use of property.

desperdicios peligrosos – residuos peligrosos que pueden causar daño o muerte.
hazardous waste – harmful waste material that may cause injury or death.

deterioración física – deterioración por desgaste natural.
physical deterioration – deterioration from wear and tear and the action of nature.

deuda – obligación pagada por el prestatario.
debt – an obligation to be repaid by a borrower.

deuda expresada en porcentaje – deuda pendiente expresada como porcentaje de la cantidad del préstamo.
loan constant – the outstanding debt expressed a percentage of the loan amount.

deuda hipotecaria – préstamo que se utiliza para comprar un bien raíz en el que la misma propiedad sirve como garantía.
purchase money mortgage – a loan used to purchase the real property that serves as its collateral.

deudor – persona o compañía en deuda.
debtor – a person or company in debt.

día hábil – día de la semana durante horas de negocio cuando ocurren transacciones de negocio.
business day – a week day during business hours in which business transactions occur.

difamación de título – ocurre cuando una divulgación dañina, incierta, maliciosa y menospreciativa sobre el título de una propiedad de otra persona se hace a terceros partidos.
slander of title – occurs when damaging, untrue, malicious and disparaging remarks about another person's title to a property are made to third parties.

difunto – persona fallecida.
decedent – a deceased person.

dinero disponible – significa que los prestamistas tienen fondos adecuados para prestar y están activamente buscando prestatarios.
loose money – means that lenders have adequate funds to loan and are actively seeking borrowers.

director ejecutivo – persona encargada de la regulación de bienes raíces en el estado.
executive director – the person in charge of real estate regulation in a state.

dirigir en base a la raza – Vea *conducción*.
racial steering – See *steering*.

discriminación – tratamiento desigual a un comprador o inquilino prospectivo basado sobre su raza, color, sexo, estado familiar, incapacitación, religión u origen nacional así como es definido por la Ley de Igualdad de Vivienda de 1986. También vea *Ley Federal de Igualdad de Vivienda*.
discrimination – unequal treatment of a potential home buyer or renter based on his or her race, color, religion, sex or age, as defined by the Fair Housing Act of 1986.

distrito de mejoras – área geográfica que será valuada para efectuar mejoras a esa zona.
improvement district – a geographical area that will be assessed for a local improvement.

distrito de valuación – Vea *distrito de mejoras.*
assessment district – See *improvement district.*

división de bienes raíces – Vea *departamento de bienes raíces.*
real estate division – See *real estate department.*

doctrina de apropiación previa – filosofía legal que permite al primer usuario continuar desviando el agua para su beneficio.
doctrine of prior appropriation – a legal philosophy that allows a first user to continue diverting water.

doctrina de captura – filosofía legal que declara que el primero que utiliza el agua tiene derecho superior de uso de ésta.
doctrine of capture – a legal philosophy that states the first to use water has a prior right to its use.

Doctrina de Cuatro Esquinas – doctrina que establece que un instrumento debe ser examinado al leerlo por completo sin hacer más referencia a una parte que a otra.
Four Corners Doctrine – a doctrine establishing that an instrument is to be examined by reading the whole of it without reference to any one part more than any other.

doctrina de incorporación – doctrina por la cual el contrato de buena fe en transacciones de bienes raíces se extingue por absorción en la escritura o por otro documento pasado en el cierre. También vea *servidumbre.*
doctrine of merger – a doctrine by which the earnest money contract in a real estate transaction is extinguished by absorption into the deed or other instruments passed at closing. See also *easements.*

doctrina en relación a la entrega – doctrina legal que se aplica a la función depositaria relacionada con el tiempo de realización. Por ejemplo, cuando se le otorga un documento a un agente depositario para entrega al donatario al cumplir con condiciones específicas, la fecha de entrega se refiere al tiempo de depósito como para constituir entrega al donatario al entregarla a la cuenta de depósito.
relation back doctrine – a legal doctrine that has been applied to the escrow function relating to the time of performance. For example, when a document is given to an escrow officer for deliver to the grantee upon compliance with specified conditions, the date of delivery relates back to the time of deposit into escrow so as to constitute delivery to the grantee upon delivery to the escrow.

Doctrina Sobre el Caso de Shelley – doctrina por la cual un descendiente toma propiedad en dominio absoluto; en el mismo traspaso, la propiedad está limitada a sus herederos en dominio o impone que la propiedad esté limitada sólo a los herederos de ese ancestro.

Rule in Shelley's Case – a doctrine by which an ancestor takes an estate of freehold; in the same conveyance, the estate is limited to his heirs in fee or entail such that the estate is limited to only the heirs of that ancestor.

documento de venta – convenio escrito por el cual se transfiere propiedad personal de una persona a otra.
bill of sale – a written agreement by which one person transfers his personal property to another.

dólares por cien – tipo de impuesto de propiedad.
dollars per hundred – property tax rate.

dólares por mil – tipo de impuesto de propiedad.
dollars per thousand – property tax rate.

domicilio – lugar de residencia; residencia legal permanente.
domicile – a place of residence; a permanent legal residence.

dominio – Vea *dominio absoluto, pleno dominio.*
fee – See *fee simple.*

dominio absoluto de propiedad – bienes en tierra que son poseídos en dominio o por vida.
freehold estate – an estate in land or other real property of certain duration that may be inherited. It is an estate for life or in fee.

dominio absoluto revocable – posesión de dominio absoluto que puede ser revocada si se llevan a cabo ciertas condiciones.
fee simple defeasible – a fee estate that can be defeated if a certain condition occurs.

dominio eminente – derecho del gobierno de tomar terreno personal para uso público, pagando compensación al propietario.
eminent domain – the right of government to take privately held land for public use, provided fair compensation is paid.

dominio limitado a herederos – herederos especialmente nombrados heredarán el caudal hereditario. Si tal herederos no están disponibles, el caudal hereditario se revierte al concedente o a sus herederos.
fee tail – specially named heirs are to inherit the estate. If such heirs are not available, the estate reverts to the grantor or to his or her heirs.

dominio vitalicio – concesión de dominio del título por la duración de la vida de alguien.
life estate – an estate whose duration is limited to the life of the party holding it or some other person.

donador – persona nombrada en la escritura que concede la propiedad.
grantor – the person named in a deed who conveys ownership.

donador – persona que otorga el beneficio.
donor – a person who makes a gift.

donatario – persona nombrada en la escritura que adquiere los derechos de la propiedad.
grantee – the person named in a deed who acquires ownership.

donatario – persona que recibe el beneficio.
donee – a person who receives a gift.

drenaje – habilidad de la tierra de retirar agua de la superficie.
drainage – the land's ability to draw off surface water.

dueño registrado – persona nombrada como dueño en los registros públicos.
record owner – the person named as the owner in public records.

dúplice – casa o apartamento con dos unidades de vivienda separadas.
duplex – a house or an apartment with two separate living units.

E

edad actual – Vea *edad efectiva*.
actual age – See *effective age*.

edad efectiva – edad aparente de un edificio, no la edad verdadera o edad cronológica.
effective age – the apparent age of a building, not the actual age or chronological age.

edad legal – Vea *edad mayoritaria*.
legal age – See *majority*.

edad mayoritaria – edad mínima requerida para competencia legal (en la mayoría de los estados es 18 años).
majority – the minimum age required for legal competency (in most states 18 years).

edificio cuádruple – edificio consistente de cuatro unidades habitables.
quadruplex – a building consisting of four units.

educación continua – educación adicional requerida para renovar una l i c e n c i a.
continuing education – additional education required to renew one's license.

efectivo-sobre-efectivo – flujos de efectivo producido por una propiedad dividido por la cantidad de efectivo necesario para comprarla.
cash-on-cash – the cash flow produced by a property divided by the amount of cash necessary to purchase it.

efectuando negocios bajo otro nombre(dba) – negocio de propietario único que opera bajo otro nombre que no es el suyo propio.
doing business as (d/b/a) – a sole proprietorship that operates under a name other than the owner's.

EIR – Vea *reporte de impacto al medio ambiente.*
EIR – See *Environmental Impact Report.*

ejecución – mandato legal dirigido a un oficial para ejecutar el juicio contra la propiedad de un deudor, normalmente a través de un "mandato de ejecución."
execution – a legal order directing an official to enforce a judgment against the property of a debtor, normally through a "writ of execution."

ejecución estatuaria de hipoteca – juicio hipotecario por ley legislativa.
statutory foreclosure – foreclosure per legislative law.

ejecución forzosa – el prestamista adquiere título absoluto de la propiedad sin la necesidad de llegar a una venta judicial.
strict foreclosure – the lender acquires absolute title without the need for a foreclosure sale.

ejecutado – realización ha tomado lugar.
executed – performance has taken place.

ejecutar – el proceso de terminar, realizar, llevar a cabo.
execute – the process of completing, performing, or carrying out something.

ejecutar juicio hipotecario – terminar, cortar, impedir reclamo del prestamista sobre propiedad después de incumplimiento.
foreclose – to terminate, shut off, or bar a mortgagee's claim to property after default.

ejecutor testamentario – (masculino) la persona nombrada en un testamento para llevar a cabo las instrucciones del testamento.
executor – person (masculine) named in a will to carry out its instructions and requests.

ejecutora testamentaria – (femenina) la persona nombrada en un testamento para llevar a cabo las instrucciones del testamento.
executrix – a person (feminine) named in a will to carry out its instructions and requests.

ejecutorio – en el proceso de ser terminado.
executory – in the process of being completed.

el tiempo es de esencia – frase que significa que los límites de tiempo del contrato deben ser observados puntualmente o el contrato será anulado.
time is of the essence – a phrase that means that the time limits of a contract must be faithfully observed or the contract is voidable.

elementos comunes – las partes de un condominio en las cuales cada propietario tiene interés indiviso.
common elements – those parts of a condominium in which each unit owner holds an undivided interest.

elementos comunes limitados – elementos comunes, el uso cual es limitado a ciertos propietarios; por ejemplo, las paredes y techo interior entre las unidades individuales.
limited common elements – those common elements that are agreed upon by all of the co-owners to be reserved for the use of a certain number of apartments to the exclusion of the other apartments, such as special corridors, stairways, and elevators, sanitary services common to the apartments of a particular floor, etc.

elementos generales comunes – Vea *elementos comunes*.
general common elements – See *common elements*.

elevaciones – vista de plano vertical, mostrando componentes en relación vertical, vista perpendicular de un plano vertical seleccionado. Como, por ejemplo, una fachada.
elevations – views of vertical planes, showing components in their vertical relationship, viewed perpendicularly from a selected vertical plane.

embargado – el partido sujeto al gravamen.
lienee – the party subject to a lien.

embargador – el partido que está en posesión del gravamen.
lienholder, lienor – the party holding a lien.

embargo – acto o proceso de secuestrar, arrestar, o confiscar, personas o propiedad por virtud de mandato u orden judicial y ponerlos bajo la custodia de la corte. Esto frecuentemente se hace para forzar apariencia o proveer garantía sobre deudas para satisfacer juicio que el demandante pueda obtener.
attachment – the act or process of taking, apprehending, or seizing persons or property by virtue of a writ or other judicial order and bringing same into the custody of the court. This is often done to compel an appearance or furnish security for debts or costs to satisfy a judgment that a plaintiff may obtain.

emisión de bonos – emisión de bonos preparado por oficiales del gobierno, para el total de las valuaciones sin pagar, en el distrito de mejoras.
go to bond – a bond issue prepared by government officials that totals the unpaid assessments in the improvement district.

empeño – otorgar posesión de propiedad como garantía colateral de una deuda.
pledging – giving up possession of property while it serves as collateral for a debt.

empleado – el que trabaja con un empleador que tiene el derecho de controlar y dirigir al empleado en los detalles y la manera en que se van a llevar a cabo las cosas.
employee – one who works for an employer who has the right to control and direct the employee as to the details and means by which a result is to be accomplished.

empleo por contrato – formaliza el arreglo de trabajo entre un corredor y el principal (en el contrato para vender) y entre el corredor y el socio de ventas.
employment contract – formalizes the working arrangement, between broker and principal (listing) and between broker and salesperson.

empresa colectiva – asociación de dos o más personas o empresas para llevar a cabo un solo proyecto de negocio.
joint venture – an association of two or more persons or firms in order to carry out a single business project.

empresa hipotecaria – empresa que efectúa préstamos hipotecarios y luego los vende a inversionistas.
mortgage company – a firm that makes mortgage loans and then sells them to investors.

empresa localizadora de apartamentos – empresa que especializa en encontrar apartamentos para inquilinos.
apartment locators – firms that specialize in finding rental units for tenants.

en este instante – término en latín que significa "inmediatamente."
eo instanti – Latin term meaning "immediately."

en perpetuidad – continuación eterna.
in perpetuity – continuing forever.

en riesgo – la posibilidad que un inversionista pierda su dinero en una inversión.
at-risk – the amount of money an investor stands to lose.

en venta por parte del propietario (FSBO) – propiedad ofrecida para venta por el dueño.
for sale by owner (FSBO) – a property that is offered for sale by its owner.

enajenación de título – cambio de pertenencia.
alienation of title – a change in ownership of any kind.

endoso – modificación de póliza.
endorsement – a policy modification.

enería solar – energía radiante originada del sol.
solar energy – radiant energy originating from the sun.

enganche – pago inicial parcial presentado al tiempo de la compra.
down payment – an initial partial payment at the time of purchase.

enmienda – método para cambiar ordenanzas de zonificación.
amendment – the method used to change a zoning ordinance.

enriquecimiento injusto – doctrina que manifiesta que ninguna persona de be enriquecerse injustamente a expensar de otro.
unjust enrichment – the doctrine that persons shall not be allowed to profit to enrich themselves inequitably at another's expense.

entrada a una propiedad – servidumbre que se puede utilizar para entrar y salir a una propiedad pero sin el derecho de estacionarse.
ingress – an easement that can be used to go into and out of a property but without the right to park on it.

entrada y posesión – el prestatario desaloja y el prestamista ocupa la propiedad, este hecho es atestiguado y registrado.
entry and possession – the borrower moves out and the lender moves in, which is witnessed and recorded.

entrega – final y absoluto traspaso de escritura, propiamente ejecutado al donatario en tal manera que no puede ser revocado por el donador.
delivery – the final and absolute transfer of a deed, properly executed, to the grantee, or to some person for his use, in such manner that it cannot be recalled by the grantor.

entrega de escritura para evitar juicio hipotecario – hecho voluntario por el prestatario y el prestamista.
deed in lieu of foreclosure – a voluntary act by both borrower and lender.

entrega y aceptación – el título se traspasa cuando el donador entrega la escritura y el donatario la acepta.
delivery and acceptance – title passes when the grantor delivers the deed and the grantee accepts it.

EPA – Vea *Agencia de Protección del Medio Ambiente.*
EPA – See *Environmental Protection Agency.*

erosión – desgaste de la tierra por agua, viento u otros procesos de la naturaleza.
erosion – wearing away of land by water, wind, or other processes of nature.

erosión por agua – erosión debida a la eliminación y traslado de tierra ocasionada por una corriente de agua.
water erosion – the removal of soil material by flowing water.

error – se refiere a la ambigüedad en negociaciones de contrato y a errores de hecho material.
mistake – refers to ambiguity in contract negotiations and mistake of material fact.

escasez – escasez de terreno en una área geográfica donde hay mucha demanda de terreno.
scarcity – shortage of land in a geographical area where there is a great demand for land.

escenario del peor caso – muestra que puede suceder con los pagos del prestatario de un préstamo de interés ajustable si el índice sube a su máximo.
worst-case scenario – shows what can happen to the borrower's payments if the index rises to its maximum in an adjustable loan.

escritura – documento escrito y cuando propiamente ejecutado y entregado transfiere el título de propiedad.
deed – a written document that when properly executed and delivered conveys title to land.

escritura como garantía – la escritura proveída como garantía sobre un préstamo y a la vez tratada como hipoteca.
deed as security – a deed given to secure a loan and treated as a mortgage.

escritura con garantía – escritura que usualmente contiene los convenios de posesión, quieta y pacífica posesión, garantía libre de gravamen, perfeccionamiento de título, y de título al comprador para siempre.
warranty deed – a deed that usually contains the covenants of seizin, quiet enjoyment, encumbrances, further assurance, and warranty forever.

escritura con garantía de título – escritura que contiene los convenios de posesión, quieta y pacífica posesión, garantía libre de gravamen, perfeccionamiento de título, y garantía para siempre. También vea *escritura de garantía general.*
full covenant and warranty deed – a deed that contains the covenants of seizin, quiet enjoyment, encumbrances, further assurance, and warranty forever. See also *general warranty deed.*

escritura de arbitrario en juicio hipotecario – escritura emitida como resultado de un juicio hipotecario ordenado por la corte.
referee's deed in foreclosure – a deed issued as the result of a court-ordered foreclosure sale.

escritura de compraventa – escritura que no contiene convenios, pero que implica que el donador es el dueño de la propiedad sujeta a traspaso.
bargain and sale deed – a deed that contains no covenants, but does imply that the grantor owns the property being conveyed.

escritura de constitución corporativa – documento oficial que indica la existencia de la corporación autorizada por el secretario del estado.
corporate charter – the official document indicating the existence of the corporation as authorized by the Secretary of State.

escritura de corrección – documento que se usa para corregir errores en escrituras previamente registradas.
correction deed – a document used to correct an error in a previously recorded deed.

escritura de ejecutor testamentario – escritura utilizada para transferir la propiedad raíz del difunto.
executor's deed – a deed used to convey the real property of a deceased person.

escritura de fideicomiso – documento que transfiere título a un fiduciario tercero imparcial como garantía para una deuda.
deed of trust (also called trust deed) – a document that conveys legal title to a neutral third party as security for a debt.

escritura de fideicomiso circundante – Vea *hipoteca subordinada circundante.*
wraparound deed of trust – See *wraparound mortgage.*

escritura de fiduciario – Vea *escritura judicial.*
trustee's deed – See *sheriff's deed.*

escritura de finiquito – instrumento legal utilizado para conceder el título del concedente; no contiene convenios, garantías, ni implicación de pertenencia del concedente.
quitclaim deed – a legal instrument used to convey whatever title the grantor has; it contains no covenants, warranties, or implications of the grantor's ownership.

escritura de garantía – escritura garantizada con una cláusula de retransferencia.
security deed – a warranty deed with a reconveyance clause.

escritura de garantía especial – escritura en la cual el otorgante garantiza el título solamente contra defectos presentados durante su pertenencia y no contra defectos existentes antes de su pertenencia de la propiedad.
special warranty deed – a deed in which the grantor warrants or guarantees the title only against defects arising during his or her ownership of the property and not against defects existing before the time of ownership.

escritura de garantía general – escritura por la cual el donador garantiza el título de propiedad raíz contra defectos existentes antes de que el donador adquiriera el título o durante el tiempo de poseer el título. También vea *escritura con garantía de titulo y escritura con garantía*.
general warranty deed – a deed in which the grantor warrants or guarantees the title to real property against defects existing before the grantor acquired title or arising during the grantor's ownership. See also full covenant and warranty deed.

escritura de guardián – se usa para conceder propiedad de un menor o de una persona legalmente incompetente.
guardian's deed – used to convey property of a minor or legally incompetent person.

escritura de reformación – Vea *escritura de corrección*.
reformation deed – See *correction deed*.

escritura de relevación – documento utilizado para traspasar de nuevo el título del fiduciario al propietario al pagarse la deuda.
release deed – a document used to reconvey title from the trustee back to the property owner once the debt has been paid.

escritura de satisfacción – instrumento registrado para anunciar el pago de deuda; relevación de hipoteca.
satisfaction piece – an instrument that is recorded to announce payment of the debt; a mortgage release.

escritura de traspaso – escritura que está más restringida que la escritura con garantía en términos de convenios y garantías.
grant deed – a deed that is somewhat narrower than a warranty deed in terms of covenants and warranties.

escritura de traspaso – escritura que traspasa derechos de acceso a las calles al condado o al municipio.
cession deed – a deed that conveys street rights to a county or municipality.

escritura de unidad – escritura de una unidad de condominio.
unit deed – a deed to a condominium unit.

escritura donativa – escritura que estipula "amor y afecto" como forma de consideración.
gift deed – a deed that states "love and affection" as the consideration.

escritura entre esposos – utilizada en algunos estados para transferir propiedad raíz entre esposos.
interspousal deed – used in some states to transfer real property between spouses.

escritura factible – escritura utilizada como hipoteca. También se conoce como absoluta escritura.
absolute deed – a deed used in lieu of a mortgage, also called a deed absolute.

escritura fiduciaria – Vea *escritura de fideicomiso*.
trust deed – See *deed of trust*.

escritura fiduciaria agrupada – Vea *hipoteca agrupada*.
package trust deed – See *package mortgage*.

escritura judicial – escritura emitida como resultado de venta hipotecaria ordenada por la corte.
sheriff's deed – a deed issued as a result of a court-ordered foreclosure sale.

escritura maestra – un documento que convierte una parcela de terreno en subdivisión de condominios.
master deed – the deed, lease, or declaration establishing a parcel of land as a condominium subdivision.

escritura sin garantías – Vea *escritura de compraventa*.
deed without warranties – See *bargain and sale deed*.

escritura traslativa de dominio – documento que traspasa título de la propiedad comprada en venta por impuestos no pagados.
tax deed – a document that conveys title to property purchased at a tax sale.

escritura voluntaria – Vea *entrega de escritura para evitar juicio hipotecario.*
voluntary deed – See *deed in lieu of foreclosure.*

espacio aéreo – comúnmente referido como la "unidad" en propiedad de condominio.
air space – commonly referred to as the "unit" in condominium ownership.

espacio público abierto – terreno que no está expresamente desarrollado para utilización residencial, comercial, industrial o institucional. Puede pertenecerle a individuos privados o al público (perteneciente al gobierno) y puede incluir tierra agrícola y de selva, bordes de playa, parques públicos, lagos y bayos.
public open space – land that is not expressly developed for residential, commercial, industrial, or institutional use. It can be owned by private individuals or by the public (government ownership) and it can include agricultural and forest land, undeveloped shorelines, public parks, and lakes and bays.

estado de contabilidad – declaración de la posición financiera de negocio para una fecha específica.
balance sheet – a statement of the financial position of a business on a specified date.

estado de ganancias y pérdidas (P&L) – declaración que demuestra las ganancias y las pérdidas de un negocio.
profit and loss statement (P&L) – a statement showing the gains and losses of a business.

estado de ingresos – Vea *estado de ganancias y pérdidas.*
income statement – See profit and loss statement.

estado familiar – uno o más individuos, menores de 18 años domiciliados con uno de los padres, u otra persona de custodia legal.
familial status – one or more individuals under the age of 18 who are domiciled with a parent or other person having legal custody.

Estándar Uniforme en la Práctica de Avalúos Profesionales (USPAP) – reglamentos obligatorios en algunos avalúos relacionados con bienes raíces federales.
Uniform Standards of Professional Appraisal Practice (USPAP) – mandatory requirements for certain federally related real estate appraisals.

estatuto – ley promulgada por el cuerpo legislativo del gobierno.
statute – a law passed by the legislative body of government.

estatuto de limitaciones – límite legal sobre el tiempo que uno tiene para conseguir la asistencia de la corte para obtener justicia.
statute of limitations – a legal limit on the amount of time one has to seek the aid of a court in obtaining justice.

estatutos – reglas que gobiernan como se administra la asociación de propietarios
bylaws – rules that govern how an owners' property association will be run.

estimación de buena fe – forma requerida por el Departamento de Vivienda y Desarrollo Urbano que estima en buena fe al solicitante, el costo de hacer el préstamo.
good faith estimate – a form required by the Department of Housing and Urban Development estimating the cost of the loan given in good faith to applicants.

estrategia inversionista – plan que balancea la recompensa disponible con los riesgos que se deben tomar para aumentar el capital del inversionista.
investment strategy – a plan that balances returns available with risks that must be taken in order to enhance the investor's overall welfare.

estructura histórica – estructura que es bien conocida o importante en la historia. Edificio, monumento o casa que ha sido reconocida por su aporte en la historia o en el estilo que representa.
historic structure – a structure that is well-known or important in history.

et al – término latín para expresar "y otros."
et al – a Latin term used in real estate to express "and others."

ética – Vea *código de ética*.
ethics – See *code of ethics*.

evaporador – componente de aire condicionado que toma el calor del aire a sus alrededores y lo lleva al refrigerante.
evaporator – an air conditioner component that takes heat from the air surrounding it and brings it to the refrigerant.

evidencia de título – prueba que evidencia la propiedad de un título.
evidence of title – being able to prove interest in title.

exageración – declaraciones no verdaderas o extravagantes que reconocerá una persona razonable.
puffing – nonfactual or extravagant statements a reasonable person would recognize as such.

examen estatal – examen que contiene preguntas en relación a las leyes, reglas, reglamentos y prácticas de la jurisdicción donde se administra el examen.
state test – test containing questions regarding laws, rules, regulations, and practices of the jurisdiction where the test is being given.

examen uniforme – examen que contiene preguntas relevantes acerca de los principios y prácticas de bienes raíces que son estándares a través del país.
uniform test – test containing questions relevant to the principles and practices of real estate that are uniform across the country.

excepciones especiales – utilización permitida dentro de cierta designación de zonificación pero sujeta a control y supervisión de la autoridad municipal.
special exceptions – a use that is permitted within a certain zoning designation, but subject to control and supervision of the municipal authority.

exceso – monto de dinero excesivo depositado con el prestamista.
overage – an excess amount of money in escrow.

exoneración de gravamen – certificado del prestamista declarando que el préstamo ha sido pagado.
release of lien – an instrument indicating that a previously existing lien has been released and is no longer enforceable.

expediente del juicio – lista disponible al público de juicios ordenados por la corte.
judgment roll – a publicly available list of court-ordered judgments.

F

facilitador – agente que no tiene responsabilidad fiduciaria porque no se ha establecido agencia
facilitator – a licensee who has no fiduciary responsibility as no agency has been formed.

Fair, Isaac Company (FICO) – a credit scoring company that began in 1956 in San Rafael, CA. See also *credit rating* and *credit scoring*.
Fair, Isaac Company (FICO) – compañía que imparte resultados de crédito. Esta compañía se estableció en 1956 en San Rafael, California. Vea también *consideración crediticia* e *historial crediticio*.

faja de terreno – terreno en el sistema de levantamiento rectangular que corre norte-sur entre meridianos a la anchura de seis millas.
range – a six-mile-wide column of land running north-south in the rectangular survey system.

fallo de deficiencia – fallo contra el prestatario si la venta de la propiedad empeñada después del juicio hipotecario no aporta lo suficiente para pagar el balance completo.
deficiency judgment – a judgment against a borrower if the foreclosure sale does not bring enough to pay the balance owed.

fallo de propósito – método de terminar servidumbre.
failure of purpose – a method for termination of easements.

falta de homogeneidad – no hay dos parcelas de terreno iguales; también se refiere como *heterogeneidad.*
nonhomogeneity – no two parcels of land are alike (also called heterogeneity).

falta de intermediación – movimiento de dinero en cuentas de ahorros hacia instrumentos corporativos y de deuda gubernamental; el resultado cuando se les requiere a los prestamistas pagar tasas altas de interés por los depósitos recibidos mientras reciben ingresos a largo plazo de préstamos hipotecarios de bajo interés.

disintermediation – the movement of money out of savings accounts and into corporate and government debt instruments; the result created when lenders are required to pay high rates of interest for deposits while receiving long-term income from low-interest rate mortgage loans.

falta de liquidez – posibilidad de que un bien pueda ser muy difícil de vender a corto plazo.
illiquidity – the possibility that an asset may be very difficult to sell on short notice.

Fannie Mae – apodo en la industria de bienes raíces para la Asociación Nacional Hipotecaria Federal
Fannie Mae – See *Federal National Mortgage Association.*

FDIC – Vea *Corporación Federal Aseguradora de Depósitos.*
FDIC – See *Federal Deposit Insurance Corporation.*

fecha de cierre – día en el cual se transfiere el título.
closing date – the day on which the title closing is completed.

fecha de posesión – el día que el comprador se puede mudar y tomar posesión de la propiedad.
possession date – the day on which the buyer can move in.

fecha límite – fecha de contrato o de pago; límite absoluto.
due date – a contract or payment date; a deadline.

dominio absoluto o pleno dominio – interés más extensivo que uno puede tener en tierra; frecuentemente llamado teoría de bulto de derechos; propiedad absoluta.
fee simple – the most extensive interest (ownership) one can hold in land; often called thecomplete bundle of rights; an absolute estate.

FHA – Vea *Administración Federal de Vivienda.*
FHA – See *Federal Housing Administration.*

FHLBB – Vea *Comisión del Banco Federal de Préstamos de Vivienda.*
FHLBB – See *Federal Home Loan Bank Board.*

FHLMC – Vea *Corporación Federal de Préstamos Hipotecarios Para Vivienda (Freddie Mac).*
FHLMC – See *Federal Home Loan Mortgage Corporation.*

fianza de seguridad – forma de seguro comprado como garantía contra pérdida o daño.**surety bond** – a form of insurance purchased as security against loss or damage.

FICO – Vea *Fair, Isaac Company.*
FICO – See *Fair, Isaac Company.*

fideicomiso – pertenencia de un fiduciario para el beneficio de otro.
trust – a right of property held by one party for the benefit of another.

fideicomiso de inversiones en bienes raíces (REIT) – método de combinar dinero de inversionistas utilizando fideicomiso de pertenencia y dando importancia al impuesto único de ganancias. Usualmente involucra una grande cantidad de inversionistas.
Real Estate Investment Trust (REIT) – a method of pooling investor money by using the trust form of ownership and featuring single taxation of profits. It usually involves a very large amount of investors.

Fideicomiso de Resolución Corporativa (RTC) – agencia federal formada para liquidar bancos e instituciones de ahorros y préstamos insolventes.
resolution trust corporation (RTC) – a federal agency formed to liquidate insolvent savings and loans and banks.

fideicomiso de terreno – fideicomiso de bienes raíces en el cual el creador del fideicomiso (fideicomitente) también es el beneficiario.
land trust – (1) a real estate trust wherein the person who creates the trust (the trustor) is also its beneficiary; (2) a trust created solely for the ownership, operation, and management of real estate interests.

fideicomiso entre vivos – fideicomiso que toma efecto en vida del creador.
inter vivos trust – a trust that is established and takes effect during the lifetime of the trustor.

fideicomiso testamentario – fideicomiso que toma efecto después de muerte.
testamentary trust – a trust that takes effect after death.

fideicomitente – el que crea un fideicomiso; el prestatario en una escritura de fideicomiso.
trustor (also called settlor) – one who creates a trust; the borrower in a deed of trusts arrangement.

fiduciario – el que mantiene propiedad en fideicomiso por otro.
trustee – one who holds property in trust for another.

fiduciario – persona que está en posición de fideicomiso, responsabilidad, confianza por otro, tal como un corredor por su cliente.
fiduciary – a person in a position of trust, responsibility, and confidence for another, such as a broker for a client.

fiduciario público – oficial público nombrado como fiduciario en algunos estados.
public trustee – a publicly appointed official who acts as a trustee in some states.

fiel desempeño – requisito de que el agente obedezca todas las instrucciones legales dadas por el principal.
faithful performance – a requirement that an agent obey all legal instructions given by the principal.

fijación – se refiere al hecho de que la tierra y los edificios requieren largos plazos de tiempo para pagarse.
fixity – refers to the fact that land and buildings require long periods of time to pay for themselves.

fijación de precios – cuando dos o más personas conspiran para cobrar una cuota fija, resultando en efecto anticompetitivo.
price fixing – a conspiracy by two or more participants to fix prices, goods, or services, effectively eliminating competition in the marketplace.

financiamiento – obtención de fondos para llevar a cabo una compra o un negocio.
financing – obtaining funds for a purchase.

financiamiento de recurso – recurso que el inversionista está personalmente obligado a pagar.
recourse financing – the investor is personally obligated to pay.

financiamiento por el propietario – pagaré aceptado por el propietario en vez de efectivo.
seller financing – a note accepted by a seller instead of cash.

financiamiento por parte del dueño – cuando el propietario efectúa el préstamo al prestatario y se hace cargo de recibir los pagos sobre su propiedad. Vea *financiamiento por el propietario.*
owner finance – when the owner finances the loan for the borrower and services the loan for his or her property. See also *seller financing.*

financiamiento por propietario – financiamiento de la segunda hipoteca por el dueño.
carryback financing – an owner financed second mortgage.

financiamiento provisional – Vea *préstamo puente.*
gap financing ("swing loan" or "bridge loan") – See *bridge loan.*

financiamiento secundario – préstamo secundario para la compra de propiedad.
secondary financing – a second loan for the purchase of a property.

financiamiento sin recurso – el inversionista no es personalmente obligado a pagar.
nonrecourse financing – the investor is not personally obligated to repay.

firma – reconocimiento legal.
signature – acknowledgment.

FIRREA – Vea Ley de Reforma, Recuperación y Ejecución de las Instituciones Financieras.
FIRREA – See *Financial Institution's Reform, Recovery, and Enforcement Act.*

flujo de efectivo – cantidad de dólares restantes cada año después que el inversionista colecta renta, paga los gastos de operación y hace los pagos de la hipoteca.
cash flow – the number of dollars remaining each year after collecting rents and paying operating expenses and mortgage payments.

flujo de efectivo negativo – una condición por la cual el efectivo pagado excede el efectivo recibido.
negative cash flow – a condition wherein the case paid out exceeds the cash received.

flujo de efectivo positivo – condición en la cual el efectivo recibido excede el efectivo pagado.
positive cash flow – a condition wherein cash received exceeds cash paid out.

FNMA – Vea *Asociación Nacional Hipotecaria Federal.*
FNMA – See *Federal National Mortgage Association.*

fondo a perpetuidad – fondo provisto por el estatuto de mantenimiento de cementerios, lo que requiere la creación de un fondo monetario que no tenga término y que prevea el mantenimiento continuo del cementerio o panteón.
perpetual care fund – a fund provided for by statute for maintaining cemeteries, which requires the creation of a fund that never ceases and is continuous for the maintenance of the cemetery or graveyard.

Fondo Asegurador de Asociaciones de Ahorros (SAIF) – reemplazó el fondo de la Corporación Federal Aseguradora de Ahorros y Préstamos (FSLIC) que se volvió insolvente por el fracaso de instituciones de ahorros. Asegura ahorros y fondos de depositadores asegurados.
Savings Association Insurance Fund (SAIF) – replaces the FSLIC fund that became insolvent due to failed thrifts. Insures savings and insured depositor's funds.

fondo de recuperación – fondo estatal que puede ser utilizado para pagar fallos incobrables contra concesionarios de bienes raíces.
recovery fund – a state-operated fund that can be tapped to pay for uncollected judgments against real estate licensees.

forma de inquilino (HO-4) – póliza de seguros diseñada para inquilinos.
Tenant's form (HO-4) – an insurance policy designed for residential tenants.

forma de propietario de unidad de condominio (HO-6) – póliza que cubre adiciones o alteraciones no cubiertas por la póliza de la asociación.
condominium unit owner's form (HO-6) – a policy that covers additions or alterations not covered by the association's policy.

forma especial (HO-3) – póliza que combina cobertura HO-5 sobre el edificio y HO-2 sobre propiedad personal.
special form (HO-3) – a policy that combines HO-5 coverage on the dwelling and HO-2 coverage on the personal property.

forma extensa – póliza de seguros que cubre una grande cantidad de riesgos.
broad form (HO–2) – an insurance policy that covers a large number of named perils.

forma HO-8 – póliza diseñada para casas viejas.
form HO-8 – a policy designed for older homes.

formaldehido – compuesto químico gaseoso, incoloro que generalmente está presente en concentraciones bajas variables en el aire exterior e interior.
formaldehyde – a colorless, gaseous chemical compound that is generally present at low, variable concentrations in both indoor and outdoor air.

formas promulgadas – formas de bienes raíces creadas y requeridas por agencias estatales para regular la práctica de bienes raíces.
promulgated forms – mandatory real estate forms created and mandated by state agencies to regulate real estate practices.

franquiciante – el individuo o la empresa que obtiene la franquicia.
franchisee – the party who has a franchise.

franquiciatario – empresa o poseedor de la franquicia; el partido que concede la franquicia.
franchiser – the party giving the franchise.

fraude – acto con intención de engañar y con el propósito de inducir a otro de algo de valor.
fraud – an act intended to deceive for the purpose of inducing another to give up something of value.

Freddie Mac (FHLMC) – *Vea Corporación Federal de Préstamos Hipotecarios para Vivienda.*
Freddie Mac (FHLMC) – See *Federal Home Loan Mortgage Corporation.*

Freón, diclorodifluorometano – refrigerante comúnmente más utilizado para aire condicionado.
Freon – the most commonly used refrigerant in air conditioners.

friable – la habilidad del producto que contiene asbestos de desmenuzarse y emitir fibras.
friable – the ability of an asbestos-containing product to crumble easily and emit fibers.

frutas industriales – planteamiento anual que requiere cultivación.
fructus industriales – Latin for "fruits of industry"; annual crops planted, cultivated, and harvested through the labor of the land's occupants.

frutas naturales – árboles, plantas perennes, y vegetación no cultivada.
fructus naturales – Latin for "fruits of nature"; plants such as trees and grass that do not require annual planting, and metal obtained from the land.

FSBO – Vea en *venta por parte del propietario.*
FSBO – See *for sale by owner.*

FSLIC – Corporación Federal Aseguradora de Ahorros y Préstamos.
FSLIC – See *Federal Savings and Loan Insurance Corporation.*

fuera de depositario – Vea *fuera del cierre.*
outside of escrow – See *outside of the closing.*

fuera del cierre – significa que un partido del cierre le ha pagado a alguien directamente y no a través del cierre.
outside of the closing – a party to the closing pays someone directly and not through the closing (also called outside of escrow).

fuerza lateral – fuerza que actúa generalmente en dirección horizontal, tal como el viento.
lateral force – a force acting generally in a horizontal direction, such as the wind.

fuerza pública – derecho del gobierno de estatuir leyes y exigirlas por fuerza para el orden, seguridad, salud, moral, y bienestar general del público.
police power – the right of government, either federal, state, or local, to enact laws and enforce them for the order, safety, health, morals, and general welfare of the public.

fungible – libremente substituible.
fungible – freely substitutable.

G

ganancia – ganancia sobre el empleo de capital en una transacción.
profit – a gain from employing capital in a transaction.

ganancia – ganancia sobre la venta de un bien apreciado.
gain – a profit from the sale of an asset; the difference between the adjusted basis and the net selling price.

ganancia – Vea *ganancia de capital.*
profitability – See *break even points, capital gain.*

ganancia a prendre – Vea servidumbre.
profit a prendre – See *easement*.

ganancia de capital – ganancia (utilidad) sobre la venta de bienes que han aumentado en valor.
capital gain – the gain (profit) on the sale of an appreciated asset.

ganancia de capital a largo plazo – Vea *ganancia de capital*.
long-term capital gain – See *capital gain*.

ganancia sobre venta – la diferencia entre la cantidad realizada y la base.
gain on sale – the difference between the amount realized and the basis.

ganancia, provecho, botín – compensación adicional pagada en cambio de propiedad.
boot – additional compensation paid in a property exchange.

garantía – manifestación concedida como seguridad que la deuda será pagada.
guaranty – an assurance given as security that a person's debt will be paid.

garantía – una garantía que algo es verdadero.
warranty – an assurance or guarantee that something is true as stated.

garantía contra remover – el prestatario promete no remover o demoler edificios o mejoras.
covenant against removal – borrower promises not to remove or demolish any buildings or improvements.

garantía de buena reparación – se requiere que el prestatario mantenga la propiedad hipotecada en buena condición.
covenant of good repair – the borrower is required to keep the mortgaged property in good condition.

garantía de habitabilidad – garantía que el local ocupado por el inquilino está en condiciones habitables. La definición de habitabilidad es cuestión de hecho y se determina por el jurado.
habitability, warranty of – guarantee that premises occupied by a tenant are habitable. The definition of habitability is a fact question and is determined by the jury.

garantía de pacífica posesión – el donador garantiza que el donatario no será importunado ni molesto.
covenant of quiet enjoyment – grantor warrants that the grantee will not be disturbed.

garantía de pagar impuestos – el prestatario acuerda de pagar los impuestos sobre la propiedad hipotecada aunque el título técnicamente esté en posesión del prestamista.
covenant to pay taxes – the borrower agrees to pay the taxes on the mortgaged property even though the title may be technically with the lender.

garantía de perfeccionamiento del título – el donador procurará y entregará al donatario documentos subsecuentes y necesarios para efectuar perfeccionamiento del título.
covenant of further assurance – grantor will procure and deliver to the grantee any subsequent documents necessary to make good the grantee's title.

garantía de preservación y mantenimiento – Vea *garantía de buena reparación.*
covenant of preservation and maintenance – See *covenant of good repair.*

garantía de seguros – se requiere que el prestatario mantenga seguros adecuados contra daños y destrucción de la propiedad hipotecada.
covenant of insurance – the borrower is required to carry adequate insurance against damage or destruction of the mortgaged property.

gasto financiero – lo que le costará el crédito total en dólares al prestatario sobre la vida del préstamo.
finance charge – the total dollar amount the credit will cost the borrower over the life of the loan.

gastos operativos – gastos necesarios para la operación de una propiedad y para mantener la producción de ingresos.
operating expense – expenditure necessary to operate a property and maintain the production of income.

GIM – Vea *multiplicador de ingreso bruto.*
GIM – See *gross income multiplier.*

Ginnie Mae – Vea la *Asociación Gubernamental Hipotecaria Nacional.*
Ginnie Mae – See *Government National Mortgage Association.*

GNMA – Vea la *Asociación Gubernamental Hipotecaria Nacional.*
GNMA – See *Government National Mortgage Association.*

gramaven especial – gravamen sobre propiedad específica.
special lien – a lien on a specific property.

gravamen – retención o reclamo que una persona tiene sobre la propiedad de otro para asegurar pago de una deuda u otra obligación.
lien – a hold or charge on a property for the payment of some debt, obligation, or duty owed to lien holder.

gravamen contractual – gravamen que resulta por contratos entre partidos.
contractual lien – a lien that arises as a result of a contract between the parties.

Gravamen de Código Comercial Uniforme – gravamen que adhiere de acuerdo con las provisiones del Código Comercial Uniforme.
UCC lien – lien which attaches pursuant to the provisions of the Uniform Commercial Code.

gravamen de impuesto federal – cargo de impuesto federal contra propiedad.
federal tax lien – a federal tax charge against a property.

gravamen de mecánicos y proveedores de materiales – el gravamen que se coloca contra propiedad raíz por un trabajador o proveedor que no ha sido pagado por su trabajo o por sus materiales de construcción proporcionados.
mechanics and materialmen lien – a claim or hold placed against property by unpaid workers or materials suppliers.

gravamen de proveedor de materiales – gravamen puesto sobre una propiedad por trabajo efectuado o materiales proveídos hasta que se liquide la deuda.
materialman lien – a lien placed on a property for work and/or materials until the debt is repaid.

gravamen de vendedor – gravamen implícito perteneciente al vendedor por la deuda que todavía no se ha pagado.
vendor's lien – a lien implied to belong to a vendor for the unpaid purchase price of the land.

gravamen equitativo – gravamen que existe en equidad. Es equidad flotante e inefectiva hasta que un juicio o decreto se ejecute y exponga la propiedad al pago o al reclamo de la deuda.
equitable lien – a lien that exists in equity. It is a mere floating and ineffective equity until such time as a judgment or decree is rendered actually subjecting property to the payment of the debt or claim.

gravamen específico – un gravamen sobre una propiedad específica.
specific lien – a lien on a specific property.

gravamen estatutario – gravamen impuesto sobre una propiedad bajo ley estatuaria.
statutory lien – a lien imposed on a property under statutory law.

gravamen general – gravamen sobre toda la propiedad de una persona.
general lien – a lien on all of a person's property.

gravamen hipotecario – empeño de propiedad por el propietario para asegurar el pago de la deuda.
mortgage lien – a pledge of property by its owner to secure the repayment of a debt.

gravamen involuntario – gravamen creado por operación de la ley.
involuntary lien – a lien created by operation of law.

Gravamen M & M – Vea *gravamen de mecánicos y proveedores de materiales*.
M and M lien – See *mechanics and materialmen lien*.

gravamen por impuestos no pagados – cargo efectuado por el gobierno contra la propiedad para asegurar el pago de impuestos.
tax lien – a charge or hold by the government against property to insure the payment of taxes.

gravamen por juicio – reclamo contra propiedad a favor del poseedor del gravamen de acuerdo al dictamen de la corte.
judgment lien – a claim against property in favor of the holder of a court-ordered judgment.

gravamen sobre impuesto de propiedad – derecho del gobierno de recaudar impuestos de propietarios.
property tax lien – the right of government to collect taxes from property owners.

gravamen sobre impuestos por avalúo – gravamen por impuestos de propiedad raíz.
ad valorem tax lien – a lien for real property taxes.

gravamen sobre pagaré de bienes raíces – contrato entre el prestatario y el prestamista. Vea también *pagaré*.
real estate lien note – a contract between a borrower and a lender. See also *promissory note*.

gravamen voluntario – gravamen creado por el propietario.
voluntary lien – a lien created by the property owner.

GRI – Vea *Instituto de Corredores Graduados.*
GRI – See Graduate REALTOR® Institute.

GRM – Vea *multiplicador de alquiler bruto.*
GRM – See *gross rent multiplier.*

guías meridianas – líneas de deslinde que corren norte y sur que corrigen por la curvatura de la tierra.
guide meridian – survey line running north and south that corrects for the earth's curvature.

H

habitable – en condición de ser habitado.
habitable – capable of being lived in.

hacienda – propiedad de grande cantidad de terreno utilizado para agricultura y cría de ganado.
hacienda – an estate with a large amount of land used for farming and ranching.

hecho pertinente – hecho importante considerado por el comprador en su decisión de comprar propiedad.
material fact – an important fact considered by the.buyer in his decision to purchase a property.

heredad – bienes por heredar.
hereditaments – inheritable estate.

heredad dominante – parcela de terreno a la cual se le anexa una servidumbre. También vea *derecho subterráneo.*
dominant estate – an parcel of land to which a servitude or easement is attached. See also subsurface rights.

heredamiento dominante – Vea *heredad dominante.*
dominant tenement – See *dominant estate.*

herederos – los designados por ley de recibir la propiedad del difunto cuando no hay testamento.
heirs – those designated by law to receive the property of the deceased when there is no will.

herencia – Vea *legado.*
legacy – See *bequest.*

heterogéneo – en bienes raíces, significa que ninguna parcela es exactamente igual a la otra debido a que no ocupan la misma posición sobre el globo terráqueo.
heterogeneous – in real estate, it signifies that no two parcels of land are exactly alike because no two parcels can occupy the same position on the globe.

hipoteca – empeño de propiedad para asegurar el pago de una deuda.
mortgage – a document that makes property secure for the repayment of a debt.

hipoteca a base de valor líquido de la propiedad – línea de crédito efectuada contra el valor líquido de la propiedad.
equity mortgage – a line of credit made against the equity in a person's home.

hipoteca agrupada – hipoteca empeñada por una combinación de propiedad raíz y personal.
package mortgage – a mortgage secured by a combination of real and personal property.

hipoteca colectiva – hipoteca garantizada por propiedades múltiples.
blanket mortgage – a mortgage that is secured by more than one real property.

hipoteca con derecho de equidad compartida (SEM) – préstamo en el cual el prestamista u otro partido comparte interés de equidad en la propiedad.
shared equity mortgage (SEM) – a loan in which the lender or another party shares equity interest in the property.

hipoteca con interés diferido – hipoteca de pago mensual que es menos de la cantidad requerida para pagar la nota; el interés no pagado se difiere al añadirlo al saldo del préstamo.
deferred interest mortgage – a mortgage with a monthly payment that is less than the amount required to pay the note rate; the unpaid interest is deferred by adding it to the loan balance.

hipoteca con tasa ajustable – hipoteca en la que la tasa de interés es fluctuante por los cambios de las tasas de interés prevalecientes.
adjustable rate mortgage (ARM) – a mortgage loan on which the interest rate rises and falls with changes in prevailing rates.

hipoteca de anualidad inversa – el prestamista hace pagos mensuales al propietario quien después hace un pago finiquito.
reverse-annuity mortgage – the lender makes monthly payments to a homeowner who later repays in a lump sum.

Hipoteca de Apreciación Compartida (SAM) – típicamente ofrece tasa de interés de 1 a 2% por debajo de la tasa del mercado actual.
shared appreciation mortgage (SAM) – typically offers an interest rate 1 to 2% below market rates.

hipoteca de bienes muebles – empeñar propiedad personal para asegurar un pagaré.
chattel mortgage – a pledge of personal property to secure a note.

hipoteca de inquilinato – préstamo hipotecario garantizado por el interés del inquilino sobre la propiedad.
leasehold mortgage – a mortgage loan secured by a tenant's leasehold interest in a property.

hipoteca de pago graduado – préstamo con tasa de interés fija en el cual el pago mensual empieza bajo y luego incrementa.
graduated payment mortgage – a fixed interest rate loan wherein the monthly payment starts low and then increases, because the initial monthly payments are insufficient to fully amortize the loan.

hipoteca de tasa ajustable convertible – hipoteca de tasa ajustable que se puede convertir a tasa fija.
convertible ARM – an adjusted rate mortgage that can be converted into a fixed rate mortgage.

hipoteca de tasa variable (VRM) – hipoteca en la cual la tasa de interés sube y baja con los cambios de tasas de intereses prevalecientes.
variable rate mortgage (VRM) – a mortgage on which the interest rate rises and falls with changes in prevailing interest rates.

hipoteca determinada – hipoteca que no puede extender fondos adicionales al prestatario.
closed-end mortgage – a mortgage that cannot extend additional funds to the borrower.

hipoteca en primer grado – hipoteca sobre una propiedad que mantiene prioridad y será la primera en pagarse en el evento de que haya juicio hipotecario.
first lien mortgage – the mortgage on a property holding senior priority and the first to be paid in the event of foreclosure.

hipoteca en segundo grado – hipoteca o gravamen que toma prioridad después de la primera.
second mortgage – a lien or encumbrance that ranks second in priority, right behind the first lien, mortgage, or encumbrance.

hipoteca equitativa – convenio escrito considerado hipoteca en su intento aunque no aplica las palabras hipotecarias tradicionales.
equitable mortgage – a written agreement that is considered to be a mortgage in its intent even though it may not follow the usual mortgage wording.

hipoteca integrada con activo – hipoteca diseñada para crear ahorros sobre el enganche.
asset integrated mortgage – a mortgage designed to create a savings from the down payment.

hipoteca inversa – Vea *hipoteca de anualidad inversa*.
reverse mortgage – See *reverse annuity mortgage*.

hipoteca módica – pagos del préstamo que incluyen principal, interés, impuestos, y seguros; frecuentemente se les refiere como pagos PITI.
budget mortgage – features loan payments that include principal, interest, taxes, and insurance (often called PITI).

hipoteca ordinaria – el empeño de una propiedad para asegurar el pago de la deuda.
standard mortgage – a pledge of property to secure the repayment of a debt.

hipoteca ordinaria – empeño de una propiedad para asegurar el pago de la deuda.
regular mortgage – a pledge of property to secure the repayment of a debt.

hipoteca primaria – hipoteca primaria contra una propiedad en el evento de juicio hipotecario.
senior mortgage – the mortgage against a property that holds first priority in the event of foreclosure.

hipoteca respaldada con garantía – certificado que pasa los pagos de principal e interés a los inversionistas.
mortgage-backed securities (MBS) – certificates that pass through principal and interest payments to investors.

hipoteca sin límite de importe – hipoteca que permite revisiones futuras garantizadas por la misma hipoteca.
open-end mortgage – a mortgage allowing for future revisions secured by the same mortgage.

hipoteca subordinada – cualquier hipoteca sobre una propiedad que es subordinada en prioridad a la primera hipoteca.
junior mortgage – any mortgage on a property that is subordinate to the first mortgage in priority.

hipoteca subordinada circundante – hipoteca subordinada circundante de otras hipotecas existentes.
wraparound mortgage – a mortgage that encompasses any existing mortgages and is subordinate to them.

hipotecante – persona que concede el empeño de su propiedad; el prestatario.
mortgagor – the party giving the mortgage, the borrower.

hipotecar – utilizar propiedad para garantizar una deuda sin entregar posesión.
hypothecate – to use property to secure a debt without giving up possession of it.

historial crediticio – la cifra que evalúa el historial crediticio y crédito actual del prestatario basado en reportes de la agencia de informes sobre crédito.
credit scoring – a number that assesses a borrower's credit history and current credit based on credit bureau reports.

HO-2 – Vea *forma extensa.*
HO-2 – See *broad form.*

HO-3 – Vea *forma especial.*
HO-3 – see *special form.*

HO-4 – Vea *forma de inquilino.*
HO-4 – See *Tenant's form.*

HO-6 – Vea *forma de propietario de unidad de condominio.*
HO-6 – See *condominium unit owner's form.*

HO-8 – Vea *forma HO-8.*
HO-8 – See *Form H0-8.*

HOA – Vea *asociación de propietarios de vivienda.*
HOA – See *homeowners' association.*

hogar principal – propiedad legal y lugar de residencia de una familia o de una persona adulta soltera que es exenta de venta por acreedores excepto bajo condiciones específicas.
homestead – a legal estate that is a place of residence for a family or a single adult person that is exempt from sale by creditors except under certain specified conditions.

hogar principal rural – hogar principal que no está en área urbana y que no puede tener más de 200 acres.
rural homestead – a homestead that is not in an urban area and can consist of not more than 200 acres.

hogar principal urbano – hogar principal en un pueblo, ciudad, o aldea.
urban homestead – a homestead in an urban area, which can consist of a lot or lots not to exceed one acre at the time of designation.

homogéneo – esencialmente igual.
homogeneous – essentially alike.

honorario de intermediario – honorario que se paga al intermediario por juntar los partidos de la transacción.
finder's fee – a finder's fee paid to an individual for bringing together the parties to a transaction.

honorarios – compensación para corredores y socios de ventas.
commission – compensation for brokers and salespersons.

hormiga carpintera – insecto que come madera.
carpenter ant – a type of insect that eats wood.

HUD – Vea *Departmento de Vivienda y Desarrollo Urbano.*
HUD – See *Department of Housing and Urban Development.*

humedecedor – aparato utilizado para humedecer el aire.
humidifier – a device used to add moisture to the air.

humero – el pasaje encerrado de la chimenea o del ático por el cual el humo y otros gases ascienden.
flue – the enclosed passageway in a chimney or attic through which smoke and other gases move upward.

I

ilegalidad superveniente – uno de los métodos de terminar agencia.
supervening illegality – one of the methods to terminate an agency.

impacto de dinero prestado – el impacto de los fondos prestados sobre la ganancia de la inversión.
leverage – the impact that borrowed funds have on an investment return.

impacto financiero de dinero prestado – Vea *impacto de dinero prestado.*
financial leverage – See *leverage.*

impacto negativo de dinero prestado – ocurre cuando los fondos prestados cuestan más de lo que producen.
negative leverage – occurs when borrowed funds cost more than they produce.

impacto positivo de fondos prestados – ocurre cuando los beneficios del préstamo exceden los costos del préstamo.
positive leverage – occurs when the benefits of borrowing exceed the costs of borrowing.

impedimento – cualquier impedimento a título claro, tal como gravamen, arrendamiento, o servidumbre.
encumbrance – any impediment to a clear title, such as a lien, lease, or easement.

implicación – tipo de establecimiento de servidumbre.
implication – type of easement creation.

importe nominal – cantidad en dólares de la protección de seguros.
face amount – the dollar amount of insurance coverage.

impuesto de escritura – impuesto sobre el traspaso de bienes raíces.
deed tax – a tax on conveyances of real estate.

impuesto de traspaso – impuesto sobre escrituras y otros documentos pagable al tiempo de registro.
conveyance tax – a fee or tax on deeds and other documents payable at the time of recordation.

impuesto sobre documentación – impuesto sobre escrituras y otros documentos pagables al tiempo de registro.
documentary tax – a fee or tax on deeds and other documents payable at the time of recordation.

impuesto sobre ganancia de capital – tipo de impuesto especial permitido por el Código de Ingresos Interiores para ganancia sobre la venta de bienes.
capital gains tax treatment – a special tax rate allowed by the Internal Revenue Code for profits on the sale of capital assets.

impuesto sobre herencias – impuesto pagado sobre propiedad por el heredero.
inheritance tax – the tax paid on a property inherited by an heir.

impuesto sobre ingresos – impuestos pagados de acuerdo a la cantidad de ingresos recibidos.
income taxes – taxes paid according to the amount of income received.

impuestos – convenio de pagar.
taxes – covenant to pay.

impuestos al valor – impuestos cargados de acuerdo al valor de bienes raíces.
ad valorem tax – tax levied according to the value of one's property; the more valuable the property, the higher the tax, and vice versa.

impuestos de propiedad – impuestos exigidos sobre terreno. Son la fuente más grande de ingresos en los Estados Unidos Americanos para llevar a cabo programas y servicios del gobierno local. Escuelas, departamentos de bomberos y de policía, programas de beneficio social local, bibliotecas públicas, mantenimiento de calles, parques, y hospitales públicos son mantenidos principalmente con el dinero recaudado por el pago de impuestos de propiedad. Algunos gobiernos estatales también obtienen una porción de sus rentas públicas a través de este recurso.
property taxes – taxes levied against land. They are the largest, single source of income in America for local government programs and services. Schools, fire and police departments, local welfare programs, public libraries, street maintenance, parks, and public hospital facilities are mainly supported by property taxes. Some state governments also obtain a portion of their revenues from this source.

"in gross" – Vea *servidumbre personal*.
in gross – See easement in gross.

in-house sale – venta realizada por un agente de la misma compañía de bienes raíces que adquirió el contrato de venta de la propiedad vendida.
in-house sale – a sale made by an agent from the same real estate office that acquired the listing of the sold property.

incapacidad – incapacidad física o mental.
disability – incapacity, a physical or mental handicap.

incompetente – persona que no es legalmente capaz de comprometerse en un contrato.
incompetent – a person that is not legally capable of entering into a contract.

incremento límite – límite que indica hasta cuanto se pueden incrementar los pagos del prestatario.
payment cap – a limit on how much a borrower's payments can increase.

incumplimiento – falta de realizar una obligación legal, tal y como la falta de llevar a cabo los términos de un contrato.
default – failure to perform a legal duty, such as a failure to carry out the terms of a contract.

incumplimiento del contrato – falta de cumplimiento de contrato sin justificación legal.
breach of contract – failure without legal excuse to perform as required by a contract.

indemnización – obligación del principal de indemnizar al agente debido a que éste ha sufrido una pérdida injustificada. Por ejemplo, cuando hubo una malinterpretación de información del principal hacia el agente debido a datos otorgados de buena fe al comprador.
indemnification – an obligation of the principal in which an agent is entitled to upon suffering a loss through no personal fault, such as when a misrepresentation by the principal to the agent was passed on in good faith to the buyer.

índice de hipotecante-hipotecario – listas alfabéticas utilizadas para colocar hipotecas en los registros públicos.
mortgagor-mortgagee indexes – alphabetical lists used to locate mortgages in the public records.

índice de interés – índice que ajusta las tasas de interés.
rate index – the index that adjusts interest rates.

Índice de Precio al Consumidor – índice de precio en los cambios de costo y servicios al consumidor típico basado en la variación del costo de la misma cosa en un tiempo determinado.
Consumer Price Index (CPI) – an index in the changes of the cost and services to a typical consumer based on the costs of the same items in a previous period.

índice de terrenos – sistema de catalogar documentos registrados que afectan un terreno particular.
tract index – a system for listing recorded documents affecting a particular tract of land.

Índice del Costo de Fondos (COFI) – índice para determinar los cambios en la tasa de interés para las hipotecas de tasa ajustable.
Cost of Fund Index (COFI) – an index used to determine interest rate changes for adjustable-rate mortgages.

Índice del Costo de Vida (COLI) – índice sobre el cambio de costo que incluye comida, ropa, transportación, atención personal y médica, y otros costos periódicamente determinados por la Secretaría de Trabajo.
Cost of Living Index (COLI) – an index in the changes of costs that include food, clothing, transportation, personal and medical care, and other costs periodically determined by the Department of Labor.

índices de donador donatario – listas alfabéticas utilizadas para colocar documentos en los archivos públicos.
grantor-grantee indexes – alphabetical lists used to locate documents in the public records.

índices hipotecario-hipotecante – listas alfabetizadas utilizadas para localizar hipotecas en los archivos públicos.
mortgagee-mortgagor indexes – alphabetical lists used to locate mortgages in the public records.

inducimiento de pánico – Vea *rompe cuadras.*
panic peddling – See *blockbusting.*

industria – Vea *industria de servicios.*
filler industry – See *service industry.*

industria base – industria que produce bienes y servicios para exportación de productos regionales.
base industry – an industry that produces goods or services for export from the region.

industria de exportación – Vea *industria base.*
export industry – See *base industry.*

industria de servicios – industria que produce bienes y servicios para consumo de los residentes locales.
service industry – an industry that produces goods and services to sell to local residents.

industria secundaria – Vea *industria de servicios.*
secondary industry – See *service industry.*

inflación – elevaciones de precio por creación de cantidades excesivas de dinero por el gobierno.
inflation – price rises due to the creation of excessive amounts of money by government.

inflación de costo – precios más altos debido al incremento de costos de mano de obra y de materiales.
cost-push inflation – higher prices due to increased costs of labor and supplies.

inflación de costo real – precios más altos debido a un esfuerzo mayor necesario para producir el mismo producto hoy en comparación a años pasados.
real-cost inflation – higher prices due to greater effort needed to produce the same product today versus several years ago.

Inflación por demanda – precios más altos debido a los compradores licitando uno contra el otro.
demand-pull inflation – higher prices due to buyers bidding against each other.

Influencia excesiva – ventaja injusta para obtener un contrato.
undue influence – unfair advantage to obtain a contract.

Informe de avalúo formal – el informe más detallado preparado por un perito valuador.
self-contained appraisal report – the most detailed report prepared by the appraiser.

Informe de crédito – reporte que refleja el mérito de crédito del prestatario al mostrar su crédito historial.
credit report – a report reflecting the creditworthiness of a borrower by showing past credit history.

Informe de inspección de vivienda – reporte desglosado y detallado donde se enumera punto por punto el resultado de la inspección realizada a la propiedad del interesado.
home inspection report – a written itemization and detailed summation of the findings of the home inspector with regard to a subject property.

Informe de propiedad – información requerida por el gobierno que se le tiene que otorgar a los compradores en subdivisiones.
property report – government-required information that must be given to purchasers in subdivisions.

Informe de sistema calificativo – sistema que utiliza evaluación numérica sobre escala, por ejemplo de 1 a 5, para definir la condición de cada componente de la propiedad.
rating system report – uses a numerical evaluation on a scale, for example 1-5, to define the condition of each property component.

Informe narrativo – reporte escrito en forma narrativa combinada con una lista de puntos que refleja las observaciones y opiniones del inspector sobre las condiciones en las que se encuentra la propiedad referida.
narrative report – is written in paragraph form and reflects the inspector's observation and opinion of the condition of a subject property.

Informe restrictivo – informe mínimo preparado por el valuador.
restrictive report – a minimal report prepared by the appraiser.

Informe sobre el título – Vea *compromiso de asegurar el título*.
title report – See title commitment.

informe sobre inspección de termitas – informe oficial sobre la inspección de insectos destructivos de madera en una propiedad determinada.
termite report – an official report on the inspection of wood destroying insects on a subject property.

informe sumario – informe sumario preparado por el valuador.
summary report – a summarized report prepared by the appraiser.

ingreso bruto – ingreso total recibido de una propiedad operativa antes de descontar los costos.
gross income – the sum of total income received from an operating property before deducting expenses.

ingreso de operación – Vea *flujo de efectivo*.
operating income – See *cash flow*.

ingreso neto – ingreso total menos gastos y costos.
net income – the total income minus costs and expenses.

ingreso neto de operación (NOI) – ingreso bruto menos gastos de operación, vacancias, y pérdidas de cobranza.
net operating income (NOI) – gross income less operating expenses, vacancies, and collecting losses.

ingreso ordinario – ingreso obtenido de manera usual y acostumbrada.
ordinary income – income earned in a usual and customary manner.

ingreso pasivo – ingreso derivado solamente sobre inversión de dinero en actividad empresaria administrada por otro, tal como una sociedad limitada.
passive income – income gained from a passive activity such as rental income.

iniciación de préstamo computerizado (CLO) – iniciación de préstamos a través del uso de un sistema computarizado.
computerized loan origination (CLO) – originating loans through the use of a networked computer system.

ilíquido – Vea *falta de liquidez*.
inliquidity – See illiquidity.

informe de cierre – Vea *declaración de cierre*.
closing statement – See *settlement statement*.

inmobilidad – incapaz de moverse, fijada en lugar; característica física importante de la tierra.
immobility – incapable of being moved, fixed in location; an important physical characteristic of land.

inmunidad – retenida por un individual o grupo, contra o más allá del curso de la ley. En difamación escrita o difamación oral, exención de responsabilidad por el hablar o publicar palabras difamatorias referente a otro, basado sobre el hecho que la declaración se hizo en realización de un deber político, judicial, social o personal.
immunity – held by a person or class, against or beyond the course of the law. In libel or slander, an exemption from liability for the speaking or publishing of defamatory words concerning another, based on the fact that the statement was made in the performance of a political, judicial, social, or personal, duty.

inquilinato de mes a mes – contrato de arrendamiento que se reestablece cada mes.
month-to-month lease – a lease that renews itself each month.

inquilino – aquel que tiene posesión y ocupa temporalmente una propiedad perteneciente a otro (el propietario). La duración y los términos de su posesión usualmente son fijados por ley o por instrumento de arrendamiento.
tenant – one who has the temporary use and occupation of real property owned another person (called the "landlord"). The duration and terms of his or her tenancy usually are fixed by law or by an instrument called a lease.

inquilino retenedor de posesión – inquilino que se queda después del período arrendatario y el cual puede ser desalojado o se le puede dar otro contrato de arrendamiento.
holdover tenant – a tenant who stays beyond the lease period and who can be evicted or given a new lease.

insecto destructor de madera – insecto capaz de causar daño a una estructura de madera.
wood-destroying insect – an insect capable of causing wood structure damage.

inspección de termitas – inspección de insectos destructores de madera por un profesional licenciado en fumigación y control de plagas.
termite inspection – inspection for wood destroying insects by a licensed professional.

inspección de vivienda – examen del interior y exterior de la propiedad residencial incluyendo terreno, estructura, instalaciones y sistemas mecánicos para determinar defectos estructurales; componentes rotos o anticuados; y daños debido a agua, desgaste y otras condiciones.
home inspection – an examination of the exterior and interior of residential property including the grounds, the structure, and the mechanical systems to determine structural defects; broken or obsolete components; and damage due to water, wear and tear, and other conditions.

inspección del comprador – inspección final antes del cierre.
buyer's walk–through – a final inspection just prior to settlement.

inspección final – la inspección final de la propiedad antes del cierre.
walk-through – a final inspection of the property just prior to settlement.

inspector de vivienda – profesional calificado que realiza inspecciones de vivienda.
home inspector – a qualified professional who performs a home inspection.

intención del contrato – previene que de bromas o gestos, se hagan contratos válidos.
contractual intent – precludes jokes or jests from becoming valid contracts.

institución financiera – cualquier intermediario tal como un banco comercial que acepta depósitos con el propósito de prestar esos depósitos por ganancia.
financial institution – any intermediary such as a commercial bank that accepts deposits for the purpose of lending those deposits for a return of profit.

Instituto Americano de Valuadores de Bienes Raíces – organización profesional de valuadores. Unificada en 1991 con la Sociedad de Valuadores de Bienes Raíces (SREA) y renombrada el Instituto de Avalúo. Se considera que provee la designación más respetada de la industria.
American Institute of Real Estate Appraisers, The (AIREA) – a professional organization of appraisers. Unified in 1991 with the Society of Real Estate Appraisers (SREA) and renamed The Appraisal Institute, it is considered to provide the most highly respected designations in the industry.

Instituto de Administración de Bienes Raíces (IREM) – designación profesional para administradores de propiedades.
Institute of Real Estate Management (IREM) – professional designation for property managers.

Instituto de Corredores Graduados – designación otorgada a los corredores que completan un curso de estudios ordenados de bienes raíces.
Graduate REALTOR® Institute (GRI) – a designation awarded to REALTORS® who complete a prescribed course of real estate study.

Instituto de Propietarios y Administradores de Edificios (BOMI) – designación profesional para administradores de propiedad.
Building Owners and Managers Institute (BOMI) – professional designation for property managers.

instrucciones judiciales – en parlamentos judiciales, las instrucciones otorgadas al jurado por el juez.
charges – in judicial parliaments, the instructions a judge gives to the jury.

instrumento – documento escrito capaz de ser registrado.
instrument – a written document capable of being recorded.

instrumento negociable – instrumento firmado por el constructor, contiene promesa incondicional de pagar cierta suma de dinero, cual se puede pasar libremente de una persona a otra. Esto se refleja frecuentemente en un pagaré o letra bancaria.
negotiable instrument – an instrument signed by a maker or drawer, containing an unconditional promise to pay a certain sum of money, which can be passed freely from one person to another. This is often reflected in a promissory note or bank draft.

interés – compensación permitida por ley por el uso o detención de dinero; deducción.
interest – compensation allowed by law for the use or forbearance or detention of money; deduction.

interés acumulado – interés acumulado o ganado sobre un período de tiempo.
accrued interest – accumulated or earned interest over a period of time.

interés asegurable – interés financiero asegurado en una propiedad.
insurable interest – the insured financial interest in a property.

interés atribuible al capital del empresario – interés tasado por el Departamento de Servicio de Ingresos Interiores en transacciones de pago diferido.
imputed interest – interest assessed by the IRS on a deferred payment transaction.

interés beneficial – unidad de pertenencia en una compañía de inversiones en bienes raíces.
beneficial interest – a unit of ownership in a real estate investment trust.

interés compuesto – interés pagado sobre el principal y el interés acumulado.
compound interest – the interest paid on both the principal and on the accrued interest.

interés del arrendador – interés del arrendador en la propiedad.
lessor's interest – the interest a landlord has in a property.

interés del arrendatario – interés del arrendatario en la propiedad.
lessee's interest – the interest a tenant has in a property.

interés en arrendamiento – interés legal del inquilino sobre propiedad.
leasehold interest – a tenant's legal interest in a property.

interés futuro – interés en terreno en el cual el privilegio de posesión o disfruto es futuro y no presente; también se conoce como *interés restante*.
future interest – interest in land in which the privilege of possession or enjoyment is future and not present; also called a remainder interest.

interés indiviso – pertenencia por dos o más personas que le da a cada una el derecho de usar la propiedad entera.
undivided interest – ownership by two or more persons that gives each the right to use the entire property.

interés prevaleciente – tasa de interés predominante.
prevailing rate – the predominant interest rate.

interés restante – interés futuro en bienes raíces retenido por un nudo propietario.
remainder interest – an estate in land limited to take effect and be enjoyed after another estate has been terminated.

interés simple – interés pagado sobre el saldo declinado del préstamo; por lo mismo, los pagos del interés bajan al pagarse el principal.
simple interest – interest paid on the declining balance of a loan; thus the interest payments lower as the principal amount is paid off.

interés vencido – interés vencido y pagable.
matured interest – interest that is due and payable.

intereses adelantados – interés pagado por el comprador para cubrir el tiempo entre el cierre y el primer pago de la hipoteca.
prepaid interest – the interest paid by the borrower for the time period between the closing and the first payment.

intereses minerales – interés en los minerales de la tierra, incluye el derecho de tomar los minerales y el derecho de recibir derechos de utilidad como resultado de explotación de esos minerales.
mineral interests – an interest in the minerals in land, including the right to take minerals or the right to receive a royalty on those minerals.

interestatal, entre estados – transacciones y procedimientos que toman lugar entre los varios estados.
interstate – transaction and proceedings that take place between and among the several states.

interlineaciones, entrelíneas – acto de escribir entre las líneas de un instrumento; también lo que se escribe entre las líneas.
interlineations – the act of writing between the lines of an instrument; also what is written between lines.

intermediario – corredor empleado para negociar una transacción entre los partidos.
intermediary – a broker employed to negotiate a transaction between the parties.

intermediario – persona que junta dos o más personas sin representarlas.
middleman – a person who brings two or more parties together but does not conduct negotiations.

intermediario calificado – el agente de depósitos en el cambio de propiedades para diferir impuesto.
qualified intermediary – the third-party escrow agent used in tax-deferred exchange.

interruptor, cortacircuito – utilizado para abrir y cerrar circuitos eléctricos que permiten el flujo de corriente para aparatos.
switch – used to open and close electrical circuits and allow current to flow to appliances.

intersección T – intersección de una calle con otra, formando una "T."
T intersection – the intersection of one street into another, thus forming a "T."

interstate – transaction and proceedings that take place between and among the several states.

intestado – sin último testamento.
intestate – without a last will and testament.

intrusión – intrusión no autorizada de un edificio u objeto sobre el terreno de otra persona.
encroachment – trespass on the land of another as a result of an intrusion by some structure or other object.

inversionista activo – inversionista que activamente participa en propiedad de inversión.
active investor – an investor who actively participates in property invested in.

inversionista pasivo – inversionista que puede deducir pérdidas solamente contra actividades pasivas, tal como ingreso de renta.
passive investor – an investor who can deduct losses only against income from other passive investments.

investigación de título – inspección de registros y documentos públicos disponibles para determinar la pertenencia actual y la condición titular de la propiedad.
title search – an inspection of publicly available records and documents to determine the current ownership and title condition for a property.

Investigador de título – persona que investiga los registros públicos.
title searcher – a person who searches the public records.

Inversión – medio designado para obtener ganancia.
Investment – a resource designated to obtain a profit.

IREM – Vea *Instituto de Administración de Bienes Raíces*.
IREM – See Institute of Real Estate Management.

irrevocable – inalterable; no es cambiable.
irrevocable – unalterable; not changeable.

J

juicio – decreto tribunal para determinar conciliación.
judgment – a court decree to determine a settlement.

juicio hipotecario – llevado a cabo por demanda legal.
judicial foreclosure – foreclosure by lawsuit.

junta de ajustamiento – junta nombrada por un cuerpo local de rentas públicas permitida de efectuar excepciones especiales a los términos de la ordenanza de zonificación en armonía con el propósito e intento general y de acuerdo con las reglas generales y específicas contenidas.
board of adjustment – a board appointed by a local revenue body allowed to make special exceptions to the terms of the zoning ordinance in harmony with the general purpose and intent and in accordance with the general or specific rules therein contained. The board of adjustment also serves as an appellate board for any person aggrieved by a previous zoning decision or decision of any administrative officer of the municipality.

junta de apelación de impuestos – cuerpo local gubernamental que escucha y dictamina sobre quejas de propietarios sobre valuación de sus propiedades.
assessment appeal board – local governmental body that hears and rules on property owner complaints of overassessment.

junta de equalización – cuerpo gubernamental que revisa procedimientos de tasación de impuestos sobre propiedad para asegurarse que estos sean justos.
board of equalization – a governmental body that reviews property tax assessment procedures.

Junta Revisora de Avalúos – la junta de apelación para los tributarios que deciden protestar la valuación de su propiedad.
Appraisal Review Board – the appeals board for a taxpayer who chooses to protest the appraisal of his or her property.

jurado – grupo de personas, seleccionado de acuerdo a las leyes, para inquirir sobre ciertos asuntos de cuestiones de hecho y declarar la verdad sobre evidencia que será puesta ante ellos.
jury – a number of people, selected according to the laws, to inquire of certain matters of fact and declare the truth upon evidence to be laid before them.

certificado de notario – declaración jurada por la persona que firmó el documento declarando que la información contenida en el documento es verdadera.
jurat – a sworn statement by the person who signed the document that the information contained in the document is true.

jurisdicción – en derecho y leyes, condado o jurisdicción en cual se realiza prosecución para juicio, y cual provee juristas. También se refiere al territorio dentro cual un asunto tiene jurisdicción pendiente.
venue – at law, a county or jurisdiction in which an actual prosecution is brought for trial, and which is to furnish a panel of jurors. Also, it relates to the territory within which a matter has jurisdiction to be performed or completed.

jurisdicción – Vea *jurisdicción original*.
jurisdiction – See *original jurisdiction*.

jurisdicción concurrente – jurisdicción de varias cortes, cada una autorizada para tratar el asunto sujeto.
concurrent jurisdiction – the jurisdiction of several different courts, each authorized to deal with the same subject matter.

jurisdicción extraterritorial – área desincorporada, que no es parte de otra ciudad, que es contigua a los límites incorporados por la ciudad.
extraterritorial jurisdiction – the unincorporated area, not a part of any other city, that is contiguous to the corporate limits to the city.

jurisdicción original – tener jurisdicción de ver un caso por primera vez, antes de ser visto en otra corte, o antes de apelación.
original jurisdiction – having jurisdiction to hear the case for the first time, before it is tried in any other court, or appealed.

K

kilovatio – mil vatios equivalen un kilovatio.
kilowatt – one thousand watts equals one kilowatt.

L

"laches" – demora irrazonable en reclamar nuestros derechos.
laches – an unreasonable delay in asserting one's rights.

lealtad al principal – requisito que el agente ponga el interés del principal delante de su propio interés.
loyalty to principal – a requirement that an agent place his principal's interest above his or her own.

lecho de roca – formación de roca sólida a la superficie o subterránea del globo terráqueo.
bedrock – the hard, solid rock formation at or below the surface of the earth.

legado – propiedad personal recibida bajo testamento.
bequest – personal property received under a will.

legado de bienes raíces – transferencia de bienes raíces por medio de testamento.
devise – the transfer of real property by means of a will.

legatario – persona que recibe bienes personales bajo testamento.
legatee – a person who receives personal property under a will.

legatario – uno que recibe bienes raíces bajo testamento.
devisee – one who receives real property under a will.

lenguaje contractual – lenguaje regular detallada de un contrato.
boiler plate – the detailed standard wording of a contract.

lenguaje enmendatorio – cláusulas gubernamentales requeridas en los contratos por la Autoridad Federal de Vivienda y por la Administración de Veteranos.
amendatory language – government-required clauses in FHA and VA contracts.

letra de tesorería a corto plazo – letra de tesorería del gobierno.
T-bill – a government treasury bill.

Levantamiento de los Terrenos Públicos de los Estados Unidos – sistema para deslindar terreno que utiliza líneas latitudinales y longitudinales como referencias.
U.S. Public Land Survey – a system for surveying land that uses latitude and longitude lines as references.

Levantamiento Geográfico de los Estados Unidos (USGS) – uno de los tres sistemas de levantamiento geográfico más utilizados.
United States Geographical Survey (USGS) – one of the three commonly used major surveying systems.

levantamiento gubernamental rectangular – un sistema para deslinde de tierra que utiliza líneas de latitud y longitud como referencia.
government rectangular survey method – a system for surveying land that uses latitude and longitude lines as references.

levantamiento registrado – Vea *plano registrado*.
recorded survey – See *recorded plat*.

levantamiento topográfico – levantamiento por medio de líneas de contorno.
topographical survey – a survey by means of contour lines.

Ley Antimonopolio Clayton – ley federal que específicamente prohibe discriminación en precio, arreglos específicos de negocio, ciertas adquisiciones de acciones corporativas, y directorios encadenados.
Clayton Antitrust Act – federal statute that specifically prohibits price discrimination, exclusive dealing arrangements, certain corporate acquisitions of stock, and interlocking directorates.

Ley Antimonopolio Sherman de 1890 – ley federal que condena contratos, culminación, y conspiraciones en la restricción de comercio y monopolización, intentos de monopolizar, y combinaciones y conspiraciones de monopolizar comercio.
Sherman Antitrust Act (1890) – federal law that condemns contracts, culmination, and conspiracies in restraint of trade and monopolizing, attempts to monopolize, and combinations and conspiracies to monopolize trade.

Ley Comprensiva a la Respuesta del Medio Ambiente, Compensación y Responsabilidad (CERCLA) – ley establecida por el congreso en 1980 a la respuesta del medio ambiente y riesgo a la salud pública por la impropia disposición de desperdicios peligrosos.
Comprehensive Environmental Response, Compensation, and Liability Act of 1980 (CERCLA) – the law that was enacted by congress in 1980 in response to the environmental and public health hazards imposed by improper disposition of hazardous waste.

ley común – ley que se desarrolla por costumbre y utilización sobre largos períodos de tiempo.
common law – law that develops from custom and usage over long periods of time.

ley contra molestia – ley de origen común, similar en todos los estados, provee que nadie podrá interferir irrazonablemente con el disfrute de la propiedad del individuo. Tal irrazonable interferencia legalmente constituye una molestia.
nuisance law – a law of common law origin, similar in all states, that provides that no one shall unreasonably interfere with an individual's enjoyment of his or her property. Such unreasonable interferences legally constitutes a nuisance.

Ley de Enmienda y Re-autorización del Super Fondo de 1986 – ley federal que crea un gravamen en favor de los Estados Unidos sobre propiedad sujeta a remoción o afectada por substancias peligrosas o acción reparadora por el estatuto del super fondo.
Superfund Amendment and Reauthorization Act of 1986 – a federal law that creates a lien in favor of the United States upon property subject to or affected by hazardous substance removal or remedial action by the superfund statute. This statute puts liability for cleanup of the site on: (1) the owner and operator of the facility, (2) the person who operates the facility, and (3) the person who arranges for disposal or the transportation of materials to that facility.

Ley de Hogar Principal – permite que la persona adquiera dominio absoluto de terrenos federales.
Homestead Act – allows persons to acquire fee title to federal lands.

Ley de Igualdad de Oportunidad para Obtener Crédito– ley federal que provee para prestatarios igualdad a los conseguir crédito.
Equal Credit Opportunity Act – federal law that provides for equal credit to borrowers.

Ley de Propiedad Horizontal – leyes que permiten la creación de condominios.
Horizontal Property Act – legislation that permits the creation of condominiums.

Ley de Reforma de Impuestos – Vea el *Código de Ingresos Interiores de 1986.*
Tax Reform Act – See Internal Revenue Code of 1986.

**Ley de Reforma, Recuperación y Ejecución de las Instituciones
Financieras** – ley que estableció reglamentos obligatorios para valuaciones de
bienes raíces, calificaciones de valuadores, cambió prácticas bancarias y la
industria de préstamos hipotecarios.
Financial Institutions Reform, Recovery, and Enforcement Act (FIRREA) –
the act that established mandatory requirements for real estate appraisals,
appraiser qualifications, changed banking practices and mortgage lending.

Ley de Reinversión en la Comunidad – ley federal que anima a los prestamistas regularizados por leyes federales con estímulos para invertir en áreas de
bajos recursos.
Community Reinvestment Act – federal statute encouraging federally regulated lenders to encourage their participation in low-income areas.

Ley de Sociedad Uniforme – ley que introduce claridad y uniformidad a las
leyes de sociedades generales.
Uniform Partnership Act – an act that introduces clarity and uniformity into
general partnership laws.

Ley de Veracidad en Préstamos – estatuto federal que requiere revelación de
cierta información sobre préstamos al prestatario antes que éste se obligue al
préstamo.
Truth-in-Lending Act – a federal statute that requires disclosure of specific
loan information to the borrower before the obligation becomes effective.

ley estatuaria – ley creada por establecimiento de legislación.
statutory law – law created by the enactment of legislation.

Ley Federal de Igualdad de Vivienda – ley federal que prohibe discriminación
en alojamiento debido a raza, color, religión, sexo, incapacidad, estado familiar,
y origen nacional.
Federal Fair Housing Act – a federal law that prohibits discrimination in
housing based on race, color, religion, sex, handicap, familial status, and
national origin.

Ley Imparcial Reportadora de Crédito – ley federal que le da al individuo el
derecho de examinar su archivo en la agencia de crédito y corregir errores.
Fair Credit Reporting Act – federal law giving an individual the right to inspect
his or her file with the credit bureau and correct any errors.

Ley Interestatal de Revelación Completa en la Venta de Terrenos – ley que establece que es contra la ley que algún desarrollador de terreno (excepto ciertos desarrolladores exentos) venda o arriende, por correo o por comercio interestatal, terreno ofrecido como parte de un plan promocional común, a menos que tal terreno haya sido registrado con el Secretario del Departamento de Vivienda y Desarrollo Urbano (HUD), y un informe impreso de propiedad se haya proporcionado al comprador o arrendador antes de firmar algún convenio de venta o arrendamiento.
Interstate Land Sales Full Disclosure Act – an act making it unlawful for any land developer (except for certain exempt developers) to sell or lease, by use of the mails or by use of any means of interstate commerce, any land offered as a part of a common promotional plan, unless such land has been registered with the Secretary of the Department of Housing and Urban Development (HUD), and a printed property report is furnished to the purchaser or lessee in advance of the signing of any agreement for sale or lease.

Ley Sobre Estadounidenses Incapacitados (ADA) – la ley federal que les da a los individuos incapacitados el derecho de acceso a las facilidades comerciales abiertas al público.
Americans with Disabilities Act (ADA) – a federal law giving disabled individuals the right of access to commercial facilities open to the public.

Ley Sobre Fraudes – ley que requiere que ciertos tipos de contratos sean efectuados en forma escrita para poder ejecutarlos en una corte de ley.
Statute of Frauds – a law requiring that certain types of contracts, such as those pertaining to real estate, be written in order to be enforceable in a court of law.

Ley Sobre Procedimientos del Cierre de Bienes Raíces – la ley federal que interviene en los procedimientos observados en ciertos tipos de cierres de bienes raíces.
Real Estate Settlement Procedure Act (RESPA) – a federal law that deals with procedures to be follower in certain types of real estate closings.

Ley Sobre Reducción del Peligro de Pintura a Base de Plomo en Residencias – impone los procedimientos para advertir sobre la presencia de pintura hecha a base de plomo en propiedades construidas antes de 1978.
Residential Lead-Based Paint Hazard Reduction Act – sets forth the procedures for disclosing the presence of lead-based paint in properties built prior to 1978.

Ley Uniforme Revisada de Sociedad Limitada – reconocimiento de la legalidad de sociedades limitadas y el requerimiento que sean formadas por documentación escrita.
Revised Uniform Limited Partnership Act – recognition of the legality of limited partnerships and the requirement that they by formed by written documentation.

leyes antideficiencia – Vea *fallo de deficiencia*.
antideficiency laws – See *deficiency judgment*

leyes antimonopolistas – leyes federales y estatales que prohiben el monopolio y la restricción de comercio.
antitrust laws – federal and state laws prohibiting monopolies and restraint of trade.

leyes cielo azul – leyes estatales diseñadas para proteger a la gente de comprar dentro de esquemas de dudosa procedencia.
blue-sky law – state law designed to protect persons from buying into dubious investment schemes.

leyes de registro – leyes que proveen la colocación de documentos en los registros públicos.
recording act – law that provides for the placing of documents in the public records.

Leyes Sobre Título Válido – ley estatal que se dirige a romper derechos e intereses en terreno que han sido inactivos por largos períodos de tiempo; no se utilizan en Texas.
Marketable Title Act – state law aimed at cutting off rights and interest in land that has been inactive for long periods.

liberación de hipoteca – certificado del prestamista declarando que el préstamo está pagado.
release of mortgage – a certificate from the lender stating that the loan has been repaid.

libertad parcial de hipoteca – el liberar una porción de una propiedad de la hipoteca.
partial release – a release of a portion of a property from a mortgage.

LIBOR (London Interbank Offered Rate) – Vea *Tasa Ofrecida por el Interbanco de Londres*.
LIBOR (London Interbank Offered Rate) – See *London Interbank Offered Rate*.

licencia – privilegio personal pero no exclusivo de utilizar terreno.
license – a personal privilege to use land on a nonexclusive basis.

licencia de bienes raíces – otorgada a vendedores de bienes raíces, corredores, prestamistas, autorizándolos a realizar servicios de bienes raíces para personas dentro de su estado.
real estate license – granted to real estate salespersons, brokers, and lenders, authorizing them to perform real estate services for persons within their states.

licencia de valores – licencia requerida cuando la propiedad se está vendiendo como un contrato de inversión en bienes raíces en vez de como un bien raíz.
securities license – a license needed when the property being sold is an investment contract in real estate rather than real estate itself.

licencia foránea – licencia de un corredor de otro estado.
nonresident license – out-of-state broker's license.

licencia inactiva – cuando la licencia del agente de bienes raíces se ha puesto en estado inactivo por la Comisión de Bienes Raíces.
inactive license – when a salesperson's real estate license has been made inactive by the Real Estate Commission.

límite sobre tasa de interés – cargo máximo de la tasa de interés permitido sobre un préstamo ajustable.
interest rate cap – the maximum interest rate charge allowed on an adjustable loan.

límites – algo que indica lindes o límites.
boundaries – something that indicates bounds or limits.

línea base de demarcación – línea de geógrafo seleccionada como referencia básica en el sistema de levantamiento rectangular.
base line – a set of imaginary lines running east and west in locating and describing land under the rectangular survey method.

línea de conexión – línea de agrimensura que conecta el monumento con una mojonera.
connection line – a survey line that connects a surveyor's monument with a permanent reference mark.

línea de crédito – máxima cantidad de crédito que el banco le otorga al prestatario.
line of credit – the maximum amount of credit a bank will lend a borrower.

línea de crédito sobre valor líquido – Vea *hipoteca a base valor líquido de la propiedad.*
home equity line of credit – See equity mortgage.

líneas de contorno – líneas en un mapa topográfico que conectan puntos de la misma elevación.
contour lines – lines on a topographic map that connect points having the same elevation.

líneas de corrección – líneas de agrimensura usadas para corregir las curvas de la tierra.
correction lines – survey lines used to correct for the earth's curvature.

líneas de distancia – líneas de distancia de seis millas de anchura que corren norte-sur en el sistema rectangular de levantamiento.
range lines – a six-mile-wide column of land running north-south in the rectangular survey system.

líneas latitudinales – líneas de referencia imaginarias del este al oeste que circulan el globo terráqueo.
latitude lines – imaginary east-west reference lines that circle the earth.

líneas longitudinales – líneas de referencia imaginarias del norte al sur que circulan el globo terráqueo.
longitude lines – imaginary north-south reference lines that circle the earth.

liquidez – recurso que es fácilmente convertible en efectivo.
liquidity – a resource that is readily convertible into cash.

lista múltiple de propiedades de venta – acuerdo entre corredores miembros del multiservicio de ventas que todas las propiedades de venta serán puestos en una lista mutuamente disponible, que todos los corredores pueden vender cualquier propiedad de la lista, y que la comisión será compartida en una manera predeterminada.
multiple listing – an agreement among brokers who belong to the Multiple Listing Service that all listings will be placed on a mutually available list, that all brokers may sell any property on the list, and that the commission will be split in a predetermined fashion.

litispendencia – litigación pendiente; notificación pública que una demanda se registró porque hay controversia sobre el título de bienes raíces.
lis pendens – a public notice indicating that a lawsuit has been filed because title to real estate is in controversy.

llamada en frío – solicitud de clientes por teléfono.
cold call – soliciting clients by telephone.

llave de humero – plato o válvula que cierra el humero de la chimenea cuando no se está usando la chimenea para prevenir la pérdida de calor.
damper – a plate or valve that closes the fireplace flue when the fireplace is not in use, preventing heat loss.

longitud frontal de un terreno – frente de un lote o terreno.
frontage – the front side of a lot.

los cuatros elementos de condominio – tiempo, título, interés, y posesión.
four unities of a joint tenancy – time, title, interest, and possession.

lote aéreo – el espacio de aire designado sobre una parcela.
air lot – a designated airspace over a parcel of land.

lote bandera – lote en figura de bander en un poste.
flag lot – a lot shaped like a flag on a flagpole.

lote clave – lote que colinda con la propiedad de la esquina por uno de sus lados ó por la parte de atrás.
key lot – a lot that adjoins the side or rear property line of a corner lot.

lote con estructura sobre la línea límite de la propiedad – colocación de una estructura sobre el límite del lote sin que se requiera retroceder del perímetro de la propiedad.
zero lot line – the placing of a structure on the lot line without being required to have a setback from the perimeter of the property.

lote de cementerio – lote de cementerio o panteón.
cemetery lot – a lot in a cemetery, graveyard, or burial ground.

lote de esquina – lote al frente de dos o más calles.
corner lot – a lot that fronts on two or more streets.

lote interior – lote con solo un lado a la calle.
inside lot – a lot with only one side on a street.

lote T – lote a la extremidad de la intersección "T."
T lot – a lot at the end of a T intersection.

M

madera – madera con anchura de 1 pulgada (25.4 mm) o más y menos de 2 pulgadas (50.8 mm).
boards – lumber less than 2 in. (50.8 mm) thick and 1 in (25.4 mm) or more wide.

madera dura – un grupo botánico de árboles que tienen hojas anchas que se arrojan en el invierno. (No se refiere a la dureza de la madera).
hardwood – a botanical group of trees that have broad leaves that are shed in the winter. (It does not refer too the hardness of the wood.)

madera podrida – ocasionada por un tipo de hongo que destruye madera; es igual de dañino que la infestación de termitas u otros insectos.
wood rot – caused by a type of fungus that destroys wood; it is as damaging as termite or other insect infestation.

Maggie Mae – apodo en la industria de bienes raíces para MGIC corporación inversionista.
Maggie Mae – a nickname in the real estate industry for Mortgage Guarantee Insurance Corporation (MGIC) investment corporation.

MAI – Miembro del Instituto Americano de Valuadores de Bienes Raíces.
MAI – member, American Institute of Real Estate Appraisers.

malinterpretación – Vea *malinterpretación inocente*.
misrepresentation – See *innocent misrepresentation*.

malinterpretación inocente – información errónea dada sin el intento deliberado de timar.
innocent misrepresentation – wrong information but without the intent to deceive.

mandato – documento emitido por la corte dirigido a un oficial del condado para llevar a cabo o no hacer algo específico.
writ – a document issued by the court ordering a county official to specifically do or not do something.

mandato de ejecución – documento judicial ordenando al alguacil mayor de obtener posesión y vender la propiedad de un deudor.
writ of execution – a court document directing the county sheriff to seize and sell a debtor's property.

mandato de embargo – apropiación legal de propiedad emitida por jueces y oficiales de las cortes de distrito y del condado para prevenir enajenamiento del bien por procedimiento judicial pendiente.
writ of attachment – a legal seizure of property issued by judges and clerks of the district and county courts to prevent alienation of real property pending a judicial proceeding.

mandato de posesión – orden judicial emitida por la corte de la jurisdicción competente ordenando al alguacil mayor devolver la propiedad al dueño verdadero.
writ of possession – a writ issued by a court of competent jurisdiction commanding a sheriff to restore the premises to the true owner.

mango para levantar – fijado a la puerta de garaje (o una cuerda anexada al soporte en la esquina de abajo de la puerta) que se abre y se cierra manualmente.
lift handle – affixed to a garage overhead door (or a pull rope attached to the bottom bracket in the lower corner of the door) and used with a door that is opened and closed manually.

mantenimiento – conservación de propiedad.
maintenance – the upkeep of a property.

manual de costo – manuales que contienen información del costo de construcción.
cost handbook – books containing construction cost information.

mapa catastral – demuestra números de parcelas para todas las parcelas de terrenos en distritos de tasación.
assessor's map – one that shows assessor parcel numbers for all land parcels in a taxing district.

mapa catastral – mapa gráfico que indica lugar, límites y deslindes de la propiedad.
cadastral map – a graphic map indicating location, boundaries and property lines.

mapa de contornos (mapa topográfico) – mapa que muestra elevaciones de la tierra.
contour map (topographic map) – a map that shows land elevations.

mapa de plano – Vea *plano registrado*.
plat map – See *recorded plat*.

mapa de subdivisión – Vea *plano registrado*.
subdivision map – See *recorded plat*.

mapa registrado – Vea *plano registrado*.
recorded map – See *recorded plat*.

marco de ventana – el marco de resguardo alrededor del vidrio de una ventana.
window sash – the frame that surrounds and secures the glass of a window.

margen – cantidad que se le añade a la tasa índice para cubrir el costo de hacer negocio del prestamista.
margin – the amount added to the index rate that reflects the lender's cost of doing business.

mármol – roca metamórfica formada principalmente de calcita, dolomía, o cal densa.
marble – a metamorphic rock formed largely of calcite, dolomite, or dense limestone.

matrimonio por acuerdo y cohabitación – matrimonio que se lleva a cabo por cohabitación en vez de por decreto formal o ceremonia civil.
common-law marriage – a marriage that becomes operative by operation of law rather than one of formal decree or ceremony.

máxima equitativa – declaración generalmente aceptada de reglas equitativas que se consideran ser conclusiones de razón y sentido común.
equitable maxim – generally accepted statement of equitable rules that are considered to be conclusions of common sense and reason.

MBS – Vea *hipoteca respaldada con garantía*.
MBS – See *mortgage-backed securities*.

mecanismo interno reversible – parte del abridor de puerta de garaje, causa que la puerta se reverse cuando pega contra obstrucción.
internal reversing mechanism – part of a garage door opener, it causes the door to reverse when it hits an obstruction.

mechanics and materialmen – individuals or companies who supply labor, services, or materials for the construction of improvements on real estate.
mecánicos y proveedores de materiales – individuos o compañías que proveen trabajo, servicios, o materiales para la construcción y mejoras de bienes raíces.

mediación – alternativa para resolver problemas que se pueden presentar en una transacción de bienes raíces en vez de ir a corte.
mediation – an alternative to settle problems that may arise in a real estate transaction instead of going to court.

mediador – persona imparcial que asiste a los partidos opuestos en resolver problemas.
mediator – an impartial person that assists opposing parties in settling problems.

medidas y límites – método detallado de la descripción del terreno que identifica la parcela con especificar su forma y límites.
metes and bounds – a detailed method of land description that identifies a parcel by specifying its shape and boundaries.

mejora pública – mejora que beneficia al público financiada a través de impuestos generales de propiedad.
public improvement – one that benefits the public at large and is financed through general property taxes.

mejoras – toda forma del desarrollo del terreno, tal como construcción, carreteras, cercas, líneas de tubería, que generalmente incrementan el valor de la propiedad.
improvements – any form of land development, such as buildings, roads, fences, and pipelines, that generally increase the value of a property.

mejoras separables – mejoras que pueden ser removidas sin causar daño material a la propiedad.
severable improvements – those improvements that can be removed without material injury to the real estate.

menor, infante – persona bajo la edad de competencia legal; en la mayoría de los estados, menor de 18 años de edad.
Minor, infant – a person under the age of legal competence (in most states, under 18 years).

mercado de bienes raíces – mercado en el cual se vende bienes raíces.
real estate market – the market in which real estate is sold.

mercado de comprador – mercado de pocos compradores y muchas propiedades de venta.
buyer's market – one with few buyers and many sellers.

mercado de poca actividad – mercado que tiene pocos vendedores y menos compradores.
thin market – a market with few buyers and few sellers.

mercado de vendedor – mercado que tiene pocos vendedores y muchos compradores.
seller's market – one with few sellers and many buyers.

mercado extenso – mercado en el que hay muchos compradores y muchos vendedores al mismo tiempo.
broad market – one wherein many buyers and many sellers are in the market at the same time.

mercado hipotecario primario – Vea *mercado primario.*
primary mortgage market – See *primary market.*

mercado hipotecario secundario – mercado en el cual préstamos hipotecarios se pueden vender a los inversionistas.
secondary mortgage market – a market in which mortgage loans can be sold to investors.

mercado primario – donde los prestatarios inician sus préstamos.
primary market – a market in which lenders originate loans and make funds available to borrowers.

meridiano principal – la línea longitudinal seleccionada como referencia en el sistema de levantamiento rectangular.
principal meridian – a longitude line selected as a reference in the rectangular survey system.

meridiano principal – la línea longitudinal seleccionada como referencia en el sistema rectangular de levantamiento.
principal meridian – a longitude line selected as a reference in the rectangular survey system.

mesa directiva – cuerpo gobernante de una corporación.
board of directors – the governing body of a corporation.

método comparativo del mercado – método de valuar propiedad que se basa en ventas recientes de propiedades similares.
market comparison approach – a method of valuing a property based on the prices of recent sales of similar properties.

método de antes y después – técnica de valuación utilizada cuando una parte de la propiedad ha sido condenada; por ejemplo, al utilizar el derecho de dominio eminente.
before–and–after method – an appraisal technique used when a part of the property has been condemned, as under the right of eminent domain.

método de computo de costo y trabajo – la suma de todos los insumos y materiales de construcción más el costo de mano de obra para llegar al costo total y exacto del proyecto.
quantity survey method – the totaling of all the component parts in the construction plus adding labor costs to arrive at an exact cost of the total project.

método de costo – todo de avalúo que toma en cuenta el valor del terreno y los costos actuales de construcción menos la depreciación.
cost approach – land value plus current construction costs minus depreciation.

método de datos del mercado – Vea *método comparativo del Mercado*.
market data approach – See *market comparison approach*.

método de levantamiento gubernamental – un sistema para el deslinde de tierra que utiliza líneas de latitud y longitud como referencia.
government survey method – a system for surveying land that uses latitude and longitude lines as references.

método de pie cuadrado – técnica de valuación que utiliza costos de construcción por pie cuadrado de estructuras similares como base de estimación.
square-foot method – an appraisal technique that uses square-foot construction costs of similar structures as an estimating basis.

método de rendimiento de ingresos – un método de valuar propiedad basado en la recompensa monetaria que se espera que produzca.
income approach – a method of valuing property based on the monetary returns that a property can be expected to produce.

método de unidad ubicada – técnica de avalúo que calcula el costo de todos los componentes que serán utilizadas en la construcción.
unit-in-place method – an appraisal technique that calculates the cost of all the component parts to be used in the construction to arrive at the value.

método de venta – Vea *método comparativo del mercado*.
sales approach – See *market comparison approach*.

método de venta a plazo – venta a plazo de una propiedad apreciada en vez de vender en efectivo para extender los pagos de impuestos sobre la ganancia.
installment method – the selling of an appreciated property on terms rather than for cash so as to spread out the payment of income taxes on the gain.

metropolitan area – a large city and its surrounding.
área metropolitana – ciudad grande y sus comunidades circundantes.

mezclamiento de fondos – el mezclar fondos de los clientes con los fondos personales del agente.
commingling of funds – the mixing of clients' or customers' funds with an agent's personal funds.

MGIC – Corporación Aseguradora de Garantía Hipotecaria.
MGIC – See *Mortgage Guarantee Insurance Corporation*.

milla – 5,280 pies o 1,760 yardas.
mile – 5,280 feet or 1,760 yards.

mitigación de daños – minimización de la intensidad de daños.
mitigation of damages – the lessening of the intensity of damages.

MLP – Vea *sociedad maestra limitada.*
MLP – See *master limited partnership.*

MLS – Vea *multiservicio de ventas.*
MLS – See *multiple listing service.*

modificación – la influencia sobre la utilización de terreno y el valor resultante de las mejoras hechas por el hombre a las parcelas de los alrededores
modification – the influence on land use and value resulting from improvements made by man to surrounding parcels.

mojonera – monumento o marcador que establece un cierto lugar, tal como el límite de propiedad.
landmark – a monument or marker that establishes a certain spot, such as the boundary of a property.

moneda fija – dinero emitido por el gobierno, dinero de imprenta.
fiat money – money created by the government, printing press money.

monetizar la deuda – la producción de dinero por la Reserva Federal para comprar valores de tesorería.
monetize the debt – the creation of money by the Federal Reserve to purchase Treasury securities.

monopolio – interés personal de una o más personas o compañías que consistente en mantener el derecho exclusivo de llevar a cabo un negocio, servicio o una distribución particular.
monopoly – a private interest vested in one or more persons or companies consisting of the exclusive right to carry on a particular business or trade.

monumento – un tubo de hierro, piedra, árbol, u otro punto fijo utilizado al hacer un deslinde de terreno, mojonera.
monument – an iron pipe, stone, tree, or other fixed point used in making a survey.

moratoria – período legal de demora para satisfacer una obligación financiera.
moratorium – the legal period of delay for meeting a financial obligation.

Mother Hubbard clause – Vea *cláusula de propiedad adicional.*
Mother Hubbard clause – See *additional property clause.*

mueble comercial adherido – artículos de negocio o relativos al comercio adheridos a un edificio alquilado por el inquilino comerciante para almacenar, manejar y mostrar su mercancía, cuales generalmente son desmontables sin hacer daño a la propiedad al vencerse el contrato de arrendamiento.

trade fixtures – such chattels as merchants usually possess and annex to the premises occupied by them to enable them to store, handle, and display their goods, which are generally removable without material injury to the premises at the termination of the lease.

multa por pago adelantado – el cargo impuesto por el prestamista por permitir al prestatario de pagar su préstamo ates del vencimiento.

prepayment penalty – a fee charged by a lender for permitting a borrower to repay a loan early.

multiplicador de alquiler bruto (GRM) – número que se multiplica por el alquiler mensual bruto de la propiedad para producir un estimado del valor de la propiedad; factor económico utilizado para estimar el valor de mercado de la propiedad .

gross rent multiplier (GRM) – a number that is multiplied by a property's gross rents to produce an estimate of the property's worth; an economic factor used to estimate a property's market value.

multiplicador de ingreso bruto (GIM) – factor numérico que expresa la relación del ingreso bruto al precio de venta de la propiedad.

gross income multiplier (GIM) – a numerical factor expressing the relationship of gross income to the purchase price of the property.

multiplicador de ingreso neto – el múltiple de ingreso neto en relación a todos los gastos fijos.

net income multiplier – the multiple of net income in relation to all of the fixed expenses.

multiservicio de ventas (MLS) – organización que permite a los corredores intercambiar información de ventas.

multiple listing service (MLS) – organization of member brokers agreeing to share listing information and share commissions. See also *multiple listing*.

N

NAR – Vea *Asociación Nacional de Corredores*.
NAR – See *National Association of REALTORS®*.

natural person – a live person, not a corporation.
persona natural – persona viva, no una corporación.

negocio perteneciente a un individuo – la forma más sencilla de organización de negocio perteneciente a un individuo. Se puede usar otro nombre aparte del nombre del dueño.
sole proprietorship – the simplest form of business organization that is owned by one individual and may use a name other than the owner's personal name.

negocio principal – lugar o propiedad exento de ejecución por fuerza de acreedor por operación de ley.
business homestead – a place or property used to exercise the calling of a business that is exempt from execution by force creditor by operation of law.

neto disponible – cantidad de dólares restante cada año después de colectar rentas, pagar gastos de operación y hacer los pagos hipotecarios.
net spendable – the number of dollars remaining each year after collecting rents and paying operating expenses and mortgage payments.

nivel de agua subterránea – el límite superior de agua de percolación debajo de la superficie de la tierra.
groundwater level – the upper limit of percolating water below the earth's surface.

nivel freático – agua subterránea que no está confinada a una vía acuática subterránea definida.
percolating water – underground water not confined to a defined underground waterway.

nivel hidrostático – límite más alto de agua subterránea.
water table – the uppermost boundary of the groundwater.

nivelación – la distribución y preparación de la tierra para construcción.
grading – the arrangement and preparation of the soil for construction.

no fungible – no sustituible.
nonfungible – not substitutable.

NOI – Vea *ingreso neto de operación.*
NOI – See *net operating income.*

nombre ficticio de negocio – otro nombre que no es el del propietario utilizado para operar un negocio.
fictitious business name – a name other than the owner's that is used to operate a business.

notario público – persona autorizada por la secretaría del estado para administrar juramentos, atestiguar y certificar documentos escritos, protestar instrumentos que se permiten y tomar testificaciones y deposiciones tal como es ahora conferido por ley a los escribientes del condado. ***La posición de notario público en los Estados Unidos de América no es la misma a la de un país iberoamericano. Por lo general, en los países iberoamericanos, los notarios públicos, deben ser graduados y titulados de una escuela de derecho, son nombrados por el gobernador de cada estado y aprueban un examen de conocimientos y capacidad impuesto por el Colegio de Notarios. En cuanto a bienes raíces, son los únicos autorizados por la ley para dar fe pública de las operaciones de compraventa. Mientras, en los Estados Unidos de América, casi cualquier persona puede conseguir esta licencia y con mínima educación de secundaria, y por lo mismo, no están preparados para interpretar leyes, efectuar ventas de bienes raíces o documentos legales.

notary public – an authority appointed by the Secretary of State to take acknowledgment or proofs of written instruments, protest instruments permitted by law to be protested, administer oaths, and take depositions, as is now or may hereafter be conferred by law upon county clerks. ***A notary public title in the United States of America is not the same as that of Hispanic countries. In general, in Hispanic countries, notaries should be law school graduates, appointed by the governor of each state and pass an exam demonstrating knowledge and capability as approved by the College of Notaries. As far as real estate is concerned, notaries are the only ones authorized by law to witnesses and certify the buying and selling of real estate procedures. Meanwhile, in the United States of America, just about anyone that qualifies is able to receive a notary license with a minimum of a high school education, and for this reason, these notaries are not prepared to interpret law, handle real estate transactions or prepare legal documents.

noticia de consentimiento – permite al secretario del estado de recibir órdenes legales de comparecer en la corte para los que no son residentes.
notice of consent – allows the secretary of state to receive legal summonses for nonresidents.

noticia de revocación – permite la revocación de una noticia de consentimiento.
notice of revocation – the legal notice revoking consent to use land.

notificación de investigación – información que la ley supone que uno tuviera si las circunstancias, apariencias, o rumores justifican interrogación adicional.
inquiry notice – information the law presumes one would have where circumstances, appearances, or rumors warrant further inquiry.

notificación efectiva – conocimiento adquirido por lo que uno ha visto, escuchado, y observado.
actual notice – knowledge one has gained based on what has been actually seen, heard, read, or observed.

notificación implícita – aviso interpretativo; notificación otorgada por los registros públicos y por posesión visible, y establece la presunción legal de que todas las personas implicadas han sido notificadas.
imputed notice – constructive notice; notice given by the public records and by visible possession, and the legal presumption that all persons are thereby notified.

notificación legal – Vea *notificación sobrentendida.*
legal notice – See *constructive notice.*

notificación sobrentendida – noticia proporcionada por los archivos públicos y por posesión visible, y la presunción legal que todas las personas han sido notificadas.
constructive notice – notice given by the public records and by visible possession, coupled with the legal presumption that all persons are thereby notified.

novación – substitución de un contrato nuevo o de un partido nuevo por otro.
novation – the substitution of a new contract or new party for an old one.

nube sobre el título – cualquier reclamo, gravamen, afectación, que perjudica el título de la propiedad.
cloud on the title – any claim, lien, or encumbrance that impairs title to property.

nube sobre título – un defecto en el título.
title cloud – See cloud on the title.

nuda propiedad – Vea título sin garantía.
bare title – See *naked title.*

nudo propietario – aquél autorizado de adquirir nuda propiedad; intitulado al resto de la propiedad al vencimiento de un caudal hereditario particular.
remainderman – one who is entitled to the remainder of the estate after a particular estate has expired.

nuevo por viejo – póliza que paga el costo de reemplazo.
new for old – policy pays replacement cost.

nulo y sin valor – algo que no es legalmente válido o inejecutable.
null and void – not legally valid or enforceable.

nulo, invalido – que no tiene efecto o acción legal.
void – having no legal force or effect.

números de calle – recurso para describir la ubicación de una propiedad.
street numbers – as a means of describing property.

número de parcela de valuación – sistema para asignar números a parcelas de terreno para asistir en la valuación y recaudación de los impuestos de propiedades.
assessor's parcel number – a system for assigning numbers to land parcels to aid in property tax assessment and collection.

O

obediencia (fiel cumplimiento) – requerimiento de que el agente obedezca todas las instrucciones conferidas por el principal.
obedience (faithful performance) – a requirement that an agent obey all legal instructions given by the principal.

objetivo legal – para ser ejecutado, un contrato no puede solicitar violación de la ley.
lawful objective – to be enforceable, a contract cannot call for the breaking of laws.

obligado – persona responsable de deuda u obligación.
obligor – the person responsible for paying a debt or obligation.

obligante – persona a quien se le debe deuda u obligación.
obligee – the person to whom a debt or obligation is owed.

obsolescencia económica – pérdida de valor debida a fuerzas y eventos externos de índole económico.
economic obsolescence – loss of value due to external forces or events.

obsolescencia externa – condiciones que reducen el valor de la propiedad causadas por fuerzas ajenas a la propiedad en sí misma.
external obsolescence – conditions that reduce the value of the property caused by forces outside of the property.

obsolescencia funcional – depreciación que resulta de mejoras que son inadecuadas, demasiado adecuadas, o impropiamente diseñadas para las necesidades de hoy.
functional obsolescence – depreciation that results from improvements that are inadequate, overly adequate, or improperly designed for today's needs.

obsolescencia irremediable – *Vea depreciación incurable.*
incurable obsolescence – See *incurable depreciation.*

obsolescente – Vea *obsolescencia económica.*
obsolescence – See *economic obsolescence.*

oferta – propuesta de efectuar contrato.
offer – a proposal to make a contract.

oferta de propiedad específica – método de compra de propiedad donde los organizadores compran propiedades primero y luego buscan socios; el socio limitado prospectivo sabe de anticipado cuales propiedades serán pertenecientes.
specific property offering – property purchase method whereby the organizers buy properties first and then seek partners; the prospective limited partner knows in advance what properties will be owned.

oferta pendiente – contrato que se pone en efecto cuando el primer contrato pendiente fracasa.
back-up offer – a purchase contract that goes into effect when a pending contract fails.

oferta y aceptación – el requerimiento del ofrecedor de hacer una oferta al ofrecido.
offer and acceptance – the requirement of the offeror to make an offer to the offeree.

oferta y demanda – oferta se refiere al abastecimiento y escasez de terreno y demanda se refiere al crecimiento de la población, ingresos personales, y preferencias.
supply and demand – refers to the ability of people to pay for land coupled with the relative scarcity of land.

oficina de registros públicos – institución operada por el gobierno donde se registran documentos públicos.
public recorder's office – a government-operated facility wherein documents are entered in the public records.

Oficina Supervisora de Ahorros – organización que autoriza instituciones financieras efectuar préstamos hipotecarios ajustables que actualmente se encuentran en el mercado.
Office of Thrift Supervision (OTS) – organization that authorizes institutions to make the type of adjustable mortgage loan you most likely to be encountered in today's loan marketplace.

ofrecedor – partido que hace la oferta.
offeror – the party who makes an offer.

ofrecido – partido que recibe la oferta.
offeree – the party who receives an offer.

ofrecimiento – realizar; ofrecimiento de realizar como declaran los términos del contrato.
tender – to fulfill; to offer to perform as the terms of a contract state.

ohmio – unidad para medir resistencia al flujo de electricidad; unidad de resistencia eléctrica de un conductor.
ohm – unit of measurement for resistance to the flow of electricity; unit of electrical resistance of a conductor.

ojo fotoeléctrico – sensor montado cinco a seis pulgadas del piso en los dos lados de la puerta del garaje.
photoelectric eye – sensor mounted five to six inches off the floor on both sides of a garage door.

opción – derecho, por un período de tiempo, para comprar, vender, o arrendar la propiedad a precio y términos especificados.
option – a right, for a given period of time, to buy, sell, or lease property at specified price and terms.

opinión de título – opinión de un abogado sobre el estado legal del título.
opinion of title – an attorney's opinion as to the status of the title.

ordenanza – estatuto legislativo de la ciudad o del condado, tal como ley de zonificación.
ordinance – a city or county legislature enactment, such as a zoning law.

ordenanza de zonificación – declaración que impone el tipo de utilización permitido bajo cada clasificación de zonificación y los requisitos específicos para su cumplimiento.
zoning ordinance – a statement setting forth the type of use permitted under each zoning classification and the specific requirements for compliance.

otorgante – persona que firma un pagaré.
maker – the person who signs a promissory note. See also *obligor*.

OTS – Vea *Oficina Supervisora de Ahorros*.
OTS – See *Office of Thrift Supervision*.

OWC – Vea *pagaré de propietario*.
OWC – See *owner will carry*.

P

P&L – Vea *estado de pérdidas y ganancias.*
P&L – See *profit and loss statement.*

pagaré – promesa escrita de pagar una deuda.
promissory note – a written promise or engagement to repay a debt.

pagaré – una promesa escrita de pagar una deuda.
note – See *promissory note.*

pagaré – Vea *pagaré por efectivo.*
paper – See *"taking back paper."*

pagaré a plazo – pagaré que permite pago sobre período de tiempo extendido.
installment note – a note that allows payment over an extended period of time.

pagaré de propietario (OWC) – la cantidad de pagaré que el propietario cargará como hipoteca secundaria.
owner will carry (OWC) – the note amount the seller will carry as a junior mortgage.

pagaré de tesorería – pagarés de $1,000 o más producientes de interés emitidos por la tesorería estadounidense que maduran en 10 años o menos.
treasury notes – interest-bearing notes of $1,000 or more issued by the U.S. treasury and that mature in 10 years or less.

pagaré por efectivo – se dice del vendedor que permite al comprador sustituir un pagaré por efectivo.
taking back paper – said of a seller who allows a purchaser to substitute a promissory note for cash.

pago de saldo mayor – pago de un préstamo de saldo mayor.
balloon payment – the name given to the final payment of a balloon loan.

pago hipotecario anticipado – pago en efectivo al prestamista para reducir el pago hipotecario mensual del comprador por un período de tiempo.
buy–down – a cash payment to a lender that creates lower monthly mortgage payments for a period of time for the buyer.

pago inicial – el primer pago.
initial payment – the first payment.

pago PITI – préstamo que combina el principal, interés, impuestos y seguros.
PITI payment – a loan payment that combines principal, interest, taxes, and insurance.

pagos totales – cantidad en dólares que el prestatario haya pagado después de hacer los pagos programados.
total payments – the amount in dollars the borrower will have paid after making all the payments scheduled.

palabras de cesión – declaración del cesionista de que está haciendo una concesión al concesionario.
words of conveyance – the grantor's statement of making a grant to the grantee.

paquete de préstamo – todas las formas necesarias y requisitos para obtener un préstamo.
loan package – all the necessary loan forms and requirements to obtain a loan.

par – precio mayoreo del prestamista sin premios o descuentos.
par – the lender's wholesale price without premiums or discounts.

paralelo uniforme – línea de deslinde que se usa para corregir el arqueo del globo terráqueo.
standard parallel – a survey line used to correct for the earth's curvature.

parcela – pedazo de terreno.
parcel – a piece of land.

pared común – Vea *pared servidumbre de los partidos*.
common wall – See *party wall easement*.

pared cortafuego – construcción de material no combustible que subdivide o separa edificios contiguos para retardar el consumo del fuego.
fire wall – a construction of noncombustible materials that subdivides a building or separates adjoining buildings to retard the spread of fire.

pared servidumbre de los partidos – un cerco o pared edificada a lo largo de la línea de la propiedad para el beneficio mutuo de los dos propietarios.
party wall easement – a fence or wall erected along a property line for the mutual benefit of both owners.

pared sin peso – pared que no soporta peso.
nonbearing wall – a wall that does not carry a load.

partición – dividir propiedad poseída colectivamente en porciones distintas para que cada propietario pueda poseer su porción privativa de su terreno.
partition – to divide jointly held property into distinct portions so that each co-owner may hold his or her proportionate share in severalty.

participación en la equidad – arreglo donde el partido que provee el financiamiento adquiere una parte de la propiedad.
equity sharing – an agreement whereby a party providing financing gets a portion of the ownership.

partido (partidos) – un término legal que se refiere a una persona o a un grupo de personas involucradas en un procedimiento legal.
party (parties) – a legal term that refers to a person or a group involved in a legal proceeding.

partido competente – persona legalmente considerada capaz de celebrar un contrato obligatorio.
competent party – persons considered legally capable of entering into a binding contract.

patente de tierras, cesión de derechos – documento gubernamental utilizado para conceder terrenos públicos en propiedad a los mineros y a los pobladores.
land patent – a government document used for conveying public lands in fee to miners and settlers.

patio – estructura que generalmente colinda la propiedad, accesible de la casa por una entrada sencilla, comúnmente por puerta corrediza de vidrio o puertas vidrieras dobles. El material consiste de concreto, ladrillo, o piedras sobre base de concreto.
patio – a structure that generally abuts the property and is accessed from the house through a simple doorway, most commonly sliding glass doors or French doors. Its material consists of poured concrete, brick, slate, or stones laid in a concrete base.

patrimonio – el alcance de interés o derechos legales sobre terreno; por lo general, la extención de propiedad raíz y personal.
estate – the extent of one's legal interest or rights in land; the extent of one's real and personal property in general.

PC – Vea *certificado de participación.*
PC – See *participation certificate.*

peligros – riesgos o peligros.
perils – hazards or risks.

pena – castigo impuesto por violación de la ley o de un reglamento.
penalty – a punishment imposed for a violation of a law or a rule.

pérdida de título – pérdida del título porque el donatario no utilizó el terreno para el propósito requerido.
forfeiture of title – the reacquiring of the title on the grounds that the grantee did not use the land for the required purpose.

pérdida neta – pérdida después de todos los cargos y deducciones.
net loss – the loss after all charges and deductions.

pérdida pasiva – pérdida sobre actividad pasiva.
passive loss – a loss from a passive activity.

perfectando el gravamen – el archivar la declaración de gravamen dentro del tiempo limitado requerido.
perfecting the lien – the filing of a lien statement within the required time limit.

período de ajuste – la cantidad de tiempo que transcurre entre ajustes de un préstamo hipotecario que fue establecido con tasa ajustable.
adjustment period – the amount of time that elapses between adjustments of an adjustable mortgage loan.

permeabilidad de la tierra – la habilidad de la tierra de absorber agua.
soil permeability – the ability of the soil to absorb water.

permiso de construcción – autorización legal gubernamental para construir o renovar propiedad.
building permit – permission from the appropriate local government authority to construct or renovate any type of property.

permiso de ocupación – permiso que indica que la propiedad está en condición habitable.
occupancy permit – a permit indicating that a property is habitable.

permiso de uso condicional – permite el uso del terreno que no es conforme con la zonificación existente.
conditional-use permit – allows a land use that does not conform with existing zoning.

permiso de utilización especial – permite por medio de este permiso dar un uso a esta propiedad que no está permitido en esta zona.
special use permit – allows use that is otherwise not permitted in a zone.

perpetuidad – Vea *regla contra perpetuidades*.
perpetuity – See *rule against perpetuities*.

persona en representación – persona nombrada para liquidar o saldar los asuntos relativos a una propiedad.
personal representative – a person named to settle an estate.

pertenencia – derecho legal de una persona de poseer algo.
ownership – a person's legal right of possession.

pertenencia – derecho, privilegio o mejora que pertenece al terreno y que se traspasa con el terreno pero que no es necesariamente parte del terreno.
appurtenance – right or privilege or improvement that belongs to and passes with land but is not necessarily a part of the land.

pertenencia concurrente – perteneciente a dos o más personas al mismo tiempo.
concurrent ownership – ownership by two or more persons at the same time.

pertenencia de una sola persona – Vea *pertenencia exclusiva.*
sole ownership – See *severalty ownership.*

pertenencia en propiedad – pertenencia absoluta.
fee ownership – full ownership.

pertenencia exclusiva – propiedad poseída por una persona en todo su derecho absoluto sin compartir este derecho con ninguna otra persona.
severalty ownership – an estate that is held by a person in his own right without any other person being joined or connected with him. See also *tenancy in severalty.*

pertenencia restante – heredad de nudo propietario invariablemente fija que pertenecerá a esa persona determinada después de que la heredad se venza.
vested remainder – a remainderman whose estate is invariably fixed to remain to that determined person after the prior state has expired.

pertenencia temporaria – Vea *tiempo compartido.*
interval ownership – See time-sharing.

pie frontal – un pie lineal de un lote a lo largo del lado de la calle; avalúo de lote.
front foot – one linear foot along the street side of a lot; lot appraisal.

"piggyback loan" – combinación de dos préstamos en una hipoteca.
piggyback loan – a combination of two loans in one mortgage.

pintura a base de plomo – pintura que contiene componente de plomo y que es extremamente dañosa, y su exposición puede ser mortal en los niños.
lead-based paint – paint that has a lead component and that is extremely harmful and may be deadly to children.

piso perfeccionado – el piso expuesto a la vista.
finish floor – the flooring that is left exposed to view.

PITI – Vea *pago PITI*.
PITI – See *PITI payment*.

plan comprensivo – Vea *plan maestro*.
comprehensive plan – See *master plan*.

plan general – Vea *plan maestro*.
general plan – See *master plan*.

plan maestro – guía comprensiva que describe la utilización de terreno a largo término y las metas de administración para el crecimiento físico de la comunidad.
master plan – a comprehensive guide describing the long-term land use and management goals for the physical growth of a community.

plano – 1) dibujo, plano arquitectónico que representa en plano horizontal una sección incluyendo posición relativa de paredes, mamparas, ventanas, puertas, chimeneas, columnas, elementos de soporte, etc., 2) un plano puede ser pensado como un corte horizontal de sección a través de una construcción con una elevación al nivel del ojo.
plan – 1) a line drawing (by floor) representing the horizontal geometrical section of the walls of a building. The section (a horizontal plane) is taken at an elevation to include the relative positions of the walls, partitions, windows, doors, chimneys, columns, pilasters, etc. 2) a plan can be thought of as cutting a horizontal section through a building at an eye level elevation.

plano – un mapa que muestra el sitio y los límites de las propiedades individuales.
plat – a recorded subdivision map that shows the lots, their sizes, and where they are situated in the subdivision.

plano de ubicación – dibujo de un sitio de construcción, demostrando la ubicación del edificio, contornos del terreno y otras características.
site plan – a drawing of a construction site, showing the location of the building, contours of the land, and other features.

plano registrado – mapa de subdivisión archivado en los registros del condado que muestra el sitio y los lindes de las parcelas de terrenos individuales.
recorded plat – a subdivision map filed in the county recorder's office that shows the location and boundaries of individual parcels of land.

planta de títulos – duplicado de registros públicos mantenido por la compañía de títulos.
title plant – a duplicate set of public records maintained by a title company.

pleno dominio condicional – dominio de propiedad que requiere que ocurra un evento o la realización de un hecho antes de que se complete el traspaso.
fee simple conditional – a fee estate that calls for a happening of some event or the performance of some act before the transfer is complete.

pleno dominio de propiedad determinable (dominio con limitación condicional) – dominio de propiedad limitado por el acontecimiento de un cierto evento.
fee simple determinable – a fee estate limited by the happening of a specified event.

pleno dominio sobre condición precedente – el título no tiene efecto hasta que se lleve a cabo una condición.
fee simple upon condition precedent – title does not take effect until a condition is performed.

pleno dominio sujeto a condición subsecuente – el donador tiene el derecho de terminar el dominio de propiedad.
fee simple subject to condition subsequent – a fee estate in which the grantor has the right to terminate it.

plomar – posición o medida que es verdaderamente y exactamente vertical, 90 grados de una superficie nivel.
plumb – a position or measurement that is truly and exactly vertical, 90 degrees from a level surface.

plomo – elemento de metal tóxico que se encuentra en la tierra, agua y pintura.
lead – a toxic metallic element found in soil, water, and paint.

PMI – Vea *seguro hipotecario privativo*.
PMI – See *private mortgage insurance*.

poder de venta – permite que el hipotecario conduzca la venta hipotecaria sin ir a corte.
power of sale – allows a mortgagee to conduct a foreclosure sale without first going to court.

poder duradero – poder que no caduca con el paso del tiempo solo que haya límite de tiempo específicamente declarado en el instrumento que lo crea.
durable power of attorney – power of attorney that does not lapse because of the passage of time unless a time limitation is specifically stated in the instrument creating it.

póliza con cobertura de todo riesgo – todos los riegos, excepto los excluidos por escrito, son cubiertos.
all-risks policy – all perils, except those excluded in writing, are covered.

póliza de prestamista – póliza de seguro de título diseñada para proteger al prestamista.
lender's policy – a title insurance policy designed to protect a lender.

póliza de propietario – seguro de título diseñado para proteger al propietario. **owner's policy** – a title insurance policy designed to protect the fee owner.

póliza de propietario de vivienda – póliza combinada sobre propiedad y responsabilidad diseñada para uso residencial.
homeowner policy – a combined property and liability policy designed for residential use.

póliza hipotecaria – póliza de seguro sobre el título diseñada para proteger al prestamista.
mortgagee's policy – title insurance policy designed to protect a lender.

por la vida de otro – por la vida de otra persona.
pur autre vie – a life estate created for the life of another.

porcentaje de deuda a ingreso – porcentaje de la deuda en relación al ingreso.
debt-to-income ratio – the percentage of debt in relation to income.

porcentaje de gastos de alojamiento – porcentaje para calificación de préstamo basado sobre gastos totales de alojamiento.
housing expense ratio (front-end ratio) – loan qualifying ratio based on total housing expenses.

porcentaje de gastos totales – porcentaje de los gastos totales de la vida, subsistencia para calificar para un préstamo.
back–end ratio – a loan qualifying ratio based on total living expenses.

porcentaje del costo total de alojamiento – porcentaje permitido del costo total de alojamiento para calificar para un préstamo hipotecario.
front-end ratio – ratio based on total housing expense.

posesión – el derecho de posesión.
seisin – right of possession.

posesión conjunta – todos los condominios deben disfrutar la misma posesión indivisa de la propiedad entera.
unity of possession – all co-tenants must enjoy the same undivided possession of the whole property.

posesión de dominio limitada – dominio absoluto sujeto a ciertas limitaciones impuestas por su dueño.
qualified fee estate – a fee simple estate subject to certain limitations imposed by its grantor (grantor).

posesión de terreno – el grado, calidad, clase y extensión de interés que la persona tiene en propiedad raíz.
estate in land – the degree, quality, nature, and extent of interest that a person has in real property.

posesión extensible – tenencia en la cual se posee terreno o vivienda bajo cesión de otro donde no se ha mencionado cierto término pero se ha reservado arrendamiento periódico, normalmente arrendamiento de año a año o cada seis meses, el cual puede ser automáticamente renovado al fin del término.
estate from period to period – a tenancy in which one holds lands or tenements under the demise of another where no certain term has been mentioned but a periodic rental has been reserved, normally a rental from year to year or semiannually, which may be automatically renewed at the end of the term.

posesión por años determinados – posesión temporaria que tiene una persona sobre el uso de propiedad que no le pertenece, pero que por virtud de arrendamiento por el propietario la posee por un determinado tiempo específico (período limitado de empezar y terminar) tal como por un año o un número fijo de años.
estate for years – an estate for one who has a temporary use and possession for lands and tenements not his own, by virtue of a lease or demise granted to him by the owner, for a determinate period of time, as for a year or a fixed number of years.

posesión por tolerancia – poseer terreno con título legal pero permanecer injustamente en él después de termino del contrato.
estate at sufferance – one that comes into the possession of land by lawful title but holds over by wrongful possession after the termination of his interest.

posesión por tolerancia – resultado de cuando el inquilino se queda después de su tenencia legal sin el consentimiento del propietario.
tenancy at sufferance – occurs when a tenant stays beyond his legal tenancy without the consent of the landlord.

posesión por voluntad – inquilinato sin período específico de posesión que ocurre por la voluntad y consentimiento del dueño.
tenancy at will – tenancy without a specific period of possession that occurs at the will and consent of the owner.

posesión terminable – posesión arrendataria que se puede dar por terminada por el arrendador o el arrendatario en cualquier momento.
estate at will – a leasehold estate that can be terminated by a lessor or lessee at any time.

posesiones y propiedad personal – Vea *propiedad personal.*
goods and chattels – possessions and personal property.

powderpost beetle – insecto que come madera.
powderpost beetle – a type of insect that eats wood.

pozo absorbente – pozo cubierto por el cual el descargo del tanque séptico infiltra la tierra circunstante.
seepage pit – a covered pit through which the discharge from the septic tank infiltrates into the surrounding soil.

pozo negro de letrina – un pozo (a veces forrado con plástico) compuesto de piedra y grava que colecta aguas negras; es un riesgo a la salud y violación de código en algunas áreas.
cesspool – a pit (sometimes lined with plastic) composed of stones and gravel through which raw sewage collects; it's a health and safety hazard and a code violation.

prácticas injustas y engañosas – prácticas de negocio fraudulentas, engañosas que involucran al público general o partidos rivales. Estas prácticas son prohibidas por ley y reguladas por agencias de gobierno.
unfair and deceptive practices – fraudulent, misleading business practices that involve the general public or competing parties that is prohibited by statute and/or regulated by a government agency.

precio ajustado de mercado – el valor de una propiedad comparable después que se han efectuado ajustes debido a diferencias entre ambas propiedades.
adjusted market price – the value of a comparable property after adjustments have been made for differences between it and the subject property.

precio de venta ajustado – el precio de venta de una propiedad, menos honorarios, reparaciones, y costos del cierre.
adjusted sales price – the sales price of a property less commissions, fix-up, and closing costs.

precio ventajoso injusto – oferta que ningún hombre en sus cinco sentidos llevaría a cabo y que ningún hombre justo y honesto aceptaría debido a que implica una injusticia hacia otro.
unconscionable bargain – a bargain that no man in his right senses would make and that no fair and honest man would accept because of unfairness to the other.

preclusión – posición inconsistente, actitud, o curso de conducta que no puede ser adoptado a la pérdida o daño de otro, servidumbres.
estoppel – an inconsistent position, attitude, or course of conduct that may not be adopted to the loss or injury of another, easements.

predio sirviente – tierra en la cual existe una servidumbre en favor del predio dominante.
servient estate – an estate encumbered by an easement or servitude, which is reserved for the use of another.

preferencia de localidad – Vea *situs*.
location preference – See *situs*.

preguntas federales – al presentarse un caso bajo la Constitución de los Estados Unidos, actos del Congreso, o tratos involucrando interpretación y aplicación. La jurisdicción de preguntas federales se otorga a las cortes federales.
federal questions – a case arising under the Constitution of the United States, acts of Congress, or treaties involving an interpretation and application. The jurisdiction of federal questions is given to the federal courts.

prescripción adquisitiva – adquisición de propiedad a través de una posesión prolongada no autorizada por el propietario.
adverse possession – acquisition of real property through prolonged and unauthorized occupation of another's land.

presión hidrostática – empuje de agua contra la superficie.
hydrostatic pressure – the push of water against a surface.

préstamo – dinero que se presta al prestatario quien es responsable de pagarlo.
loan – money that is lent to a borrower whom is obligated to repay it.

préstamo a largo plazo – financiamiento de bienes raíces disponible para pagarse por más de 5 o 10 años o un período de tiempo más largo.
long-term loan – real estate financing available for repayment for more than 5 to 10 years or a longer period of time.

préstamo adquirido – el comprador se obliga a pagar el préstamo existente como condición de la venta.
assume the loan – the buyer obligates himself or herself to repay an existing loan as a condition of the sale.

préstamo adquisitivo – préstamo existente que puede ser asumido por un individuo con buen crédito.
assumable loan – an existing loan that can be assumed by a creditworthy individual.

préstamo amortizado – el préstamo que requiere pagos a plazo cuales incluyen interés y pago parcial de la capital.
amortized loan – a loan requiring periodic payments that include both interest and partial repayment of principal.

préstamo atrasado – indica que el prestatario está atrasado en sus pagos.
delinquent loan – a loan wherein the borrower is behind in his or her payments.

préstamo avezado – préstamo sobre el cual se han hecho pagos durante uno a dos años o más.
seasoned loan – a loan on which payments have been made for one to two years or more.

préstamo conforme – préstamo convencional que sigue los requisitos de préstamos residenciales de Fannie Mae y Freddie Mac.
conforming loan – a conventional loan that follows Fannie Mae and Freddie Mac residential loan.

préstamo convencional – préstamo de bienes raíces que no está asegurado por FHA y que no está garantizado por VA.
conventional loan – real estate loan that is not insured by the FHA or guaranteed by the VA.

préstamo de alojamiento proveído – término que cubre muchos diferentes préstamos para compradores de residencia por primera vez y prestatarios de bajos a moderados ingresos.
affordable housing loan – an umbrella term that covers many slightly different loans that target first-time home buyers and low- to moderate-income borrowers.

préstamo de cartera – préstamo que permanece en posesión del prestamista que no se vende al mercado secundario.
portfolio loan – a loan that a lender keeps in its portfolio instead of selling it.

préstamo de corto plazo – Vea *préstamo puente*.
swing loan – See *bridge loan*.

Préstamo de la Administración de Veteranos – préstamo parcialmente garantizado por la Administración de Veteranos.
Veterans Administration Loan – a loan partially guaranteed by the Veterans Administration.

préstamo de saldo mayor – cualquier préstamo que tenga el último pago más grande que los anteriores.
balloon loan – a loan in which the final payment is larger than the preceding payments.

préstamo de tasa fija – préstamo en el cual la tasa de interés no cambia durante la vida del préstamo.
fixed rate loan – a loan in which the interest rate will not change during the life of the loan.

préstamo de taza combinada – plan de refinanciamiento que combina la tasa de interés de la hipoteca existente con tasas actuales.
blended–rate loan – a refinancing plan that combines the interest rate on an existing mortgage loan with current rates.

préstamo de término – préstamo que requiere interés sobre los pagos hasta la fecha de vencimiento, a cual tiempo se vence el principal entero.
term loan – a loan requiring interest-only.

préstamo de vivienda – préstamo efectuado para comprar propiedad residencial.
home loan – a loan made to buy a residential property.

préstamo en participación – préstamo que requiere interés además de un porcentaje de las ganancias.
participation loan – one that requires interest plus a percentage of the profits.

préstamo gigante – préstamo tan grande que sobrepasa los límites impuestos por la Asociación Nacional Hipotecaria Federal (Fannie Mae).
jumbo loan – a very large loan that goes beyond the limits set by the Federal National Mortgage Association (Fannie Mae) and the Federal Home Loan Mortgage Corporation (Freddie Mac).

préstamo hipotecario bisemanal, quincenal – préstamo hipotecario que se paga cada dos semanas.
biweekly mortgage loan – a mortgage loan that is paid every two weeks.

préstamo inconforme – préstamo que no sigue documentación uniforme y parámetros calificadores impuestos por Fannie Mae y Freddie Mac.
nonconforming loan – a loan that does not follow uniform documentation and qualification parameters set by Fannie Mae and Freddie Mac.

préstamo incumplido – préstamo en el cual el prestatario está retrasado con los pagos.
nonperforming loan – a loan wherein the borrower is behind in his payments.

préstamo interino – préstamo que va a ser reemplazado por un préstamo permanente; un préstamo de construcción.
interim loan (also called construction loan) – a loan wherein money is advanced as construction takes place.

préstamo para construcción (préstamo provisional) – préstamo donde el dinero se va adelantando con el progreso de la construcción.
construction loan (or interim loan) – a loan wherein money is advanced as construction takes place.

préstamo parcialmente amortizado – préstamo que empieza con pagos amortizados pero termina con un pago de saldo mayor.
partially amortized loan – a loan that begins with amortized payments but ends with a balloon payment.

préstamo permanente – préstamo permanente preparado para reemplazar el préstamo de construcción.
take-out loan – a permanent loan arranged to replace a construction loan.

préstamo puente – préstamo principal concedido para encadenar el préstamo de construcción.
bridge loan – the principal loan given to bridge or connect with the construction loan.

préstamo subordinado – préstamo con precio basado en el factor de riesgo que implica prestar a quien tiene mal crédito o que ha fracasado en calificar para un préstamo convencional. Normalmente la tasa se encuentra o se negocia si cubre las características de riesgo. Estas tasas de interés típicamente son de 1 a 5 puntos de porcentaje más altas de lo que serían para quien tiene buen crédito y bajo factor de riesgo. Con este tipo de préstamo, las valuaciones son críticas y las características de riesgo tienden a ser variables de prestamista a prestamista. Los prestamistas subordinados no son regulados por el gobierno federal.
subprime loan – a loan with risk-based pricing for persons who have poor credit or fail to qualify for prime, conventional loans. Usually a rate is found, or negotiated, if it fits the risk profile. Interest rates are typically one to five percentage points higher than for good credit risks. With these loans, appraisals are critical and the risk profiles tend to be variable from lender to lender. Subprime lenders are largely unregulated by the federal government.

préstamos para construcción – préstamos a corto plazo efectuados durante la construcción de un edificio, pero antes del préstamo permanente.
construction mortgages – short-term loans made during the construction of a building, but prior to the permanent loan.

pricipales solamente – arreglo en el cual personas que quieren comprar (no agentes) se comunican con el propietario.
principals only – an arrangement in which the owner is contacted by person(s) who want to buy and not by agents.

prima anticipada de seguro hipotecario – cargo al principio de un préstamo por FHA para asegurar tal préstamo.
up-front mortgage insurance premium (UFMIP) – a one-time charge by the FHA for insuring a loan.

prima de seguro – cantidad de dinero que se paga para la cobertura del seguro.
insurance premium – the amount of money one must pay for insurance coverage.

primer contratista – Vea *contratista original.*
prime contractor – See *original contractor.*

primer hipoteca – préstamo principal que tiene prioridad de pagarse sobre otros préstamos en el evento de un juicio hipotecario.
first mortgage – the mortgage loan with priority over any other loan(s) on the property for repayment in the event of foreclosure.

primera fase de auditoría – la primera fase de una investigación de medioambiente.
phase 1 audit – the first phase of an environmental assessment.

primogenitura – derecho exclusivo poseído por el hijo mayor de la familia de heredar la propiedad del ancestro, prioritaria ante los derechos de los otros hijos.
primogeniture – the exclusive right possessed by the eldest son of a family to succeed to the estate of his ancestor, exclusive of the rights of the other sons or children.

principal – (1) persona que autoriza a otra para actuar por él; (2) el saldo de un préstamo; (3) obligaciones del principal al agente.
principal – (1) a person who authorizes another to act for him; (2) the balance owing on a loan; (3) principal's obligations to agent.

principio de anticipación – lo que se paga por una propiedad dependiendo de los beneficios de expectación futuros.
anticipation, principle of – what a person will pay for a property depends on the expected benefits from the property in the future.

principio de anticipación – lo que una persona paga por la propiedad depende de los beneficios que espera obtener de ésta.
principle of anticipation – what a person will pay for a property depends on the expected benefits from the property in the future.

principio de cambio – utilización de propiedad raíz está sujeta a cambios porque el valor presente está relacionado a la utilización futura.
principle of change – real property uses are always in a state of change.

principio de concordancia – se realiza el valor máximo cuando hay un nivel razonable de homogeneidad en un vecindario.
conformity, principle of – maximum value is realized when there is a reasonable degree of homogeneity in a neighborhood.

principio de conformidad – valor máximo que se realiza cuando existe un grado razonable de homogeneidad en el vecindario.
principle of conformity – the maximum value is realized when there is.a reasonable degree of homogeneity in the neighborhood.

principio de contribución – Vea *principio de regresos marginales decrecientes.*
principle of contribution – See *principle of diminishing marginal returns.*

principio de contribución – debemos invertir dólares cuando nos devuelvan más de un $1 dólar de valor y debemos detenernos cuando cada dólar invertido nos devuelva menos de un $1 en valor.
contribution, principle of – we should invest dollars whenever they will return to us more than $1 of value and should stop when each dollar invested returns less than $1 in value.

principio de libre competencia – donde se están obteniendo ganancias sustanciales, esto anima a la competencia.
principle of competition – where substantial profits are being made, competition will be encouraged.

principio de oferta y demanda – habilidad de la persona de pagar por terreno acoplado con la relativa escasez de terreno. Esto significa que en cuanto a la demanda, se le da importancia al crecimiento de la población, ingresos personales y preferencia. En cuanto a la oferta, se le da importancia al abastecimiento disponible y relativa escasez. Cuando se limita la oferta mientras la demanda es grande, el resultado es de precios elevados de terrenos. A la inversa, al tener abundancia de terreno acoplado con relativamente pocos compradores, oferta y demanda estarán en balance por solo unos centavos por pie cuadrado.

principle of supply and demand – the ability of people to pay for land coupled with the relative scarcity of land. On the demand side, importance is given to population growth, personal income, and preference. On the supply side, importance is given to available supply and relative scarcity. When supply is limited and demand is great, the result is rising land prices. Conversely, where land is abundant and there are relatively few buyers, supply and demand will be in balance at only a few cents per square foot.

principio de regresos marginales decrecientes – debemos invertir dólares cuando nos devuelvan más de un $1 de valor y debemos detenernos cuando cada dólar invertido nos devuelva menos de un $1 en valor.
diminishing marginal returns, principle of – we should invest dollars whenever they will return to us more than $1 of value and should stop when each dollar invested returns less than $1 in value.

principio de regresos marginales decrecientes – la relación entre costos adicionales y el valor de rendimiento.
principle of diminishing marginal returns – the relationship between added cost and the value it returns.

principio de substitución – valor máximo de una propiedad en el mercado tiende ser determinado por el costo de comprar una propiedad substituta igualmente deseable siempre y cuando no haya demora costosa en hacer la substitución.
substitution, principle of – maximum value of a property in the marketplace tends to be set by the cost of purchasing an equally desirable substitute property provided no costly delay in encountered making the substitution.

principio de sustitución – valor máximo de una propiedad que tiende a fijarse por lo que costaría la sustitución de ésta por una propiedad que posea las mismas ventajas y características generales.
principle of substitution – the maximum value of a property tends to be set by the cost of purchasing an equally desirable substitute property.

principios de valor – anticipación, cambio, competición, conformidad, regresos marginales decrecientes, uso óptimo, substitución, oferta y demanda.
principles of value – anticipation, change, competition, conformity, diminishing marginal returns, highest and best use, substitution, supply and demand.

privilegio – excepcional y extraordinario poder de exención, derecho, poder, franquicia, o inmunidad poseído por una persona o clase contra y más allá del curso de la ley. En difamación escrita y oral, exención de responsabilidad por expresar o publicar difamación en referencia a otro, basado en el hecho de que la declaración se hizo en la realización de un deber político, judicial, social o personal.
privilege – an exceptional or extraordinary power of exemption. a right, power, franchise, or immunity held by a person or class, against or beyond the course of the law. In libel or slander, an exemption from liability for the speaking or publishing of defamatory words concerning another, based on the fact that the statement was made in the performance of a political, judicial, social, or personal, duty.

privilegio de pago adelantado – permite al prestatario pagar con anticipación y sin multa.
prepayment privilege – allows the borrower to repay early without penalty.

procedimiento determinante de reclamo – procedimiento legal para determinar cual de dos partidos tiene el reclamo más válido contra el tercer partido.
interpleader – a legal proceeding to determine which of two parties has the more valid claim against a third party.

procedimiento ejecutivo hipotecario – procedimiento para tomar una propiedad hipotecada y venderla para satisfacer la deuda; efecto sobre arriendos.
foreclosure – the procedure by which a person's property can be taken and sold to satisfy an unpaid debt; effect on leases.

procedimiento hipotecario por el prestamista – ejecución de la hipoteca conducida por el prestamista.
nonjudicial foreclosure – foreclosure is conducted by the lender.

procedimiento de condenación – acción legal de dominio eminente.
condemnation proceeding – legal proceeding involved in eminent domain.

proceso de apropiación – promulgación de ley basada en el presupuesto y fuentes monetarias de una sociedad impositiva.
appropriation process – the enactment of a taxing body's budget and sources of money into law.

proceso de correlación – la fase en el proceso de avalúo donde el apreciador considera los comparables.
correlation process – a step in an appraisal wherein the appraiser weights the comparables.

proceso de pasar beneficios – proceso de traspasar beneficios a los inversionistas.
pass-through – a process by which the benefits are passed on.

proceso legal – ley en su curso regular de administración a través de los tribunales de justicia.
due process of law – law in its regular course of administration through courts of justice.

producto efectivo – ganancia total derivada de una venta menos los gastos.
net proceeds – the total profits derived from a sale minus the expenses.

producto terminado – producto terminado, listo para entrega o instalación.
turnkey – a finished product, ready for delivery or installation.

programa de vendedor propietario – programa de la Asociación Nacional Hipotecaria Federal que compra hipotecas de compraventa de los vendedores propietarios.
home-seller program – a plan whereby FNMA will buy purchase money mortgages from home sellers.

programas de bonos municipales – fuente de préstamos residenciales que se financia a su vez por la venta de bonos municipales.
municipal bond programs – source of home loans that in turn is financed by the sale of municipal bonds.

propiedad – interés y derechos del dueño sobre su propiedad excluyendo a otros; incluye el terreno y todo anexo permanente, tal como edificios, cercas, e instalaciones.
property – owner's interest and rights in his or her property to the exclusion of all others; the land and anything permanently attached, such as buildings, fences, and fixtures.

propiedad mancumunada – propiedad donde ambos esposo son tratados como socios por igual y cada uno posee la mitad del interés.
community property – property co-ownership wherein husband and wife are treated as equal partners with each owning a one-half interest.

propiedad de comerciante – propiedad raíz retenida para otro uso, pero no para uso personal.
dealer property – real property held for other than personal use.

propiedad de inversión – propiedad productora de ingresos.
investment property – an income producing property.

propiedad en exclusiva – propiedad perteneciente a una persona. También vea *pertenencia exclusiva*.
estate in severalty – See *severalty ownership*.

propiedad en pleno dominio – propiedad en la cual el propietario es intitulado a la propiedad entera por vida con poder o disposición sin condiciones y es desciende a sus herederos y representantes legales al morir intestado. Es el derecho más completo y más extenso que uno puede tener en la pertenencia de propiedad.
fee simple estate – an estate in which the owner is entitled to the entire property with unconditional power or disposition during his lifetime and descending to his heirs and legal representatives upon his death intestate. It is the largest, most complete bundle of rights one can hold in land ownership.

propiedad en reversión – derecho de un futuro disfrute de una propiedad que actualmente es poseida o ocupada por otro.
estate in reversion – the right to future enjoyment of property presently possessed or occupied by another.

propiedad excesivamente sobrecargada – propiedad donde el valor de mercado se excede por los préstamos contra dicha propiedad.
overencumbered property – occurs when the market value of a property is exceeded by the loans against it.

propiedad generadora de ingresos – propiedad arrendable, productora de ingresos.
income property – rentable, income producing property.

propiedad igual – propiedad igual en calidad o utilización.
like-kind property – property equal in quality or usage.

propiedad inmueble – terreno, edificios y otras mejoras.
realty – land and buildings and other improvements to land.

propiedad periódica – inquilinato que provee la renovación de continuación automática hasta que se cancele, tal como arrendamiento de mes a mes.
periodic estate – a tenancy that provides for continuing automatic renewal until canceled, such as a month-to-month rental.

propiedad personal – derecho o interés en cosas temporarias o movibles; cualquier cosa no clasificada como propiedad real.
personal property – a right or interest in things of a temporary or movable nature, associated with a person or belongings to an individual; anything not classed as real property.

propiedad que necesita reparaciones – propiedad que generalmente se adquiere a bajo precio debido al monto de reparaciones que se requieren para dejarla habitable.
handyman special – property in need of repair.

propiedad raíz – derechos de pertenencia en propiedad y sus mejoras.
real property – ownership rights in land and its improvements.

propiedad raíz otorgada a la viuda – el derecho legal de la viuda a una porción de la propiedad raíz de su difunto esposo.
dower – the legal right of a widow to a portion of her deceased husband's real property.

propiedad raíz otorgada al viudo – derecho legal del viudo a una porción de la propiedad raíz de su difunta esposa.
curtesy – the legal right of a widower to a portion of his deceased wife's real property.

propiedad residencial – propiedad para intención residencial.
residential property – property for residential purpose.

propiedad ribereña – propiedad adyacente a un cuerpo grande de agua.
waterfront property – property adjacent to a large body of water.

propiedad separada – propiedad perteneciente al esposo o esposa exento al estado legal de propiedad común.
separate property – the cubicle of airspace that the condominium owner's unit occupies; spouse-owned property that is exempt from community property status.

propiedad sin desarrollo – tierra virgen.
unimproved property – raw land.

propiedad sujeta – propiedad que se está valuando.
subject property – the property that is being appraised.

propiedad vitalicia – interés en propiedad por la duración de vida.
life interest – interest in property for the duration of life.

propiedad vitalicia – Vea *dominio absoluto*.
estate for life – See *freehold estate*.

propietario registrado – propietario nombrado en los registros oficiales públicos.
owner of record – the owner named in the official public records.

propietario vitalicio – uno que posee el dominio vitalicio.
life tenant – one who possesses a life estate.

propio – pertenencia, perteneciente.
vested – owned by.

prorratear – la división de gastos e ingresos del cierre entre el comprador y el propietario vendedor.
prorating – the division of ongoing expenses and income items between the buyer and the seller.

prospecto – cliente potencial de bienes raíces.
prospect – a potential real estate client.

prospecto – una declaración que describe oportunidad de inversión.
prospectus – a disclosure statement that describes an investment opportunity.

protección de propiedad principal – leyes estatales que protegen contra la venta forzada del hogar familiar.
homestead protection – state laws that protect against the forced sale of a person's home.

protección garantizada – garantía de póliza de seguro que automáticamente incrementa cobertura durante la vida de la póliza.
inflation guard – an insurance policy endorsement that automatically increases coverage during the life of a policy.

protector de impuestos – ahorro de impuestos que puede producir una inversión.
tax shelter – the income tax savings that an investment can produce for its owner.

proveedor de materiales – uno que ha proporcionado materiales o trabajo para una mejora.
materialman – one who has furnished materials or labor for an improvement.

provisión para vencimiento anticipado – permite que el prestamista cobre el saldo de la cuenta inmediatamente. También vea *cláusula de enajenación*.
acceleration clause – See *alienation clause*.

proyecto – Vea *proyecto de condominio*.
project – See *condominium project*.

proyectado bruto – Vea *renta bruta proyecta*.
projected gross – See *scheduled gross*.

proyecto de condominio – proyecto de condominio de bienes raíces; proyecto de cuatro o más apartamentos, cuartos, espacios de oficina, u otras unidades en edificios o estructuras existentes o propuestas que se ofrecen o se ofrecerán para venta.
condominium project – a real estate condominium project; a plan or project whereby four or more apartments, rooms, office spaces, or other units in existing or proposed buildings or structures are offered or proposed to be offered for sale.

prudencia razonable – requisito de que el agente exhiba competencia y habilidad, el mantener al cliente informado, y el cuidar de la propiedad confiada.
reasonable care – a requirement that an agent exhibit competence and expertise, keep clients informed, and take proper care of entrusted property.

PRV – Vea *válvula reguladora de presión*.
PRV – See *pressure regulator valve*.

publicidad falsa – hacer declaraciones falsas a través de la publicidad.
false advertising – making misrepresentations in advertising.

PUD – Vea *desarrollo de unidades planeados*.
PUD – See *planned unit development*.

pudrición seca – deterioración de madera que resulta por mojarse y secarse alternativamente sobre largo período de tiempo.
dry rot – a decay of wood that usually results from alternate soaking and drying over a long period.

punto – un por ciento de la cantidad del préstamo.
point – one percent of the loan mount paid to the lender or the lender's agent at the time the loan is made.

punto de inicio – el lugar de principio en una esquina de la parcela de terreno en un levantamiento por descripción de medidas y límites.
point of beginning or point of commencement – the starting place at one corner of a parcel of land in a metes and bounds survey.

punto de referencia – punto de referencia de conocida posición y elevación, mojonera.
benchmark – a reference point of known location and elevation.

puntos de descuento – cargos hechos por el prestamista para ajustar la taza de interés efectiva de un préstamo.
discount points – charges made by lenders to adjust the effective rate of interest on a loan.

puntos del prestatario – cargos en unidades de uno por ciento del préstamo que se paga por el prestatario para conseguir un préstamo.
borrower's points – charges in one-percent units of a loan, paid by a borrower to obtain a loan.

puntos prestatarios – cargo, expresado en puntos de porcentaje.
loan points – a charge, expressed in percentage points, to obtain a loan.

Q

quieta y pacífica posesión – derecho de posesión y utilización de una propiedad sin perturbación por otros.
quiet enjoyment – the right of possession and use of property without undue disturbance by others.

quórum – mínimo número de miembros que necesitan estar presentes en una reunión oficial para conducir negocio (usualmente más de la mitad).
quorum – the minimum number of members needed at any official meeting in order to conduct business (usually more than half).

R

radón – gas radioactivo incoloro, inolores, sin sabor, presente en el medio ambiente como subproducto de la decadencia de uranio en la tierra.
radon – a colorless, odorless, tasteless, radioactive gas that is present in the environment as a byproduct of the natural decay of uranium in the earth.

RAM – Vea *hipoteca de anualidad inversa*.
RAM – See *reverse annuity mortgage*.

ratificación – acción que toma lugar después del hecho.
ratification – an action that takes place after the fact.

realista – miembro de la Asociación Nacional de Corredores de Bienes Raíces.
realtist – a member of the National Association of Real Estate Brokers, Inc.

rebaja de impuestos – exención y reducción de impuestos sobre propiedad para atraer industria.
abatement – property tax exemptions used and property tax reductions granted to attract industry.

receptor – administrador apuntado para tomar cargo de propiedad durante el período de redención.
receiver – a manager appointed to take charge of property during the redemption period.

recibo depositario – recibo otorgado por depósito que acompaña oferta de compra; también se refiere a un contrato de compraventa que incluye recibo de depósito.
deposit receipt – receipt given for a deposit that accompanies an offer to purchase; also refers to a purchase contract that includes a deposit receipt.

reciprocidad – arreglo por el cual un estado acepta licencias emitidas por otro estado y viceversa.
reciprocity – an arrangement whereby one state honors licenses issued by another state and vice versa.

reciprocidad completa – cuando un estado acepta la licencia de bienes raíces de otro estado sin requisito de examen adicional.
full reciprocity – when a state accepts another's real estate license and does not require additional testing.

reciprocidad de licencia – cuando un estado acepta la licencia de bienes raíces de otro estado.
license reciprocity – when one state honors another's real estate license.

reciprocidad parcial – cuando un estado reconoce a los agentes certificados en otro estado de la unión debido a la experiencia, su educación y los exámenes presentados en ese estado.
partial reciprocity – when a state gives credit to the licensees of another state for experience, education, and examination.

recomendación – recomendación de un negocio o servicio por el hecho de enviar clientes prospectos.
referral – recommending a business or a service by sending prospective clients.

reconocimiento – declaración formal firmada por el declarante confirmando que él firmó ese documento.
acknowledgment – a formal declaration before authorized officials by a person that he or she, in fact, did sign the document.

recubrimiento para pisos – recubrimiento para pisos interiores manufacturada en forma de hoja o de mosaico que vuelve a su forma original después de ser torcido, comprimido o estirado.
resilient floor covering – a manufactured interior floor covering in either sheet or tile form that returns to its original form after being bent, compressed, or stretched.

recuperación cuasicontractual – obligación similar en carácter a un contrato, que no se presenta por acuerdo expreso de los partidos, pero es implícita por la corte.
quasi-contractual recovery – an obligation similar in character to that of a contract, which arises not from an express agreement of the parties, but rather from one that is implied by the court.

redención – recompra; retroventa. El proceso de cancelar y anular un título de propiedad revocable tal como uno acreditado con una hipoteca o venta de impuesto para pagar la deuda o realizar otras condiciones.
redemption – a repurchase; a buying back. The process of canceling and annulling a defeasible title to land such as credited by a mortgage or tax sale by paying the debt or fulfilling other conditions.

réditos de venta – la cantidad total recibida por la venta.
proceeds of sale – the total amount received from a sale.

redlining – la práctica de rechazar préstamos en ciertos vecindarios.
redlining – a lender's practice of refusing to make loans in certain neighborhoods.

reducción de hipoteca – cuando el inversionista usa una porción de los ingresos arrendatarios de la propiedad para reducir el saldo que se debe sobre la hipoteca.
mortgage reduction – when an investor uses a portion of a property's rental income to reduce the balance owing on the mortgage.

reentrada – Vea *derecho de reentrada*.
reentry – See *right of reentry*.

referencia informal – método de identificar una parcela de terreno por dirección o nombre común.
informal reference – method of identifying a parcel of land by its street address or common name.

refinanciar – pagar una deuda por el hecho de efectuar otro préstamo con nuevos términos.
refinance – to pay a debt by making a another loan on new terms.

reformación – acción tomada para corregir un error en una escritura u otro instrumento.
reformation – action taken to correct a mistake in a deed or other instrument.

refrigerante – sustancia que produce efecto de enfriamiento al absorber calor al vaporizar (dispersarse en el aire).
refrigerant – any substance that produces a cooling effect by absorbing heat as it vaporizes (disperses into the air).

registrador de títulos – preparador de certificación de título.
registrar of titles – the preparer of a certification of title.

registro de avalúos – lista o libro, abierto para inspección pública, que permite verificar los avalúos fiscales de todos los terrenos y edificios en una zona fiscal.
assessment roll – a list or book, open for public inspection, that shows assessed values for all lands and buildings in a taxing district.

registro de levantamientos – libros de mapas y planos.
survey books – map books.

registro tributario – lista pública de propiedades tributables.
tax roll – a pubic list of taxable properties.

registros de condominio – registros en la oficina del oficial del condado para registrar declaraciones de condominio.
condominium records – records in county clerk's office to record condominium declaration.

regla contra perpetuidades – principio que evita que ningún interés contra la propiedad sea válido a menos que sea protegido por la ley, si acaso, no más de 21 años más un período de gestación después de su vida útil comenzando desde cuando se creó el interés.
rule against perpetuities – principle that no interest in property is good unless it must vest, if at all, no later than 21 years plus a period of gestation after some life or lives in being at the time of the creation of the interest.

regla de testimonio verbal – permite evidencia oral para aumentar un contrato escrito en ciertos casos.
parol evidence rule – permits oral evidence to augment a written contract in certain cases.

reglamento de protección – reglamento general que sirve en una área de protección.
safe harbor rule – a general rule that serves as an area of protection.

Reglamento X – Vea *Ley Sobre Procedimientos del Cierre de Bienes Raíces.*
Regulation X – See *Real Estate Settlement Procedures Act.*

Reglamento Z – la ley federal que requiere que los prestamistas muestren a los prestatarios cuanto están pagando por el servicio de crédito.
Regulation Z – See *Truth in Lending Act.*

reglamentos de construcción – leyes locales y estatales que mantienen uniformidad en las normas de construcción.
building codes – local and state laws that set minimum construction standards.

reglas – estándar de conducta.
canons – standards of conduct.

reglas de casa – reglas en cuanto al uso diario del establecimiento; condominio.
house rules – rules regarding day-to-day use of the premises; condominium.

riesgos y peligros – Vea *peligros.*
hazards – See *perils.*

relación de gastos operativos – gastos operativos totales divididos por el ingreso bruto efectivo.
operating expense ratio – total operating expenses divided by effective gross income.

relación del préstamo al valor – porcentaje que refleja lo que prestará el prestamista dividido por el valor de mercado de la propiedad.
loan-to-value ratio – a percentage reflecting what a lender will lend divided by the market value of the property.

relación fiduciaria – relación creada por agencia.
fiduciary relationship – when an agency is created.

relevación marginal – notación sobre el margen de la hipoteca registrada que indica el libro y la página de la relevación.
marginal release – a notation on the recorded mortgage that shows the book and page location of the mortgage release.

remate de por vida – interés a tasa máxima con ajustes permitidos por la vida del préstamo.
lifetime cap – the maximum interest rate adjustment permitted over the life of a loan.

remitir – renunciar algún reclamo existente que uno tenga.
remise – to give up any existing claim one may have.

remover – Vea *garantía contra remover.*
removal – covenant against.

rendimiento – Vea *rendimiento efectivo.*
yield – See *effective yield.*

rendimiento efectivo – ganancia sobre cálculo de inversión que considera precio pagado, tiempo poseído, y tasa de interés.
effective yield – a return on investment calculation that considers the price paid, the time held, and the interest rate.

renta – Vea *renta de contrato* y *renta económica.*
rent – See *contract rent* and *economic rent.*

renta base – la cantidad mínima de renta que se paga en un contrato de arrendamiento por porcentaje.
base rent – the minimum rent paid in a percentage lease.

renta bruta proyectada (proyectado bruto) – renta estimada que una propiedad completamente ocupada puede producir anualmente.
scheduled gross (also called projected gross) – the estimated rent a fully occupied property can be expected to produce on an annual basis.

renta contractual – la cantidad de renta especificada en el contrato de arrendamiento.
contract rent – the amount of money that the tenant must pay the landlord for the use of the premise as specified in the lease contract. See also *economic rent.*

renta económica – cantidad de renta que una propiedad puede imponer en el mercado libre.
economic rent – the amount of rent a property can command in the open market.

renta graduada – Vea *arrendamiento de pago graduado o variable.*
step-up rental – See *graduated rental.*

renta pasiva – ingreso pasivo.
unearned income – passive income.

renuncia – es anexo al informe de inspección de vivienda y documenta el alcance de la inspección y específicamente indica cuales cosas se omitieron del informe, incluyendo opiniones sobre la estructura y diseño, cumplimiento con el código de edificios, y problemas del medio ambiente.
disclaimer – is appended to the home inspection report and documents the scope of the inspection and specifically indicates which items are omitted from the report, including opinions about the structure and design, building code compliance, and environmental problems.

renuncia – abandono, repudia.
waiver – the voluntary surrender of rights or claims.

renunciar – renunciar, desistir, dar por perdido.
waive – to surrender or give up.

reparaciones – arreglo y reparación de propiedad.
repairs – fixing or repairing a property.

repartimiento, distribución – Vea *método de costo, método de rendimiento por ingresos y método comparativo de mercado.*
apportionment – See *cost approach; income approach;* and *market compari - son approach.*

reparto de honorarios – el hecho de compartir comisiones entre corredores.
splitting fees – the act of sharing commissions between brokers.

Reporte de Impacto al Medio Ambiente (EIR) – un reporte que contiene información en cuanto al efecto que un proyecto propuesto vaya a tener en el medio ambiente de cierta área.
Environmental Impact Report (EIR) – report that contains information regarding the effect of a proposed project on the environment of an area.

reporte de lista específica – especificación sistematizada de varios componentes de una propiedad organizada en secciones que permiten al inspector de marcar componentes inspeccionados y comentar sobre problemas específicos.
checklist report – a systemized itemization of the various components of a property that is organized into sections that allow the inspector to check off inspected property components and comment on any specific problems.

Reporte Uniforme de Avalúo Residencial (URAR) – reporte producido por valuadores profesionales que justifican el valor asignado a una propiedad.
Uniform Residential Appraisal Report (URAR) – a report produced by professional appraisers that supports the estimated value of a property.

requerimientos de retallo – distancias específicas del frente y del interior de los límites de la propiedad al edificio.
setback requirements – specified distances from the front and interior property lines to the building.

requisitos de levantamiento – reglamentos que un desarrollador debe satisfacer antes de vender lotes.
mapping requirements – regulations a subdivider must meet before selling lots.

requisitos de préstamos – requisitos del prestamista para efectuar préstamos.
loan policy – the lender's requirements to obtain a loan.

rescindir – cancelar.
rescind – cancel.

rescisión – anular o deshacer un contrato.
rescission – the annulling or unmaking of a contract.

rescisión mutua – cancelación voluntaria de un contrato por todos los partidos involucrados.
mutual recession – voluntary cancellation of a contract by all parties involved.

rescisión unilateral – cuando el partido inocente rehusa cumplir sus deberes contractuales porque el otro partido no ha cumplido con los de él.
unilateral rescission – innocent party refuses to perform his or her contractual duties because the other party has not performed.

reservas para reemplazo – dinero reservado cada año para el reemplazo de cosas que tienen utilización vitalicia de más de un año.
reserves for replacement – money set aside each year for the replacement of items that have a useful life greater than one year.

residual – restante, como el valor residuo de terreno después de terminarse la vida económica de un edificio.
residual – remainder, as the residual value of land after the economic life of the building is over.

resortes de extensión – generalmente montados arriba del carril horizontal de la puerta del garaje, proveen fuerza para levantar al extenderse.
extension springs – generally mounted just above the horizontal track of the garage door, they provide lifting power by stretching (extending).

RESPA – Vea Ley Sobre Procedimientos del Cierre de Bienes Raíces.
RESPA – See *Real Estate Settlement Procedure Act.*

responsabilidad – cualquier cosa debida a un individuo, banco, o negocio.
liability – anything owed to an individual, a bank, or a business.

responsabilidad económica – cantidad de dinero que uno puede perder; exposición de riesgo.
financial liability – the amount of money one can lose, one's risk exposure; investing.

responsabilidad individual y mancomunada – responsabilidad aplicable sobre los responsables como grupo y también sobre cada uno de ellos individualmente.
jointly and severally liable – enforceable on the makers as a group and upon each maker individually.

responsabilidad personal – Vea *responsabilidad pública*.
personal liability – See *public liability*.

responsabilidad pública – responsabilidad financiera que uno tiene hacia otros.
public liability – the financial responsibility one has toward others.

restante contingente – restante limitado que depende de un evento o condición que nunca se realizará hasta después de la terminación del interés precedente.
contingent remainder – a remainder limited so as to depend upon an event or condition that may never happen to be performed until after termination of the preceding estate.

restitución – hecho de restaurar la situación a su estado existente, o a su equivalente, por pérdida, daño o perjuicio.
restitution – the act of restoring the situation to its status quo, or the equivalent thereof, for any loss, damage, or injury.

restricciones de escritura (convenios de escritura) – provisiones acertadas en escrituras para controlar como los futuros propietarios puedan o no puedan usar la propiedad.
deed restrictions – provisions placed in deeds to control how future landowners may or may not use the property.

retención – fondo mantenido por el propietario, su agente, fiduciario, o recibidor durante el progreso de la construcción o trabajo y servicio realizado por artesanos o mecánicos.
retainage – a fund maintained by the owner or his agent, trustee, or receiver during the progress of construction or labor and service being performed by artisans and mechanics.

retención estatuario – Vea *retención*.
statutory retainage – See *retainage*.

retransferencia (escritura de relevación) – el regresar el título legal al prestatario al pagar la deuda contra la propiedad.
reconveyance (release deed) – the return to the borrower of legal title upon repayment of the debt against the property.

retransferencia parcial – Vea *libertad parcial de hipoteca*.
partial reconveyance – See *partial release*.

reunión de cierre – una reunión en la cual el comprador paga por la propiedad, recibe la escritura, y se incluye todo lo demás perteneciente a la venta.
closing meeting – a meeting at which the buyer pays for the property, receives a deed to it, and all other matters pertaining to the sale are concluded.

reunión de liquidación – Vea *traspaso de título, reunión de cierre; cierre.*
settlement meeting – See *closing meeting.*

revelación – algo revelado, hacer saber.
disclosure – something disclosed, to make known.

revelación completa – información detallada y completa de absolutamente todo lo que se sabe acerca del bien raíz. Esta información es otorgada por el propietario.
full disclosure – making a full revelation of known information.

reversión al estado – reversión de la propiedad de una persona al estado cuando muere intestada y sin herederos.
escheat – the power of the state to take title to property left by a person who has died and has no legal heirs.

revocable – capaz de ser anulado o inválido.
revocable – capable of being annulled or made void.

revocación – Vea *revocación de licencia* y *noticia de revocación.*
revocation – See *license revocation* and *notice of revocation.*

revocación de licencia – anulación de licencia.
license revocation – to recall and make void a license.

revocar – anular o invalidar.
revoke – to take back or annul.

revocar – anular.
disaffirm – revoke.

riesgo de pérdida – la posibilidad de que el inversionista pierda su dinero en una inversión
downside risk – the possibility that an investor will lose his money in an investment.

rompe cuadras – la práctica ilegal de inducir ventas en un vecindario esparciendo rumores para obtener beneficio financiero.
blockbusting – the illegal practice of inducing panic selling in a neighborhood for financial gain.

RTC – Vea *Fideicomiso de Resolución Corporativa.*
RTC – See *resolution trust corporation.*

S

S&L – Vea *Asociaciones Federales de Ahorros y Préstamos.*
S&L – See *Federal Savings and Loan Associations.*

SAIF – Vea *Fondo Asegurador de Asociaciones de Ahorros.*
SAIF – See *savings association insurance fund.*

salida – salida; el derecho de acceso a un terreno.
egress – exit; the right to leave a tract of land.

SAM – Vea *Hipoteca de Apreciación Compartida.*
SAM – See *shared appreciation mortgage.*

satisfacción de hipoteca – certificado del prestamista declarando que el préstamo se ha pagado.
satisfaction of mortgage – a certificate from the lender stating that the loan has been repaid.

sección – la unidad de terreno del sistema de levantamiento rectangular que mide una milla de largo en sus cuatro lados y contiene 640 acres.
section – a unit of land in the rectangular survey system that is one mile long on each of its four sides and contains 640 acres.

Sección 203 (b) de la Administración Federal de Vivienda – sección que describe los requisitos aseguradores para los préstamos de la Administración Federal de Vivienda (FHA).
Section 203 (b) – a section that describes the underwriting requirements for one of the FHA loans.

seguridad colateral – seguridad empeñada para el pago del préstamo.
collateral – security pledged for the payment of a loan.

seguro de compensación por accidentes de trabajo – seguro para trabajadores que cubre accidentes que ocurren cuando están en su trabajo.
worker's compensation insurance – insurance for injuries to workers while on the job.

seguro contra incendio – cobertura de seguro por una póliza básica de vivienda.
fire insurance – dwelling coverage which is the basic insurance policy or the minimum homeowner's coverage.

seguro contra inundación – cobertura de seguro para las pérdidas de bienes muebles y bienes raíces como resultado de inundación de áreas normalmente secas (1) derrame terrestre o de marea (2) rápida acumulación de agua (3) aludes de lodo resultantes de acumulación de agua sobre o debajo de la tierra, y (4) pérdidas de erosión causadas por corrientes de agua anormales.
flood insurance – insurance coverage for losses to real and personal property resulting from the inundation of normally dry areas from (1) the overflow of inland or tidal waters, (2) the unusual and rapid accumulation or runoff of surface waters, (3) mud slides resulting from accumulations of water on or under the ground, and (4) erosion losses caused by abnormal water runoff.

seguro contra riesgo – cobertura de propiedad por peligro tal como incendio, viento, tormenta y daño de inundación.
hazard insurance – property coverage for such things as fire, wind, storm, and flood damage.

seguro de errores y omisiones (E&O) – paga costos legales y juicios contra personas en negocios cuando se llevan a cabo errores y omisiones involuntarios.
errors and omission (E&O) insurance – designed to pay legal costs and judgments against persons in business.

seguro de responsabilidad profesional – cubre individuos y organizaciones de negocios sobre reclamos hechos por partidos terceros.
professional liability insurance – covers individuals and business organizations for claims made by third parties.

seguro de título – póliza de seguro contra defectos en el título no mencionados en la lista del reporte de título o abstracto.
title insurance – an insurance policy against defects in title not listed in the title report or abstract.

Seguro E&O – Vea *seguro de errores y omisiones.*
E&O insurance – See *Errors and Omission insurance.*

seguro hipotecario – asegura a los prestamistas contra la falta de pago de sus préstamos.
mortgage insurance – insures lenders against nonrepayment of loans.

seguro hipotecario privativo (PMI) – seguro hipotecario privativo para asegurar a los prestamistas contra pérdidas por las ventas hipotecarias.
private mortgage insurance (PMI) – insures lenders against foreclosure loss.

seguro sobre los aparatos del hogar – seguro para residencia en reventa que cubre cosas mecánicas.
home warranty – a warranty on resale homes that covers mechanical items.

sello – sello lacrado, o estampado en relieve, o la palabra sello o L.S. puesto en un documento.
seal – a hot wax paper, or embossed seal, or the word seal or L.S. placed on a document.

SEM – Vea *hipoteca con derecho de equidad compartida.*
SEM – See *shared equity mortgage.*

semiannual – dos veces al año.
biannual – occurring twice a year.

servicio de deuda – cantidad de dinero necesaria para satisfacer el pago periódico de principal e interés.
debt service – the amount of money necessary to meet the periodic payment of principal and interest.

servicio de propiedades de renta – compañías que se especializan en encontrar unidades de renta para inquilinos.
rental listing services – firms that specialize in finding rental units for tenants.

servicio del préstamo – colectar pagos mensuales, depósitos, manejo de liquidaciones, relevaciones y delincuencias.
service the loan – to collect monthly payments and impounds, handle payoffs, releases, and delinquencies.

servicio eléctrico subterráneo – servicio eléctrico que corre bajo la superficie.
service lateral – electric service that runs underground.

servicio hipotecario – derecho de servicio y cuota que el prestamista secundario le otorga al prestamista primario por el mantenimiento de los préstamos.
mortgage servicing – the service right and fee the secondary lender gives to the primary lender for maintaining loans.

servicio prestatario – tarea de colectar pagos mensuales y de administrar depósitos para impuestos y seguros, delincuencias, pagos por completo prematuros e hipotecas arrendatarias.
loan servicing – the task of collecting monthly payments and handling insurance and tax impounds, delinquencies, early payoffs, and mortgage leases.

servidumbre – derecho que tiene otro de usar o tener acceso al terreno ajeno; también se refiere como *servidumbre de paso.*
easement – the right of another to use or have access to land belonging to another; also called right-of-way.

servidumbre de paso – servidumbre que permite utilizar o pasar sobre el terreno de otra persona.
right-of-way – an easement allowing someone to use or travel over another person's land.

servidumbre de servicios públicos – derecho que poseen las compañías de servicios públicos de utilizar una servidumbre de paso para su servicio en la propiedad de cualquier persona.
utility easement – the right held by a utility company to make use of a utility easement on a person's property.

servidumbre personal – servidumbre que se otorga a una persona o negocio para el uso del terreno de otra persona.
easement in gross – an easement given to a person or business to use or travel over the land of another.

servidumbre por necesidad – servidumbre que se otorga por ley para utilizar un terreno como acceso a una parcela de terreno que era inaccesible.
easement by necessity – an easement created by law usually for the right to travel to a landlocked parcel of land.

servidumbre por prescripción – adquisición de servidumbre por uso prolongado.
easement by prescription – acquisition of an easement by prolonged use.

servidumbre por prescripción – servidumbre adquirida por uso prolongado.
prescription (easement by) – a mode of acquiring the right to use property by long continued enjoyment, at least for 10 years.

servidumbre real – la servidumbre que pasa junto con el terreno.
easement appurtenant – an easement that runs with the land.

sexmo – cuadro de terreno de seis millas por seis millas designado por la intersección de líneas de extensión y líneas sexmas en el sistema de levantamiento rectangular.
township – a six-by-six-mile square of land designated by the intersection of range lines and township lines in the rectangular survey system.

sindicación (sindicato financiero) – combinación de un grupo de personas o negocios para llevar a cabo asuntos de inversiones.
syndication (syndicate) – a group of persons or businesses that combine to undertake an investment.

sindicato de bienes raíces – combinación de fondos por inversionistas para comprar inversiones en bienes raíces.
real estate syndicate – a pooling of money by investors for the purchase of real estate investments.

Sistema Acelerado de Recuperación de Costo (ACRS) – método de depreciación rápida.
Accelerated Cost Recovery System (ACRS) – a rapid depreciation write-off method.

sistema alodial – sistema en el cual se les da a los individuos el derecho de poseer tierra.
allodial system – one in which individuals are given the right to own land.

Sistema de la Reserva Federal ("the Fed") – sistema federal bancario central responsable de la póliza monetaria nacional para regular la provisión de dinero y tasas de interés.
Federal Reserve System ("the Fed") – the federal central banking system responsible for the nation's monetary policy by regulating the supply of money and interest rates.

sistema de levantamiento rectangular – el sistema gubernamental que suministra la agrimensura de terrenos utilizando las líneas latitudinales y longitudinales como referencias.
rectangular survey system – a government system for surveying land that uses latitude and longitude lines as references.

sistema de plano registrado – Vea *plano registrado*.
lot, block, tract system – See *recorded plat.*

sistema de registro de títulos de propiedad raíz – método patrocinado por el estado para registrar títulos de terreno.
torrens system – a state-sponsored method of registering land titles.

sistema de tiempo compartido– sistema cooperativo entre condominios de tiempo compartido para compartir tenencia entre los dueños respectivos.
timeshare system – a cooperative system between timeshare condominiums to share occupancy times between the respective unit owners.

sistema feudal – toda la tierra le pertenece al rey.
feudal system – all land ownership rests in the name of the king.

sistema hidrónimo – sistema que calienta y enfría líquidos tal como agua.
hydronic system – a type of system that heats and cools liquids such as water.

Sistema Métrico por Hectarias – equivalente a la medida estadounidense de 2.47 acres.
Hectare Metric system – equivalent to the U.S. measurement of 2.47 acres.

sistema séptico – sistema de tratamiento de aguas negras, tanque séptico, campo de absorción o pozo absorbente.
septic system – a household wastewater treatment system consisting of a house sewer, septic tank, distribution box, and an absorption field or seepage pit.

sistemas automáticos de suscripción – sistemas controlados por computadora para comunicación entre el iniciador del préstamo y el inversionista.
automated underwriting systems – computerized systems for loan approval communication between a loan originator and the investor.

sitio – localización de una parcela particular de terreno.
site – the location of a particular parcel of land.

sitio preferido – se refiere a la preferencia por un sitio.
situs – refers to the preference by people for a given location.

sitio turístico de tiempo compartido – Vea *tiempo compartido*.
resort timesharing – See *timesharing*.

SMA – Vea *Administrador de Sistemas de Mantenimiento*.
SMA – See *Systems Maintenance Administrator*.

sociedad colectiva – forma de copropietarios con el propósito de hacer negocio en el cual todos los copropietarios tienen voz en la administración y responsabilidad sin límite de las deudas.
general partnerships – See *partnership (general)*.

sociedad de responsabilidad limitada – forma de pertenencia que intenta limitar la responsabilidad de socios generales de mala conducta de otros socios generales.
limited liability partnership – a form of ownership that attempts to limit the liability of general partners from the misconduct of other general partners.

Sociedad de Valuadores de Bienes Raíces (SREA) – organización profesional con sistema de designación para reconocer educación sobre avalúos, experiencia y competencia. Se unificó en 1991 con el Instituto Americano de Valuadores de Bienes Raíces (AIREA) y se renombró el Instituto de Valuaciones. Se considera proveer las designaciones más respetadas de la industria.
Society of Real Estate Appraisers (SREA) – a professional organization with designation systems to recognize appraisal education, experience, and competence. Unified in 1991 with the American Institute of Real Estate Appraisers (AIREA) and renamed The Appraisal Institute, it is considered to provide the most highly respected designations in the industry.

sociedad limitada – combinación de socios generales que administran la sociedad y que toman responsabilidad financiera personal y los socios limitados que proveen la mayor parte de la capital.

limited partnership – a combination of general partners who, under the provisions of the Uniform Limited Partnership Act, operate the partnership and take personal financial liability and limited partners who provide the bulk of the capital.

sociedad maestra limitada – sociedades limitadas que se pueden negociar en la bolsa de valores fácilmente como acciones.

master limited partnership (MLP) – limited partnerships that can be traded on a stock exchange nearly as easily as corporate stock.

socio (general) – miembro de sociedad que se ha unido con otros para formar un negocio.

partner (general) – a member of a partnership who has united with others to form a partnership business.

socio de ventas – designación de membresía para los vendedores o socios de ventas que trabajan para los corredores.

REALTOR®-associate – a membership designation for salespersons working for REALTORS®.

socio de ventas – vendedor o corredor empleado por el corredor designado para poner en venta, negociar, vender, o arrendar bienes raíces para otros.

sales associate – a licensed salesperson or broker employed by a broker to list, negotiate, sell, or lease real property for others.

socio general – copropietario de negocio que organiza y opera la sociedad colectiva, contribuye capital, y concuerda aceptar responsabilidad financiera completa del socio.

general partner – a co-owner of a business venture who organizes and operates the partnership, contributes capital, and agrees to accept the full financial liability of the partnership.

socio limitado – un socio que provee capital pero que no toma responsabilidad financiera personal y que no participa en la administración de la sociedad.

limited partner – a partner who provides capital but does not take personal financial liability nor participate in management.

solera de ventana – la parte horizontal de abajo del marco de una ventana.

window sill – the horizontal bottom part of a window frame.

solicitud de aviso de incumplimiento – solicitud requiriendo a alguien que posea un gravamen primario notificar al prestamista secundario si se ha registrado noticia de incumplimiento.
request for notice of default – a notice filed requiring anyone holding a more senior lien to notify the junior mortgagee if a default notice has been filed.

solicitud para préstamo – solicitud que se efectúa para obtener un préstamo.
loan application – an application made to obtain a loan.

SREA – Vea *Sociedad de Valuadores de Bienes Raíces*.
SREA – See *Society of Real Estate Appraisers*.

standards of practice – interpretations of various articles in the code of ethics.
estándares de práctica – interpretaciones de varios artículos del código de ética que son parámetros aceptados.

subagencia – creada cuando dos o más corredores independientes representan al principal; el primer corredor es el agente primario y el segundo es el subagente.
sub-agency – created by two or more independent brokers representing the principal; the first broker being the primary agent and the second broker being the subagent.

subagente – agente designado por otro que en sí mismo es agente también, o una persona empleada por un agente, para encargarse en una negociación de los asuntos del principal.
subagent – an agent appointed by one who is himself an agent, or a person employed by an agent, to assist in transacting the affairs of the principal.

subarrendador – arrendatario que alquila a otro arrendatario.
sublessor – a lessee who rents to another lessee.

subarrendar – transferir solamente una porción de derechos de arrendamiento.
sublet – to transfer only a portion of one's lease rights.

subarrendatario – arrendatario que alquila de otro arrendatario.
sublessee – one who rents from a lessee.

subarriendo – contrato de arrendamiento que se otorga por el arrendatario al subarrendatario por una parte de la propiedad o por un período de tiempo más corto que el término original del arrendamiento.
sublease – a lease given by a lessee to a sublessee for a part of the premises or for a period of time less than the remaining term of the lessee's original lease.

subasta – la venta de bienes raíces a través del proceso de oferta.
auction – the sale of real estate through a bidding process.

subasta pública – el proceso de obtener el mejor precio posible por una propiedad a través de llevar a cabo una licitación pública y conducir la venta de ésta públicamente.
public auction – the process of obtaining the best possible price for the property by inviting competitive bidding and conducting the sale in full view of the public.

Subchapter S – corporación con la protección de responsabilidad de una corporación y con el pasar de ganancias y pérdidas de una sociedad.
Subchapter S – the liability protection of a corporation with the profit-and-loss pass-through of a partnership.

subcontratista – contratista que tiene relación contractual directa y trabaja bajo el contratista original. No tiene relación contractual directa con el propietario o el agente.
subcontractor – a contractor who has a direct contractual relationship and works under an original contractor. He has no direct contractual relationship with the owner of the property or his agent.

subdividor – persona que divide terreno sin desarrollo en lotes pequeños con el propósito de desarrollo.
subdivider – a person who divides undeveloped land into smaller lots for the purpose of development.

subdivisión de condominios – documento que convierte una parcela de terreno en varias propiedades separadas e individuales.
condominium subdivision – a document that converts a parcel of land into a number of individual separate property estates.

subordinación – aceptación voluntaria de prioridad más baja de la que de otra manera uno tendría derecho.
subordination – voluntary acceptance of a lower mortgage priority than one would otherwise be entitled to.

subrogación – substitución de una persona en lugar de otra con referencia a un reclamo legal, demanda o derecho.
subrogation – the substitution of one person in the place of another with reference to a lawful claim, demand, or right.

substancias peligrosas – substancias venenosas o tóxicas.
hazardous substance – harmful substance.

sucesión intestada – leyes que dirigen como los bienes del difunto serán divididos si no deja testamento.
intestate succession – See *title by descent.*

suenan idénticos – a la corte, se le permite corregir nombres que se pronuncian igual pero que están incorrectamente deletreados.
iden sonans – a court may be allowed to correct names that sound the same but have been misspelled.

sujeto al préstamo existente – comprador de una propiedad ya hipotecada que hace los pagos pero no toma la responsabilidad personal por el préstamo.
subject to the existing loan – said of property that is bought subject to the existing loan against it; the buyer makes the payments but does not take personal responsibility for the loan.

sumergimiento – Vea *sumersión*.
submergence – See *subsidence*.

sumersión – cuando el agua avanza y cubre tierra previamente seca.
subsidence – when water advances to cover the previously dry land.

superintendente – Vea *administración en sitio*.
superintendent – See *on-site management*.

suspender – hacer inefectivo temporalmente.
suspend – to temporarily make ineffective.

suspensión de licencia – hacer la licencia ineficaz temporalmente.
license suspension – to temporarily make a license ineffective.

sustancia tóxica – elemento capaz de causar efectos adversos a la salud humana o al medio ambiente a través de exposición aún a niveles bajos.
toxic substance – an element capable of causing adverse human health or environmental effects through exposure to even low levels.

T

tabla de saldo del préstamo – muestra el saldo restante sobre un préstamo amortizado.
loan balance table – shows the balance remaining to be paid on an amortized loan.

tabla de saldo restante – Vea *tabla de saldo del préstamo*.
remaining balance table – See *loan balance table*.

tablas de valor líquido – disponibles en librerías utilizadas para encontrar el valor de propiedad.
mortgage-equity tables – tables available from bookstores used to find a value for property.

tanque de almacenaje de agua de noria – tanque utilizado para prevenir el bombeo de la noria cada vez que se usa agua. Tipos de almacenaje de agua de noria incluyen tanques de presión, células de elástico bajo presión, células de gravedad, tanques gravimétricos y depósitos.
well-water storage tank – a tank used to prevent the well from pumping every time the household uses water. Types of well-water storage include pressure tanks, elastic pressure cells, gravity cells, gravity tanks, and reservoirs.

tanque de presión – tanque de almacenaje de agua de noria que, al llenarse de agua, comprime el aire adentro del tanque. Al añadir más agua, la presión dentro del tanque incrementa porque el aire tiene menos volumen. Al usarse el agua, el aire comprimido empuja el agua bajo presión fuera del tanque. Al bajar el nivel de agua en el tanque, el volumen que ocupa el aire crece y la presión decrece. Vea también *tanque de almacenaje de agua de noria*.
pressure tank – a well-water storage tank that, filled with water, compresses the air inside the tank. As more water is added, the pressure inside the tank increases because the air takes up less volume. As the water is used, the compressed air pushes the water out of the tank under pressure. As the water level drops in the tank, the volume that the air occupies grows and the pressure it exerts decreases. See also *well-water storage tank*.

tanque gravimétrico – tanque grande para almacenaje de agua de noria localizado arriba del nivel de la estructura. Se diferencia entre otros tanques de almacenaje porque la presión en el tanque gravimétrico no se deriva de la cantidad de agua en el tanque; en vez, se deriva de la elevación sobre las salidas de agua. Vea también *tanque de almacenaje de agua de noria*.
gravity tank – a large well-water storage tank located above the level of the structure. It differs from other storage tanks because the pressure in a gravity tank is not derived from the amount of water in the tank; rather it is derived from the elevation above the water outlets. See also well-water storage tank.

tanques de almacenaje subterráneos (USTs) – tanques utilizados para almacenaje de sustancias químicas y petróleo.
underground storage tanks (USTs) – used for the bulk storage of chemicals and petroleum.

tasa de capitalización – tasa que expresa ganancia como porcentaje de capital invertido.
capitalization (cap) rate – a rate that expresses profit as a percentage of the invested capital.

tasa de capitalización – Vea *tasa de capitalización*.
cap rate – See *capitalization rate*.

tasa de interés legal – tasa de interés de acuerdo con las leyes de usura.
legal rate of interest – rate of interest that follows usury laws.

tasa de interés variable (VIR) o tasa de hipoteca variable (VMR) – tasa de interés que se ajusta en base a índice público en un tiempo predeterminado.
variable interest rate (VIR) or variable mortgage rate (VMR) – an interest rate that adjusts at a predetermined time based on a pubic index.

tasa de porcentaje anual (APR) – medida conforme al costo de crédito incluyendo el interés, puntos de descuento y costos del préstamo.
annual percentage rate (APR) – a uniform measure of the cost of credit that includes interest, discount points, and loan fees.

tasa efectiva de interés – cuota de retribución verdadera; rendimiento.
effective interest rate – the true rate of return; the actual return or yield to the investor.

Tasa Federal de Rebaja – tasa federal reducida.
Federal Discount Rate – federal reduced rate.

tasa incitadora – préstamo que contiene tasa de interés ajustable en el cual la tasa inicial es más baja que la del mercado actual.**teaser rate** – an adjustable loan with an initial rate below the market.

tasa índice – tasa de interés a la cual se le conecta la hipoteca ajustable.
index rate – the interest rate to which an adjustable mortgage is tied.

tasa milésima – tasa de impuestos sobre propiedad que se expresa por décimos de un centavo por dólar de valuación fiscal.
mill rate – property tax rate expressed in tenths of a cent per dollar of assessed valuation.

Tasa Ofrecida por el Interbanco de Londres (LIBOR) – tasa de interés del mercado monetario internacional; versión internacional de tasa más favorable al cliente.
London Interbank Offered Rate (LIBOR) – an international money market interest rate; an international version of the prime rate.

tasa total – factor de equidad hipotecaria utilizado para valuar propiedad produciente de ingresos.
overall rate – a mortgage-equity factor used to appraise income-producing property.

tasación – Vea *valor catastral*.
assessment – See *assessed value*.

tasación de impuestos – ejecución contra la propiedad para pagar por mejoras públicas que beneficia el bien raíz.
tax assessment – a levy against property to pay for a public improvement that benefits the real estate.

tasación especial – cargos impuestos para proveer mejoras públicas construidas para beneficiar una área geográfica limitada.
special assessment – a charge levied to provide publicly built improvements that will benefit a limited geographical area.

tasas de interés flotantes – préstamos fijos de la Administración Federal de Vivienda negociables que cambian de valor de acuerdo a los cambios del mercado.
floating interest rates – fixed FHA loans that are negotiable and float with the market. The seller also has a choice in how many points to contribute toward the borrower's loan.

tasas de interés más favorables – tasas de interés mínimo que sólo se otorgan a los clientes con el mejor antecedente crediticio.
prime rate – the minimum interest rates charged to the best-rated customers.

TDR – Vea *derecho transferible de desarrollo.*
TDR – See transferable development right.

techo – la cobertura de afuera sobre el edificio o la estructura.
roof – the outside covering of the top of a building or structure.

tenedor de opción – partido que recibe la opción.
optionee – the party receiving the option.

tenencia – propiedad del residente ya sea en dominio absoluto, por vida, por años, por voluntad, o de otra manera.
tenancy – the estate of a tenant whether it be in fee, for life, for years, at will, or otherwise.

tenencia a término – propiedad arrendataria que le otorga al arrendatario posesión por un período de tiempo.
tenancy for years – a leasehold estate that grants the lessee use for a specified period of time.

tenencia conjunta – condominio.
co-tenancy – joint tenancy.

tenencia de año en año – tenencia que se basa de un año a otro sin contrato o arrendamiento.
year-to-year tenancy – tenancy that is based from one year to the next without a contract or lease.

tenencia en común – pertenencia compartida de una sola propiedad entre dos o más personas; los intereses no necesitan ser igual y no existe el derecho de supervivencia.
tenancy in common – shared ownership of a single property among two or more persons; interests need not be equal and no right of survivorship exists.

tenencia en posesión exclusiva – Vea *pertenencia exclusiva.*
tenancy in severalty – see *sole ownership.*

tenencia en totalidad, vitalicia – forma de condominio reservada para personas casadas; el derecho de supervivencia existe y ninguno de los esposos tiene interés disponible durante la vida del otro.
tenancy by the entirety – a form of joint ownership reserved for married persons; right of survivorship exists and neither spouse has a disposable interest during the lifetime of the other.

tenencia periódica – Vea *propiedad periódica.*
periodic tenancy – See *periodic estate.*

tenencia vitalicia – Vea *dominio vitalicio y tenencia en totalidad.*
tenancy for life – See life estate and tenancy.

teoría de bulto de derechos – teoría de los derechos legales que tiene el dueño sobre su propiedad.
bundle of rights theory – the theory that describes the legal rights an owner has over his property.

teoría de gravamen – posición legal de que la hipoteca crea un cargo contra la propiedad en vez de concederla al prestamista.
lien theory – the legal position that a mortgage creates a charge against property rather than conveying it to the lender.

teoría de título – posición legal de que la hipoteca concede título al prestamista.
title theory – the legal position that a mortgage conveys title to the lender.

teoría intermedia – la posición legal que una hipoteca es un gravamen hasta incumplimiento, a ese tiempo el título pasa al prestamista.
intermediate theory – the legal position that a mortgage is a lien until default, at which time title passes to the lender.

terceros – personas que no son partidos del contrato pero que pueden ser afectados por el contrato.
third party – a person who is not a party to a contract but who may be affected by it.

término – duración de tiempo acordado.
term – the length of time agreed upon.

término de amortización – cantidad de tiempo para amortizar deuda.
amortization term – the amount of time it takes to amortize a debt.

términos causantes de reacciones impulsivas – propaganda de crédito que requiere cumplimiento con las reglas de veracidad en préstamos.
trigger terms – credit advertising that requires compliance with truth-in-lending rules.

termita – tipo de insecto que come madera.
termite – a type of insect that eats wood.

termóstato – aparato que controla y responde automáticamente a los cambios de temperatura con abrir y cerrar un circuito eléctrico.
thermostat – a control device that automatically responds to temperature changes by opening and closing an electric circuit.

terreno – área de terreno.
tract – an area of land.

terreno con mejoras – hacer terreno útil, efectuar ganancia e incrementar su valor con mejoras.
improved land – to make land useful and profitable and to increase its value with betterments.

terreno de subdivisión – terreno que se ha dividido en lotes con el propósito de desarrollo.
subdivision land – land that is divided into lots for development purposes.

terreno ganado – *Vea terreno ganado por el receso de agua.*
reliction (or dereliction) – the process whereby dry land is permanently exposed by a gradually receding waterline.

terreno ganado por el receso del agua – porceso por el cual se gana terreno permanentemente por receso de las aguas.
dereliction – the process whereby dry land is permanently exposed by a gradually receding waterline.

terreno inundado por la marea – tierra costera dentro del agua territorial del estado.
tidelands – offshore land within the territorial water of the state.

terreno marginal – terreno que apenas paga el costo de producción.
marginal land – land that barely repays the cost of production.

terreno vacante – terreno sin construcción, pero no necesariamente sin mejoras incluyendo servicios públicos y alcantarillas.
vacant land – land without buildings, but not necessarily without improvements including utilities and sewers.

testado – el morir con testamento.
testate – to die with a last will and testament.

testador – persona que efectúa un testamento (masculino).
testator – a person who makes a will (masculine), testatrix (feminine).

testador – uno que concede bienes raíces bajo testamento.
devisor – one who grants real property under a will.

testaferro – persona que compra por otro comprador no identificado; se utiliza cuando la discreción y confidencia es importante.
straw man – person who purchases for another unidentified buyer; used when confidentiality in important.

testamento – documento formal o testificado, preparado en la mayoría de los casos por un abogado, que protege las intenciones del difunto referente a sus bienes y propiedades después de su muerte. Un testamento debe satisfacer reglamentos legales específicos y el testador debe declarar que es su voluntad y firmarlo en la presencia de dos a cuatro testigos (dependiendo del estado), quien, a la solicitud del testador y en la presencia de unos y otros, firman el testamento como testigos.
will – a formal or witness document, prepared in most cases by an attorney, that protects a deceased's intentions with regard to his or her property and possessions after his or her death. A will must meet specific legal requirements and the testator must declare it to be his or her will and sign it in the presence of two to four witnesses (depending on the state), who, at the testator's request and in the presence of each other, sign the will as witnesses.

testamento – documento legal final sobre la disposición de la propiedad de alguien después de muerte o por testamento.
testament – the final legal document disposing of a person's property after death or by a will.

testamento formal – testamento que ha sido apropiadamente atestado.
formal will – See *witnessed will*.

testamento hológrafo – testamento que está enteramente escrito a mano y firmado por el testador pero no está atestiguado.
holographic will – one that is entirely handwritten and signed by the testator but not witnessed.

testamento nuncupativo – testamento oral declarado o dictado por el testador ante suficientes testigos durante su última enfermedad y que puede traspasar solo bienes personales.
nuncupative will – an oral will declared or dictated by the testator in his or her last sickness before a sufficient number of witnesses that may pass on only personal property.

testamento oral – Vea *testamento nuncupativo*.
oral will – See *nuncupative will*.

testamento testificado – testamento formal normalmente preparado por un abogado y propiamente testificado de acuerdo a la ley.
witnessed will – a formal will that is normally prepared by an attorney and properly witnessed according to statute.

tiempo compartido – pertenencia compartida de una propiedad acoplada con el derecho del uso exclusivo por un número de días específicos por año.
timesharing – part ownership of a property coupled with a right to exclusive use of it for a specified number of days per year.

tierra – se define comenzando por el centro del globo terráqueo, pasa por la superficie de la tierra, y continua hacia el espacio.
land – starting at the center of the earth, it passes through the earth's surface, and continues on into space.

tierra pública – tierra que le pertenece al gobierno.
public land – land owned by the government.

tierra virgen – tierra sin desarrollo.
raw land – undeveloped land.

tierras desbordadas, inundadas por crecientes – tierras bajas, planas, adyacentes a ríos, lagos, y océanos que son periódicamente inundadas y sujetas a procesos geomorfológicos (cambios en la forma de la tierra) e hidrológicos (corrientes de agua).
floodplains – low, flat, periodically flooded lands adjacent to rivers, lake, and oceans that are subject to geomorphic (land shaping) and hydrolic (water flow) processes.

tierras saturadas – áreas de transición protegidas por el gobierno federal y estatal entre terrenos elevados y habitat acuático que proveen control del agua de lluvia e inundaciones, protección de las aguas de superficie y subterráneas, control de erosión y tratamientos contra la contaminación.
wetlands – federal- and state-protected transition areas between uplands and aquatic habitats that provide flood and storm water control, surface and groundwater protection, erosion control, and pollution treatment.

tipo de interés por crédito no aprovechado – cuotas pagadas al inversionista por retener fondos.
standby fee – fees paid to an investor for holding funds.

tipo de reemisión – tipo reducido para seguro de título si la póliza del propietario previo está disponible para renovación.
reissue rate – reduced rate for title insurance if the previous owner's policy is available for updating.

título – derecho a, o pertenencia de algo; también la evidencia de pertenencia tal como una escritura o comprobante de venta.
title – the right to or ownership of something; the evidence of ownership such as a deed or bill of sale.

título aparente – alguna indicación plausible pero no completamente clara sobre los derechos de titularidad.
color of title – some plausible, but not completely clear-cut indication of ownership rights.

título asegurable – título libre capaz de ser asegurado.
insurable title – a clear title that is capable of being insured.

título comercial – Vea *título válido*.
merchantable title – See *marketable title*.

título equitativo – derecho de exigir que se transfiera el título al pagar el precio de venta; interés beneficial de una persona en propiedad raíz aunque el títula legal le pertenece a otro.
equitable title – the right to demand that title be conveyed upon payment of the purchase price; the beneficial interest of one person in real property although legal title is vested in another.

título incierto – título que no aclara quien es el propietario.
unmarketable title – title that is not clear as to who is the owner.

título legal – título completo y perfecto en cuanto al derecho aparente de pertenencia y posesión ejecutable en una corte de ley.
legal title – one that is complete and perfect in regard to the apparent right of ownership and possession enforceable in a court of law.

título libre de gravamen – título sin gravamen.
free and clear title – a title without encumbrances.

título por descendencia – las leyes que dirigen como los bienes del difunto serán divididos si no deja testamento.
title by descent – laws that direct how a deceased's assets shall be divided when there is no will.

título por prescripción – Vea *posesión adquisitiva*.
title by prescription – See adverse possession.

título seguro – título seguro sin reclamos, gravámenes o cargos.
clear title – a clean title without claims, liens or encumbrances.

título sin garantía – título al que le faltan los derechos y privilegios de pertenencia.
naked title – title that lacks the usual rights and privileges of ownership.

título válido – título libre de duda razonable de quien es el propietario.
marketable title – title that is free from reasonable doubt as to who is the owner.

toma – cuando la municipalidad regula la propiedad para que no tenga valor y en algunos casos que no le quede valor económico.
taking – where the municipality regulates the property to where it has no value or, in some cases, no remaining economic value.

toma de posesión y detención violenta – procedimiento para restaurar la posesión del terreno que ha sido injustamente despojado.
forcible entry and detainer – a proceeding for restoring the possession of the land to one who has been wrongfully deprived of the possession.

tomar posesión parcial de un terreno – ocurre durante dominio eminente cuando solo una porción de la propiedad se toma.
partial taking – occurs during eminent domain when only a portion of the property is taken.

topografía – incluye tipos de tierra; relieves; localización de agua tal como tierras saturadas, fuentes, o zonas de inundación; áreas de bosque, y localidades de piedra, árboles, y otra vegetación.
topography – includes types of soil; the location of water such as wetlands, springs, or floodplains; forest areas; and the location of rocks, trees, and other vegetation.

transferible – pasar un bien o servicio a otra persona.
transferable – to move a good or service to another person.

transferir – transferir el título de propiedad.
convey – to transfer the title of a property.

transformador – utilizado para cambiar corriente alternativa de un voltaje a otro.
transformer – used to change alternating current from one voltage to another.

traspaso del título – proceso de la consumación de una transacción de bienes raíces.
title closing – the process of completing a real estate transaction.

tribunal de condado – tribunal cuya jurisdicción está en el condado en cual está situado pero tiene límite sobre la cantidad que se puede litigar en esa jurisdicción.
county court – court whose jurisdiction is in the county in which it is situated but has a ceiling on the dollar amount that can be litigated within its jurisdiction.

tribunal federal de apelaciones civiles – el tribunal de apelación que tiene jurisdicción en el sistema de la corte federal donde se pueden efectuar apelaciones de la corte de distrito.
circuit court of civil appeals – the appellate court having jurisdiction in the federal court system to which appeals from the district court may be made.

tribunal sucesorio – Vea *tribunal testamentario*.
surrogate court – See *probate court*.

tribunal testamentario – tribunal de ley con la autoridad de verificar la legalidad de un testamento y llevar a cabo sus instrucciones.
probate court – a court of law with the authority to verify the legality of a will and carry out its instructions.

tribunales de equidad – cortes que administran justicia de acuerdo al sistema de equidad.
equity courts – courts that administer justice according to a system of equity.

tributación – uno de los cargos inherente sobre pertenencia privativa de propiedad; impuestos sobre propiedad constituyen un gravamen específico contra el bien raíz. **taxation** – one of the inherent burdens on private ownership of land; property taxes constitute a specific lien against the real estate.

tríplice – edificio consistente de tres unidades.
triplex – a building with three units.

tubo principal de ventilación – la parte de arriba del tubo principal de drenaje conectado a todos los excusados (inodoros) de la casa.
main vent stack – the top of the main soil stack that connects to all of the home's toilets.

U

UBC – Vea *Código Uniforme de Construcción.*
UBC – See *Uniform Building Code.*

UFFI - Vea *aislante de espuma urea formaldehído.*
UFFI – See *urea formaldehyde foam insulation.*

UFMIP - Vea *prima anticipada de seguro hipotecario.*
UFMIP – See *up-front mortgage insurance premium.*

un cuarto de una sección – 160 acres.
quarter-section – 160 acres.

unidad de interés – todos los condominios juntamente poseen un interés.
unity of interest – all joint tenants own one interest together.

unidad de persona – premisa legal que el esposo y la esposa son una unidad legal indivisa y requiere tenencia vitalicia.
unity of person – the legal premise that husband and wife are an indivisible legal unit and a requirement of tenancy by the entirety.

unidad de tiempo – cada condominio debe adquirir su interés de pertenencia al mismo tiempo.
unity of time – each joint tenant must acquire his or her ownership interest at the same moment.

unidad de título – todos los condominios deben adquirir sus intereses de la misma escritura o del mismo testamento.
unity of title – all joint tenants must acquire their interest from the same deed or will.

Unidad Térmica Inglesa (BTU) – medida de energía calorífica requerida para alzar la temperatura de una libra de agua un grado Fahrenheit.
British Thermal Unit (BTU) – a measure of heat energy required to raise the temperature of one pound of water by one degree Fahrenheit.

unidades – Vea *cuatro unidades de condominio.*
unities – See *four unities of a joint tenancy.*

URAR – Vea *Reporte Uniforme de Avalúo Residencial.*
URAR – See *uniform residential appraisal report.*

USGS – Vea *levantamiento geográfico de los Estados Unidos.*
USGS – See *United States geographical survey.*

uso ejecutorio transferible – el uso que se le puede dar a la propiedad es tan limitado que ésta sería transferida de un beneficiario a otro al ocurrir cierto evento o condición después de que fue creada. También vea *resto contingente*.
shifting executory use – a use that is so limited that it will be made to shift or transfer itself from one beneficiary to another upon the occurrence of a certain event after its creation. See also *contingent remainder*.

uso inconforme – una mejora que no es consistente con las reglas de zonificación de la utilización actual del terreno.
nonconforming use – an improvement that is inconsistent with current land use zoning regulations.

uso óptimo – la utilización de una parcela de terreno que produzca el óptimo valor actual.
highest and best use – that use of a parcel of land that will produce the greatest current value.

USPAP – Vea *Estándares Uniformes en la Práctica de Avalúos Profesionales*.
USPAP – See *Uniform Standards of Professional Appraisal Practice*.

usura – cobrar una tasa de interés más alta que la permitida por la ley.
usury – charging a rate of interest higher than that permitted by law.

utilidad – habilidad de un producto o servicio para satisfacer la demanda.
utility – the ability of a good or service to fill demand.

V

VA – Vea *Préstamo de Administración de Veteranos*.
VA – See *Veterans Administration loan*.

valor catastral – valor otorgado a una propiedad con el propósito de imponer impuestos.
assessed value – a value placed on a property for the purpose of taxation.

valor de arriendo – valor de propiedad expresado en términos del derecho de uso por un período especificado.
rental value – value of property expressed in terms of the right to its use for a specific period of time.

valor de impuesto sucesorio – el valor que las autoridades de tasación federales y estatales establecen sobre la propiedad de una persona que ha fallecido.
estate tax value – the value that federal and state taxation authorities establish for a deceased person's property.

valor de mercado – precio efectivo en el que un comprador dispuesto y un propietario dispuesto concordarían sin reserva, proveyendo a la propiedad exposición razonable en el mercado, suministrando información completa de los usos viables de la propiedad, y sin compulsión de actuar.
market value – the cash price that a willing buyer and a willing seller would agree upon, given reasonable exposure of the property to the marketplace, full information as to the potential uses of the property, and no undue compulsion to act.

valor de pie frontal – método de dar valor a la extensión lineal del frente.
front-foot value – method of value given to frontage.

valor de reposición – el valor medido por el costo actual de construir una estructura de utilidad equivalente.
replacement value – value as measured by the current cost of building a structure of equivalent utility.

valor de salvamento – precio probable por una mejora que será trasladada y utilizada en otro sitio.
salvage value – the price that can be expected for an improvement that is to be removed and used elsewhere.

valor de seguro – costo de reemplazar propiedad dañada.
insurance value – the cost of replacing damaged property.

valor del préstamo – valor puesto a una propiedad con el propósito de efectuar un préstamo.
loan value – value set on a property for the purpose of making a loan.

valor efectivo actual – el nuevo precio menos depreciación acumulada.
actual cash value – the new price less accumulated depreciation.

valor en efectivo – cantidad de dinero que alguien que tiene una póliza recibiría si entregara la póliza, ol la cantidad que se puede prestar contra la póliza.
cash value – the amount of money a policyholder would receive if the policy were surrendered to an insurance company, or the amount the policyholder could borrow against the policy.

valor equitativo de mercado – Vea *valor de mercado*.
fair market value – See *market value*.

valor equivalente en efectivo – el valor de algo convertido en efectivo.
cash equivalent value – the value of something when converted into cash.

valor indicado – valor de la propiedad sujeta mostrado por ventas recientes de propiedades comparables.
indicated value – the worth of the subject property as shown by recent sales of comparable properties.

valor líquido de propiedad – valor de mercado de la propiedad menos la deuda.
equity – (1) the market value of a property less the debt against it; (2) a doctrine of fairness and honesty between two persons whose rights or claims are in conflict.

valor neto – bienes totales menos deudas totales.
net worth – total assets minus total debts.

valor nominal – valor aparente.
face value – apparent value.

valor par – igualdad en valor.
par value – an equality in value.

Valor R – grado de resistencia al calor transferido por las paredes (calor captado adentro o afuera); entre más grande el valor R, más alto el factor aislante.
R-value – the degree of resistance to heat transfer through the walls (heat is kept in or out); the larger the R-value, the greater the degree of insulation.

valores, garantía – bono, nota, contrato de inversión, certificado de deuda, u otro instrumento negociable o transferible evidenciando deuda o pertenencia.
security – a bond, note, investment contract, certificate of indebtedness, or other negotiable or transferable instrument evidencing debt or ownership.

valuación de bienes raíces – Vea *avalúo*.
valuation of real property – See *appraisal*.

valuador – persona licenciada o certificada por el estado basándose sobre examen, educación, y experiencia requerida para valuar.
appraiser – one who is licensed or certified by their respective states based on examination, education, and experience requirement to estimate the value of something.

valuar – producir una estimación de valor.
appraise – to estimate the value of something.

válvula – aparato utilizado para regular el flujo de líquido o gas; puede forzar el flujo en cierta dirección.
valve – a device used to regulate the flow of a liquid or gas; it may force the flow in a certain direction.

válvula de compuerta – tipo de válvula generalmente utilizada como la válvula principal para cortar el agua a la propiedad.
gate valve – a type of valve generally used as the main water shutoff valve to the property.

válvula de flotador – utilizada para controlar niveles de agua en tanques.
float valve – used to control water levels in tanks.

válvula globular – tipo de válvula que puede ajustar o interrumpir el flujo de agua; se utiliza en puntos donde no se usa frecuentemente tal como en cuartos de baño.
globe valve – a type of valve that can adjust or stop the flow of water; it is used at points where it is needed infrequently such as in bathrooms.

válvula reguladora de presión (PRV) – también conocida como válvula reducidora de presión; tipo de válvula que limita la presión de agua, reduce y automáticamente mantiene la presión del agua dentro de parámetros predeterminados.
pressure regulator valve (PRV) – also called a pressure-reducing valve; a type of valve that limits the water pressure, it reduces and automatically maintains the pressure of water within predetermined parameters.

variancia – permiso otorgado al propietario para variar ligeramente del cumplimiento estricto de los requisitos de zonificación.
variance – a permit granted to an individual property owner to vary slightly from strict compliance with zoning requirements.

variante en zonificación – cambios limitados permitidos sin cambiar el carácter de la área zonificada.
zoning variance – the limited changes allowed without changing the character of the zoned area.

varilla – medida de levantamiento de 16.5 pies lineales.
rod – a survey measurement that is 16 1/2 feet long.

vasallos – arrendatarios de un noble y subarrendatarios del rey.
vassals – tenants of the lord and subtenants of the kind.

velocidad de absorción – velocidad con la que el agua se absorbe por la tierra.
percolation rate – the speed at which standing water is absorbed by soil.

vencido con la venta – cláusula en un pagaré o hipoteca que le da al prestamista el derecho de exigir el saldo entero del préstamo si la propiedad se vende o si se transfiere. Vea *cláusula a la vista*.
due-on-sale – clause in a note or mortgage that gives the lender the right to call the entire loan balance if the property is sold or transferred. See also *call clause*.

vencimiento – el fin de la vida del préstamo.
maturity (also called the maturity date) – the end of the life of a loan.

vendedor – el que vende.
vendor – the seller.

vendedor – persona asociada con un corredor de bienes raíces con el propósito de realizar transacciones, comprendido por el término de Corredor de Bienes Raíces así como es definido en la Ley de Texas de Licenciar en Bienes y Raíces.
salesperson – a person associated with a real estate broker for the purposes of performing acts or transactions comprehended by the term of Real Estate Broker as defined in the Texas Real Estate Licensing Act.

vendedor de bienes raíces – Vea *socio de ventas*.
real estate salesperson – See *sales associate*.

venta con arriendo inverso – situación en la que el propietario-ocupante vende su propiedad y luego permanece como inquilino.
sale-leaseback – a situation where the owner of a piece of property sells the property and retains occupancy by leasing it from the buyer.

venta condicional – venta basada en la posibilidad condicional de otra venta.
contingent sale – a sale based on the conditional possibility of another sale.

vendedor propietario – propietario que quiere vender su propiedad.
seller – the owner who wants to sell his property.

venta de residencia principal – venta de la propiedad donde vive la persona.
residence, sale of principal – selling of the primary residence where a person lives.

venta judicial – venta judicial de propiedad para satisfacer deuda por pagar.
foreclosure sale – the sale of a foreclosed property to satisfy an unpaid debt.

venta judicial – venta ordenada por la corte en la cual el alguacil mayor u oficial del condado tiene el derecho legal de vender propiedad embargada o de juicio hipotecario.
sheriff's sale – a sale ordered by the court in which a sheriff or county official has the legal right to sell a distressed or foreclosed property. See also *foreclosure*.

venta judicial – venta por orden de la corte.
judicial sale – a court-ordered sale.

venta por aviso – permite al hipotecario de conducir la venta hipotecaria sin primero ir a corte.
sale by advertisement – allows a mortgagee to conduct a foreclosure sale without first going to court.

venta por impuesto – venta efectuada de acuerdo con ley estatal para satisfacer una deuda creada por impuestos que se deben.
tax sale – sale made pursuant to state law to satisfy a debt created by delinquent taxes.

venta testamentaria – venta de los bienes del difunto.
probate sale – the sale of the estate of a deceased person.

ventanas de vidriera fija – no se abren y no se cierran (ventanas fijas).
fixed-pane windows – do not open or close (e.g., picture window or variations of the bay window).

ventas brutas – ventas totales.
gross sales – total sales.

vida de servicio – Vea *vida económica*.
service life – See *economic life*.

vida económica – período de tiempo en el cual la propiedad puede ser utilizada.
economic life – the period over which a property may be profitably utilized.

vidriería – el material dentro de la hoja de vidrio.
glazing – the material inside the windowpane.

viejo por viejo – póliza que paga solamente por el costo de depreciación.
old for old – a policy that pays only the depreciated cost.

VIR – Vea *tasa variable de interés*.
VIR – See *variable interest rate*.

vivienda – lugar de residencia.
dwelling – place of residence.

vivienda pública – vivienda subsidiada por el gobierno para beneficio de las personas de bajos ingresos.
public housing – government subsidized housing for the financially disadvantaged.

Voluntad de Dios – hecho inevitable debido a fuerzas de naturaleza superior.
Act of God – an inevitable act by the forces of nature.

VRM – Vea *hipoteca de tasa variable.*
VMR – See *variable interest rate.*

Y

yeso – material cementoso, usualmente una mezcla de cemento portland, cal y sulfato de calcio, arena, y agua. Se utiliza para perfeccionar paredes y techos interiores.
plaster – a cementitious material, usually a mixture of portland cement, lime or gypsum, sand, and water. Used to finish interior walls and ceilings.

Z

zona amortiguadora – tira de terreno que separa el uso de terrenos.
buffer zone – a strip of land that separates one land use from another.

zona urbana marginada – parte central de la ciudad densamente poblada.
inner city – a central part of the city that is densely populated.

zonificación – reglamentos públicos que controlan el uso específico de terreno en un distrito.
zoning – public regulations that control specific use of land in a given district.

zonificación esporádica – re-zonificación de una área pequeño de terreno en un vecindario existente; es ilegal en muchos estados.
spot zoning – a specific property within a zoned area is rezoned to permit a use different from the zoning requirements for that area; it is illegal in many states.

zonificación por contrato – acuerdo por un cuerpo gubernamental para establecer cambio en la clasificación de utilización de terreno en cambio por ciertas concesiones otorgadas por el solicitante.
contract zoning – an agreement by a governing body to enact a change in land-use classification in exchange for certain concessions to be granted by the developer or applicant.